中国文化的重建

费孝通 著

华东师范大学出版社

图书在版编目（CIP）数据

中国文化的重建／费孝通著 . —上海：华东师范
大学出版社，2013.7

ISBN 978 - 7 - 5675 - 1112 - 5

Ⅰ.①中…　Ⅱ.①费…　Ⅲ.①文化史—中国—文集
Ⅳ.①K203 - 53

中国版本图书馆 CIP 数据核字（2013）第 183345 号

中国文化的重建

著　　者　费孝通
项目编辑　许　静　储德天
特约编辑　邱承辉
审读编辑　马丽群
封面设计　吕彦秋

出版发行　华东师范大学出版社
社　　址　上海市中山北路 3663 号，邮编 200062
网　　址　www. ecnupress. com. cn
电　　话　021 - 60821666　行政传真 021 - 62572105
客服电话　021 - 62865537（兼传真）门市电话　021 - 62869887（邮购）
地　　址　上海市中山北路 3663 号华东师范大学校内先锋路口
网　　店　http：//hdsdcbs. tmall. com

印 刷 者　北京京都六环印刷厂
开　　本　787×1092　16 开
印　　张　19
字　　数　270 千字
版　　次　2014 年 1 月第 1 版
印　　次　2016 年 3 月第 3 次印刷
书　　号　978 - 7 - 5675 - 1112 - 5/C. 221
定　　价　38.00 元

出 版 人　王　焰

目 录

中国文化的重建

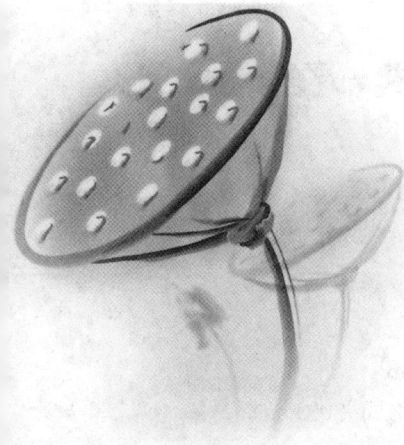

一、中华文化面临的挑战

我们将改变，我们将接近现代世界，但是将采取不同于西方世界所采取过的路线。这个转变的结果不一定完全更好，但是我们对此实在没有别的选择。我十分坦白地说，如果我能选择，我有理由宁可回到旧日，回到一个富有的又平均的农民的世界。那时我会享受和平的心境、稳定的生活和友好的环境。我会生活在一个熟悉的世界里，享受有人情的生活。但是我明白那简直是不可能的了。这种宁静的环境，在熟悉的人中找到和平和安全，也许只存在于诗境中，现实世界里也许从来没有过。即使有过，我们也无法保持它了。

中华民族的多元一体格局

我想以这次香港中文大学邀请我发表 Tanner 讲演的机会，提出我多年来常在探索中的关于中华民族多元一体格局的问题向各位学者请教。请容许我坦率地说我对这个格局的认识是不够成熟的，所以这篇讲演只能说是我对这问题研究的起点，并没有构成一个完整的见解。

为了避免对一些根本概念作冗长的说明，我将把中华民族这个词用来指现在中国疆域里具有民族认同的 11 亿人民。它所包括的 50 多个民族单位是多元，中华民族是一体，它们虽则都称"民族"，但层次不同。我用国家疆域来作中华民族的范围并不是很恰当的，因为国家和民族是两个不同的又有联系的概念。我这样划定是出于方便和避免牵涉到现实的政治争论。同时从宏观上看，这两个范围基本上或大体上可以说是一致的。

中华民族作为一个自觉的民族实体，是近百年来中国和西方列强对抗中出现的，但作为一个自在的民族实体则是几千年的历史过程所形成的。我这篇论文将回溯中华民族多元一体格局的形成过程。它的主流是由许许多多分散孤立存在的民族单位，经过接触、混杂、联结和融合，同时也有分裂和消亡，形成一个你来我去、我来你去，我中有你、你中有我，而又各具个性的多元统一体。这也许是世界各地民族形成的共同过程。中华民族这个多元一体格局的形成还有它的特色：在相当早的时期，距今 3000 年前，在黄河中游出现了一个由若干民族集团汇集和逐步融合的核心，被称为华夏，像滚雪球一般地越滚越大，把周围的异族吸收进入了这个核心。它在拥有黄河和长江中下游的东亚平原之后，被其他民族称为汉族。汉族继续不断地吸收其他民族的成分而日益壮大，而且渗入了其他民族的聚居区，构成起着凝聚和联系作用的网络，奠定了以这个疆域内许多民族联合成的不可分割的统一体的基础，成为一个自在的民族实体，经过民族自觉而称为中华民族。

这是一幅丰富多彩的历史长卷，有时空两个坐标，用文字来叙述时有时难于兼顾，所以在地域上不免有顾此失彼、方位错乱，时间上不免有前后交差、顺序倒置的缺点。让这篇论文作为我在这个学术领域里的一次大胆的尝试吧。

一、中华民族的生存空间

任何民族的生息繁殖都有其具体的生存空间。中华民族的家园坐落在亚洲东部，西起帕米尔高原，东到太平洋西岸诸岛，北有广漠，东南是海，西南是山的这一片广阔的大陆上。这片大陆四周有自然屏障，内部有结构完整的体系，形成一个地理单元。这个地区在古代居民的概念里是人类得以生息的、唯一的一块土地，因而称之为天下，又以为四面环海所以称四海之内。这种概念固然已经过时，但是不会过时的却是这一片地理上自成单元的土地一直是中华民族的生存空间。

民族格局似乎总是反映着地理的生态结构，中华民族不是例外。他们所聚居的这片大地是一块从西向东倾侧的斜坡，高度逐级下降。西部是海拔 4000 米以上的号称世界屋脊的青藏高原，东接横断山脉，地势下降到海拔 1000～2000 米的云贵高原、黄土高原和内蒙古高原，其间有塔里木及四川等盆地。再往东是海拔千米以下的丘陵地带和海拔 200 米以下的平原。

东西落差如此显著的三级梯阶，南北跨度又达 30 个纬度，温度和湿度的差距自然形成了不同的生态环境，给人文发展以严峻的桎梏和丰润的机会。中华民族就是在这个自然框架里形成的。

二、多元的起源

生存在这片土地上的人最早的情况是怎样的？这个问题涉及到中华民族的来源。任何民族都有一套关于民族来源的说法，而这套说法又常是用来支持民族认同的感情，因而和历史上存在的客观事实可以出现差错。关于中华民族的起源过去长期存在着多元论和一元论、本土说和外来说的争论，直到20世纪50年代，特别是70年代以来，由于中国考古学的发展，我们才有条件对中华民族的早期历史作出比较科学的认识。

在中华大地上已陆续发现了人类从直立人（猿人）、早期智人（古人）、晚期智人（新人）各进化阶段的人体化石，可以建立较完整的序列。说明了中国这片大陆应是人类起源的中心之一。

这些时代的人体化石又分布极广，年代最早的元谋人（距今约170万年）是在云南发现的。其他猿人的化石已在陕西蓝田县、北京周口店、湖北郧县及郧西县、安徽和县有所发现。生活在10万至4万年以前的古人化石，已在陕西大荔县、山西襄汾县丁村、山西阳高县许家窑、辽宁营口金牛山、湖北长阳县、安徽巢县及广东曲江县马坝等处发现。生活在距今4万至1万年以前的新人化石已在北京周口店山顶洞、山西朔县峙峪、内蒙古乌审旗、辽宁建平县、吉林延边州安图县、黑龙江哈尔滨市、广西柳江县、贵州兴义县、云南丽江县、台湾台南县左镇有所发现。我列举这许多地名目的是要指出在人类进入文化初期，中华大地上北到黑龙江，西南到云南，东到台湾都已有早期人类在活动，他们并留下了石器。很难想象在这种原始时代，分居在四面八方的人是出于同一来源，而且可以肯定的是，这些长期分隔在各地的人群必须各自发展他们的文化以适应如此不同的自然环境。这些实物证据可以否定有关中华民族起源的一元论和外来说，而肯定多元论和本土说。

即使以上的论断还不够有说服力的话，考古学上有关新石器时代的丰富资料更有力地表明中华大地上当时已出现地方性的多种文化区。如果我们认为同一民族集团的人大体上总得有一定的文化上的一致性，那么我们可以推定早在公元前6000年前，中华大地上已存在了分别聚居在不同地区的许多集团。新石器时期各地不同的文化区可以作为我们认识中华民族多元一体格局的起点。

三、新石器文化多元交融和汇集

近年来，我国各省区发现新石器文化遗址总共有7000多处，年代从公元前6000年起延续到公元前2000年。根据考古学界的整理和研究，对各地文化区的内涵、演进、交融和汇聚，已有比较明确的轮廓，尽管有不少专题还有争论。我在这里不可能详细介绍这方面的研究成果，只能就中原地区的有关资料择要一述。

新石器时期黄河中游和下游存在东西相对的两个文化区：

黄河中游新石器文化的序列是前仰韶文化（前6000～前5400年）—仰韶文化（前5000～前3000年）—河南龙山文化（前2900～前2000年）。继河南龙山文化的可能是夏文化。因仰韶文化以彩绘陶器著名，曾被称为彩陶文化。仰韶文化分布以渭、汾、洛诸黄河支流域的中原地区为中心，北达长城沿线，南抵湖北西北部，东至河南东部，西达甘青接壤地区。但在河南龙山文化兴起前它在黄河中游地区已经衰落了。

黄河下游则另有一序列的文化和黄河中游的文化不同。它们是青莲岗文化（前5400～前4000年）—大汶口文化（前4300～前2500年）—山东龙山文化（前2500～前2000年）—岳石文化（前1900～前1500年）。继岳石文化的可能是商文化。龙山文化以光亮黑陶著名，曾被称为黑陶文化。

公元前3000年当仰韶文化在黄河中游地区突然衰落时，黄河下游的文化即向西扩张，继仰韶文化出现的是河南龙山文化。虽则考古学者认为河南和山东的龙山文化具有地区性的区别，但中游地区在文化上受到下游文化的汇聚和交融是明显的。

长江中下游在新石器时代同样存在着相对的两个文化区。长江下游的文化区是以太湖平原为中心，南达杭州湾，西至苏皖接壤地区。其文化序列大体是河姆渡文化（前5000～前4400年）—马家浜·崧泽文化（前4300～前3300年）—良渚文化（前3300～前2200年）。良渚文化大体和河南龙山文化年代相当，文化特征也与山东龙山文化有密切的联系。

长江中游新石器文化以江汉平原为中心，南包洞庭湖平原，西尽三峡，北抵河南南部，其文化序列分歧意见较多，大体上是大溪文化（前4400～前3300年）—屈家岭文化（前3000～前2000年）—青龙泉文化（前2400年），因其受中原龙山文化的影响亦称湖北龙山文化。长江中游和下游相同的是在后期原有文化都各自受黄河下游龙山文化的渗入，而处于劣势地位。

关于新石器时代北方的燕辽文化区，黄河上游文化区及华南文化区留待下面讲到这些地区时再说。

上面所述新石器时代中原两河流域中下游这个在生态条件上基本一致的地区的考古发现，已可以说明中华民族的先人在文明曙光时期，从公元前5000年到前2000年之间的3000年中还是分散聚居在各地区，分别创造他们具有特色的文化。这是中华民族格局中多元的起点。

在这多元格局中，同时也在接触中出现了竞争机制，相互吸收比自己优秀的文化而不失其原有的个性。例如，在黄河中游兴起的仰韶文化，曾一度向西渗入黄河上游的文化区，但当其接触到了比它优秀的黄河下游山东龙山文化，就出现了取代仰韶文化的河南龙山文化。考古学者在龙山文化前加上各个地方的名称表示它们依然是从当地原有文化中生长出来的，实际上说明了当时各族团间文化交流的过程，从多元之上增加了一体的格局。

四、凝聚核心汉族的出现

中国最早的文字史料现在可以确认的是商代的甲骨文，而相传由孔子编选的《尚书》还记载一些夏商文件和上古传说。早年的史书中，把上古史编成三皇五帝的历史系统。这些文字史料已有部分可以和考古资料相印证，使我们对新石器时代末期到铜器时代的历史能有较可靠的知识，特别是80年代初期发掘的河南登封王城岗夏代遗址一般认为即是夏王朝初期的"阳城"遗址，夏代历史已从神话传说的迷雾中得以落实。商代历史有甲骨文为据，周代历史有钟鼎文为据，相应的后世的文字记载都可得而考。而夏商周三代正是汉族前身华夏这个民族集团从多元形成一体的历史过程。

河南夏代"阳城"遗址所发现的文物显示了它是继承了新石器时代河南龙山文化发展到了铜器时代。从黄河中下游遗留的文物中也可以看到这些地区都早已发展了农业生产，这和夏禹治水的传说（河南龙山文化的中晚期）可以联系起来，表明了这地区早期居民当时生产力的发达水平。我们还记得河南的龙山文化正是在仰韶文化的基础上吸收了山东的龙山文化而兴起的。所以可以说华夏文化就是以黄河中下游不同文化的结合而开始的。

传说的历史中在禹之前还有尧、舜和神话性的始祖黄帝。留下的传说大多是关于他们向四围被称为蛮夷戎狄的族团的征伐。黄帝曾击败过蚩尤和炎帝，地点据说都在今河北省境内。据《史记》所载，舜又把反对他的氏族部落放逐到蛮夷戎狄中去改变后者的风俗，也可以说就是中原居民和文化的扩张。到禹时，如《左传》所载："禹会诸侯于涂山，执玉帛者万国。"《禹贡》将这时的地域总称为"九州"，大体包括了黄河中下游和长江下游的地区，奠定了日益壮大的华夏族的核心。

继夏而兴起的是商。商原是东夷之人，而且是游牧起家的。后来迁泰山，再向西到达河南东部，发展了农业，使用畜力耕种。农牧结合的经济使它强大起来，起初臣属于夏，后来取得了统治九州的权力，建立商朝，分全国为中东南西北五土。《诗经·商颂》有："邦畿千里，维民所止，肇域彼四海。"商代疆域包括今河南、山东、河北、辽宁、山西、陕西、安徽以及江苏、浙江的一部分，可能还有江西、湖南及内蒙古的某些地方。

继商的是周。周人来自西方，传说的始祖是姜嫄，有人认为即西戎的一部分羌人，最初活动在渭水上游，受商封称周。它继承了商的天下，又把势力扩大到长江中游。《诗经·北山》称："溥天之下，莫非王土，率土之滨，莫非王臣。"它实行宗法制度，分封宗室，控制所属地方；推行井田，改进农业，提高生产力。西周时松散联盟性质的统一体维持了约300年，后来列国诸侯割据兼并，进入东周的春秋战国时代。这时的统一体之内，各地区的文化还是保持着它们的特点。直到战国时期，荀子还说："居楚而楚，居越而越，居夏而夏。"夏是指中原一带的一个核心，不论哪个地方的人，到了越就得从越，到了楚就得从楚，可见楚和越和夏还有明显的差别。

无可否认的是，在春秋战国的500多年里，各地人口的流动，各族文化的交流，各国的互相争雄，出现了中国历史上的一个文化高峰。这500年也是汉族作为一个民族实体的育成时期，到秦灭六国，统一天下，而告一段落。

汉作为一个族名是汉代和其后中原的人和四周外族人接触中产生的。民族名称的一般规律是从"他称"转为"自称"。生活在一个共同社区之内的人，如果不和外界接触不会自觉地认同。民族是一个具有共同生活方式的人们共同体，必须和"非我族类"的外人接触才发生民族的认同，也就是所谓民族意识，所以有一个从自在到自觉的过程。秦人或汉人自认为秦人或汉人都是出于别人对他们称作秦人或汉人。必须指出，民族的得名必须先有民族实体的存在，并不是得了名才成为一个民族实体的。

汉族这个名称不能早于汉代，但其形成则必须早于汉代。有人说：汉人成为族称起于南北朝初期，可能是符合事实的，因为魏晋之后正是北方诸族纷纷入主中原的十六国分裂时期，也正是汉人和非汉诸族接触和混杂的时候。汉人这个名称也成了当时流行的指中原原有居民的称呼了。

当时中原原有的居民在外来的人看来是一种"族类"而以同一名称来相呼，说明了这时候汉人已经事实上形成了一个民族实体。上面从华夏人开始所追溯的2000多年的历史正是这个民族诞生前的孕育过程。

汉族的形成是中华民族形成中的一个重要阶段，在多元一体的格局中产生了一个凝聚的核心。

五、地区性的多元统一

秦始皇结束战国时代地方割据的局面在中国历史上是一件划时代的大事，因为从此统一的格局成了历史的主流。当然所统一的范围在秦代还只限于中原，就是黄河长江中下游的平原农业地区，而且这个统一的格局也是经过长时期逐步形成的。在春秋战国时代各地方的经济都有所发展，他们修筑道路，发展贸易。战国时的列国通过争雄称霸已把中原这片土地四通八达地基本上构成了一个整体。秦始皇在这基础上做了几件重要的事，就是车同轨，书同文，立郡县和确立度量衡的标准，在经济、政治和文化上为统一体立下制度化的规范。

车同轨和度量衡的标准化是经济统一的必要措施。传统的方块字采用视觉符号把语和文分离，书同文就是把各国的通用符号统一于一个标准，也就是把信息系统统一了起来，在多元语言上罩上一种统一的共同文字。这个信息工具至今还具有生命力。废封建、立郡县，建立了中央集权的政体，这个政体延续至今已有2000多年的历史。关于中原地区的统一我不再多说。在这里要指出的，这只是形成中华民族多元一体格局的又一步。第一步是华夏族团的形成，第二步是汉族的形成，也可以说是从华夏核心扩大而成汉族核心。

我说秦代的统一还只是中华民族这个民族实体形成的一个步骤，因为当时秦所统一的只是中原地区，在中华民族的生存空间里只占一小部分，在三级地形中只是海拔最低的一级，而且还不是全部。中原的周围还有许多不同的族团也正在逐步分区域地向由分而合的统一路上迈前。让我先讲北方的情况。

到目前为止，我国考古学的工作主要还是集中在中原地区，因此我们对中原周围地区的上古历史相对地说还是知道得很少。陈连开教授提出过一个值得重视的观点，我的另一位同事谷苞教授经过几十年在西北的实地考察，也提出了同一观点，他们都认为和秦汉时代中原地区实现统一的同时，北方游牧区也出现了在匈奴人统治下的大一统局面。他们更指出，南北两个统一体的汇合才是中华民族作为一个民族实体进一步的完成。我同意这个观点。

南北两大区域的分别统一是有其生态上的基础的。首先统一的中原地区是黄河长江中下游的平原地区，从新石器时代起就发生了农业文化。黄河中下游的新石器遗址中已找到粟的遗存，长江中下游的新石器遗址中已找到稻的遗存。从夏代以降修水利是统治者的主要工作，说明了灌溉在农业上的重要地位。小农经济一直到目前还是汉族的生活基础，至今还没有摆脱汉族传说性的祖先神农氏的阴影。

这一片平原上的宜耕土地在北方却与蒙古高原的草地和戈壁相接，在西方却与黄土高原和青藏高原相连。这些高原除了一部分黄土地带和一些盆地外都不宜耕种，而适于牧业。农业和牧业的区别各自发生了相适应的文化，这是中原和北方分别成为两个统一体的自然条件。

划分农牧两区的地理界线大体上就是从战国时开始建筑直到现在还存在的长城。这条战国秦汉时开始修成的长城是农业民族用来抵御牧畜民族入侵的防线。农民占于守势而牧民处于攻势。这也是决定于两种经济的不同性质。农业是离不开土地的，特别是发展了灌溉农业，水利的建设更加强了农民不能抛井离乡的粘着性。农民人口增长则开荒辟地，以一点为中心逐步扩大，由家而乡，紧紧牢守故土，难得背离，除非天灾人祸才发生远距离移动。

牧业则相反。在游牧经济中，牲口靠在地面上自然生长的草得到食料，牲口在草地上移动，牧民靠牲口得到皮、毛、肉、乳等生活资料，就得跟牲口在草地上移动，此即所谓"逐水草而居"。当然游牧经济里牲口和人的移动也是有规律的，但一般牧民不能长期在一个地方定居，必须随着季节的变化，在广阔的草原上转移。牧民有马匹作行动的工具，所以他们的行动也比较迅速，集散也比较容易。一旦逢遭灾荒，北方草原上的牧民就会成群结队，南下就食农区。当双方的经济和人口发展到一定程度，农牧矛盾就会尖锐起来，牧民成为当时生活在农区的人的严重威胁。对这种威胁，个体小农是无法抗拒的，于是不能不依附于可以保卫他们的武力，以及可以动员和组织集体力量来建筑防御工程的权力。这也是促成中央集权政体的一个历史因素。长城表现了这一个历史过程。

牧区经济的发展同样需要有权力来调处牧场的矛盾，需要能组织武力进行自卫或外出夺取粮食、财物和人口。我们对于北方草原上民族的早期历史知道得很少。当在汉代的史书中看到有关匈奴人较详细的记载时，他们已经是北方的强大力量，拥有长城之外东起大兴安岭，西到祁连山和天山这广大地区，就是这里所说北方的统一体。到汉初已形成"南有大汉，北有强胡"的局面。

实际的历史过程不可能这样简单。考古学者从 30 年代起已陆续在长城外的内蒙古赤峰（昭乌达盟）发现了新石器时代的红山文化，这地区的先民已过着以定居农业为主，兼有畜牧渔猎的经济生活，近年又发现了距今 5000 年前的祭坛和"女神庙"，出土的玉器与殷商玉器同出一系。铜器的发现更使我们感到对东北地区早期文化的认识不足，而且正是这个东北平原和大兴安岭及燕山山脉接触地带，在中国历史上孕育了许多后来入主中原的民族。关于这方面的情况，下面再提。

中原和北方两大区域的并峙，实际上并非对立，尽管历史里记载着连续不断的所谓劫掠和战争。这些固然是事实，但经常性相互依存的交流和交易却是更重要的一面。

把游牧民族看成可以单独靠牧业生存的观点是不全面的。牧民并不是单纯以乳肉为食，以毛皮为衣。由于他们在游牧经济中不能定居，他们所需的粮食、纺织品、金属工具和茶及酒等饮料，除了他们在大小绿洲里建立一些农业基地和手工业据点外，主要是取给于农区。一个渠道是由中原政权的馈赠与互市，一个渠道是民间贸易。

贸易是双方面的，互通有无。农区在耕种及运输上需要大量的畜力，军队里需要马匹，这些绝不能由农区自给。同时农民也需牛羊肉食和皮毛原料。在农区对牧区的供应中，丝织物和茶常是重要项目。因而后来把农牧区之间的贸易简称为"马绢互市"和"茶马贸易"。在北方牧区的战国后期及汉代墓葬中，发现很多来自中原地区的产品，甚至钱币。

在日益密切的相互依存和往来接触中，靠近农区的那一部分匈奴牧民于公元1世纪已逐步和附近的汉族农民杂居混合，进入半农半牧的经济。公元前1世纪中叶这些匈奴人在汉武帝的强大压力下南北分裂后被称为南匈奴的，他们后来并没有跟北匈奴远走中亚，而留原地，即今内蒙古境内，并且逐渐进入关内和汉人杂居混合。

在战国到秦这一段历史时期里，农牧两大统一体之争留下了长城这一道巨大的工程，这是表示了早期牧攻农守的形势。但是当农业地区出现的统一体壮大后，从汉武帝开始就采取了反守为攻的战略。这个战略上的改变导致了汉族向西的大扩张，就是在甘肃西部设置河西四郡：敦煌、酒泉、武威、张掖，移入28万人，主要是汉族。

河西四郡是黄土高原通向天山南北的走廊。这个地区的平原地带降水量是很少的，但是祁连山山区降水量较多，而且有积雪融化下流，供水较足可以灌溉农田。这是汉族能大量移入开荒种田的经济基础。这条走廊原来是乌孙和月氏的牧场，匈奴把他们赶走后占领其地，并和羌人联合起来，在西方包围了汉族。汉武帝于公元前122年迫降该地区的匈奴，置四郡移汉人实边，把这个包围圈打出了一个缺口，即所谓"隔绝羌胡"。这条走廊也给汉代开辟西域铺下通道。后来汉代又利用这条通道，联合天山以南盆地里的被匈奴欺压掠夺的农业小国和被匈奴放逐到中亚的乌孙，形成了对匈奴的反包围，并且击败匈奴。

从蒙古高原经天山北路直到中亚细亚是一片大草原，这对游牧民族来说是可以驰骋无阻的广场。游骑飘忽，有来有去。牧场的争持，你占我走，你走我占，所以这个地区的民族是时聚时散的。哪个部落强大了就统治其他部落，而且以其名称这广大草原上的牧民。所以在史书上所见的是一连串在北方草原上兴起的族名：匈奴之后有鲜卑、柔然、突厥、铁勒、回鹘等。他们有时占领整个大草原，有时只占其中的一部分，最后是蒙古人，其势力直达西亚。

曾在这片草原上崛起的民族，许多还有其后裔留在这个地区，但又多和其他民族结合，其杂其混、其分其合，构成很复杂的历史过程，我们在此毋庸细述。大体上说，新疆现有民族中有五个少数民族所说的语言属于突厥语族。他们是维吾尔、哈萨克、乌孜别克、塔塔尔、柯尔克孜。他们都是早期就在这片大草原上活动过的民族的后裔。

六、中原地区民族大混杂、大融合

汉族形成之后就成为了一个具有凝聚力的核心，开始向四周围的各族辐射，把他们吸收成汉族的一部分。紧接汉魏在西晋末年黄河流域及巴蜀盆地出现了"十六国"，实际上有二十多个地方政权，大多是非汉民族建立的。在这大约一个半世纪（304～439年）里正是这个地区民族大杂居、大融合的一个比较明显的时期，是汉族从多元形成一体的一幕台前的表演，而这场表演的准备时期早在汉代开始，匈奴人的"归附"即是其中的一幕。

在这些地方政权中，匈奴人建立的有三个，氐人建立的有四个，羯人建立的有一个，鲜卑人建立的有七个，羌人建立的有一个，汉人建立的有三个。它们所占的地区遍及今陕西、山西、河北、河南、甘肃、宁夏及四川、山东、江苏、安徽、辽宁、青海、内蒙古等省区的一部分。实际上是中原地区的全部都曾波及。

北方及西方非汉民族在上述地区建立地方政权表明有大量的非汉人进入了这个地区，由于混而未合，所以这时"汉"作为民族标记的名称也就流行，而且由于汉人的政治地位较低，"汉人"也成为带有歧视的称呼，但是进入华北地区的非汉人，一旦改牧为农，经济实力最终还是要在社会地位上起作用。在这个时期就开始有关于"胡人改汉姓"的记载，到了统一华北的北魏还发生了改复姓为单姓的诏命，也就是要胡人改从汉姓。有人统计《魏书》"官氏表"中126个胡姓中已有60个不见于官书。杂居民族间的通婚相当普遍，甚至发生在社会上层。非汉族的政治地位又不易持久，你上我下，我去你来，结果都分别吸收在汉人之中。汉族的壮大并不是单纯靠人口的自然增长，更重要的是靠吸收进入农业地区的非汉人，所以说是像滚雪球那样越滚越大。

经过南北朝的分裂局面，更扩大了的中原地区重又在隋唐两代统一了起来。唐代的统治阶级中就有不少是各族的混血。建国时，汉化鲜卑贵族的支持起了举足轻重的作用，因之他们在统治集团中一直处于重要地位。有人统计，唐朝宰相369人中，胡人出身的有36人，占1/10。《唐书》还特辟专章为番将立传。沙陀人在唐末颇为跋扈，在继唐而起的五代中后唐、后晋、后汉三朝都是沙陀人建立的，以中兴唐朝出名的庄宗本身就是出自沙陀人。所以有唐一代名义上是汉族统治，实际上是各族参与的政权。从唐到宋之间的近六百年的时间里，中原地区实际上是一个以汉族为核心的民族熔炉。许多非汉族被当地汉人所融合而成为汉人。当然融合的过程是复杂的，但结果许多历史有记载的如鲜卑、氐、羯等族名逐渐在现实生活中消失了。

唐代不能不说是中华文化的一个高峰。它的特色也许就是在它的开放性和开拓性。这和民族成分的大混杂和大融合是密切相关的。

七、北方民族不断给汉族输入新的血液

如果北宋可以说经过了五代的分裂局面，中原又恢复了统一，它的力量究竟是微弱的。它的北方，今内蒙古巴林左旗，在公元916年兴起了一个强大的民族契丹，作为中国的一个王朝称辽，它的疆域从黑龙江出海口到今蒙古人民共和国中部，南面从今天津，经河北霸县到山西雁门关一线与北宋对峙。统治了210年才为另一北方民族女真所灭。发源于白山黑水的女真人，公元1115年立国称金。1125年灭辽，接着灭北宋，先后在今北京和开封建都，疆域包括辽的故土并向西扩张到陕西、甘肃与西夏接界，向南扩张达秦岭和淮河与南宋接界。北宋只有300年的历史，这期间给中原北部这个地区混杂居住的许多民族成分有一个消化和融合的阶段，并为汉族向南扩张积聚了力量。这是后话。

这里应当讲一讲大兴安岭以东的松辽平原。这个平原和广大草原之间当时存在着一个大兴安岭的屏障，广阔的森林可能挡住了游牧民族的东进。看来有一些游牧民族可以溯源于这个森林里的狩猎民族。

最近我到大兴安岭林区实地观察，在呼盟阿里河镇西北10公里见到林区里的一个山洞，称嘎仙洞，洞里还保留着公元443年北魏太武帝拓跋焘遣使树立的用以纪念他祖先的石刻祝文。这表明鲜卑族早期曾居住在大兴安岭的森林里。鲜卑族后来从山区西南迁到呼伦池的草原上，然后继续向西南迁，徙居阴山河套之间，形成鲜卑拓跋部，其中一部分进入青海，大部分则在4世纪初活动在今内蒙古和山西大同地区。公元386年建立魏国，439年统一中原北部地区。

建辽国的契丹人原是活动在辽河上游的游牧民族，曾臣服于唐，916年阿保机称帝。建国前后都有大批汉人迁入，农业和手工业得到发展，但被金灭后，契丹人多与汉人及女真人相融合。

建立金国的女真人也是在松辽平原上兴起的，他们走上与契丹人由弱到强，由强而亡的同样道路。当他们占有中原北部地区后，曾把所征服的地区的居民用汉人、燕人、南人等名称和女真人相区别，但是后来也有许多女真人开始改用汉姓，见于《金史》记载的有31姓，而且他们的改姓并非出于诏令，而是民间的自愿。尽管改用汉姓并不表示他们已完全成了汉人，只能表明他们已不再抗拒汉化了。

不论是契丹人还是女真人，尽管在中原北部政治上取得优势，但都没有统一中国。北方民族囊括中国全部版图成为统一的政权是从蒙古人建立的元朝开始。其后还有女真人的后裔满人建立的清朝。元朝统治了97年（1271～1368年），清朝统治了近267年（1644～1911年）。蒙古人和满人是非汉民族，而且至今还是有人口百万以上的少数民族，但是在他们的统治时代，汉族还是在壮大，当他们的王朝灭亡后，大量的蒙古人和满人融合在汉族之中。

元代蒙古人统治下的人分四等：蒙古、色目、汉人和南人。这时的女真人、契丹人、高丽人都被包括在汉人之中，与汉人的待遇是一致的。又据《元史》记载："女直（即女真）、契丹同汉人。若女直、契丹生西北不通汉语者，同蒙古人；女直（其下当遗契丹二字）生长汉地，同汉人。"①看来女真人和契丹人中已有分化，或融合于汉族，或融合于蒙古族。元代把汉族分化为汉人和南人两类，以宋、金疆域为边界。凡是先被蒙古人征服的原属金的区域里的汉人仍称汉人，后来征服了南宋，曾属南宋的人称南人或宋人、新附人或蛮子。看来其中也包括长江以南的各非汉民族。这样也加强了这些非汉民族和汉族的融合。

继蒙古人之后统治中国的是汉族，称明朝，初期曾下令恢复"唐代衣冠"，禁止胡服胡语胡姓。用行政命令来改变民族风俗习惯和语言都是徒劳的。据《明实录》引用公元 1442 年的一奏折中有当时"靼装"盛过唐服的话。但是民间交流却起作用。明末清初的顾炎武在他的《日知录》里关于当时民族混杂的情况曾说："华宗上姓与毡裘之种相乱，惜乎当日之君子徒诵'用夏变夷'之言，而无类族辨物之道。"又说："今代山东氏族其出于金、元之裔者多矣。"这表明在当时的社会上层各族间的通婚已经通行，而且大量的汉化了。

蒙古人融合于汉族的具体例子见于梁漱溟先生最近出版的《问答录》。他说："我家祖先与元朝皇帝同宗室，姓'也先帖木耳'，蒙古族。元亡，末代皇帝顺帝携皇室亲属逃回北方，即现在的蒙古，而我们这一家未走，留在河南汝阳，改汉姓梁……说到种族血统，自元亡以后经过明清两代，历时 500 余年，不但旁人早不晓得我们是蒙古族，即自家人如不是有家谱记载也无从知道了。但几百年来与汉族通婚，不断融合两种不同的血统，自然是具有中间的气质的。"②在看到这段话之前，我从来不知道梁先生的祖先是蒙古人，他并没有报过蒙古族，而安于自认及被认为汉族，但是有意思的是他这 500 年前的血统渊源还看成是他的"中间气质"的根源。可见民族意识是很深的。解放之后，原来已报汉族而后来改报蒙古族的人数还是不少的。

这里可以提一下，由于蒙古人先统一了北方地区，后来才西征中亚，然后回师从甘肃，经四川，入云南，沿长江而下，灭亡南宋。在这一场战争中却在中华民族的格局中增添了一个重要的少数民族，即回族。1982 年普查人数达722 万，在少数民族中仅次于壮族，而且是其中分布最广的民族。主要聚居于宁夏和甘肃，并在青海、河南、山东、云南等省及全国各大城市有大小不等的聚居区。

大约在 7 世纪中叶，从海路有大批阿拉伯和波斯的穆斯林商人在广州、泉州、杭州、扬州等沿海商埠定居，当时称番客。13 世纪初叶蒙古人西征，中亚信仰伊斯兰教各国被征服后，大批商人、工匠签发为远征军，称"探马赤军"，后随军进入中国征伐南宋，其中有汉人称他们为"回回军"的。回族就是在番客和回回军基础上大量和汉族通婚后，形成包括所有在中国各省信仰伊斯兰教的人。除了随蒙古军队在大城市落户的中亚商人和工匠外，还有大量中亚军人分驻各防区，主要在甘肃、云南，奉命屯垦，"上马则备战斗，下马则屯聚牧养"③，定居了下来，他们在元代列入色目人中享有较高的政治和社会地位。明代他们在政府和军队中还保持了较高地位。其时在甘青宁一带人口众多，曾有"回七汉三"的说法。在云南大理一带其人数也很多。但由于后来清代的民族仇杀使西北和云南的回族人口大为减少。

由于这个民族具有商业传统，早在唐代丝绸之路上的来往商人，番客就占重要地位。回族形成后，在黄土高原上北和蒙古、西和青藏牧区接壤地区，即甘青宁黄河上游走廊地带，依靠农牧产品贸易，即所谓"茶马贸易"，善于从商的回族得以发展，所以现在最大的回族聚居区还是在宁夏回族自治区和甘肃的临夏回族自治州。

回族现在通用汉语。海上和从中亚移入的穆斯林什么时候和怎样失去他们原来的语言已经难说。有人认为商人和军队中妇女较稀少，所以为了繁衍种族，势必和当地妇女通婚，由母传子，改变了民族语言。经商也应当是他们必须掌握当地语言的一个原因，何况回回一般是小聚居、大分散的格局和汉人杂居。在语言和生活各方面和汉族趋同是很自然的社会结果。但是他们坚持伊斯兰教信仰，用以在汉族的汪洋大海中保持和加强自己的民族意识。他们一般的习惯是回族可以娶汉族妇女，嫁后须信仰伊斯兰教。回族妇女不嫁汉人，除非汉人改信伊斯兰教，成为回族成员。

清代满族并没有轶出过去进入中原的北方民族的老路。这是大家记忆犹新的历史，可以不必在此多说。我在解放前的确没有听到过语言学家罗常培、文学家老舍是满族，他们都是在解放之后才公开他们的民族成分的。当然，我们这些汉人和他们相处时并不会感到我们之间有什么民族差别。在没有公开他们的民族成分之前，他们都知道自己是满族。这又说明了在一体的格局中多元性还是顽强地存在。

北方诸非汉民族在历史长河里一次又一次大规模地进入中原农业地区而不断地为汉族输入了新的血液，使汉族壮大起来，同时又为后来的中华民族增加了新的多元因素。这些对中华民族多元一体格局的形成都起了重要的作用。我在本文中只能作出上面简单的叙述，指出它的梗概而已。

八、汉族同样充实了其他民族

在我国古代民族中，除了月氏、乌孙、匈奴、突厥等民族的大部或部分迁居他国外，绝大多数的民族都长期在中华大地上居住，他们之间的交流和融合是经常的。上节里我着重讲了在不同时期汉族曾融合进了为数众多的其他民族成分。在这一节里，我要略述汉族融合到其他民族里去的情况。

汉族被融合入其他民族主要有两种情况：一种是被迫的，有如被匈奴、西羌、突厥掳掠去的，有如被中原统治者派遣去边区屯垦的士兵、贫民或罪犯；另一种是由于天灾人祸自愿流亡去的。这两种人为数都很多，有人估计"匈奴有奴隶约 30 万，约占匈奴人口的七分之一或五分之一"[④]，有人估计"匈奴有奴隶 50 多万，占匈奴人口的三分之一"[⑤]，这些奴隶主要是汉人，也有西胡、丁零等族。永初三年（109 年）南匈奴曾一次"还所钞汉民男女及羌所掠转买入匈奴中者合万余人"[⑥]。

西汉时，侯应曾列举十条理由反对罢边塞、毁长城，其中的第七条是："边人奴婢愁苦，欲亡者多……时有亡出塞者。"可见当时时有汉人自愿逃亡匈奴游牧区。东汉末年，仅逃亡到乌桓地区的汉人就有 10 万多户。西晋亡后，中原板荡，汉族人民逃亡辽西、河西、西域和南方的人很多。据《晋书·慕容廆传》："时二京倾覆，幽冀沦陷，廆刑政修明，虚怀引纳，流亡士庶众多襁负归之。廆乃立郡以统流人，冀州人为冀阳郡，豫州人为周郡，青州人为营丘郡，并州人为唐国郡。"流人之多可以想见。

移入其他民族地区的汉人很多就和当地民族通婚，并且为了适应当地社会生活和自然环境，也会在生活方式、风俗习惯等方面发生改变，过若干代后，就融合于当地民族了，比如，公元 399 年在吐鲁番盆地及邻近地区建立的麴氏高昌国原是一个以汉人为主体建立的国家。这些汉人是汉魏屯田士兵和晋代逃亡到这地区的人的后裔。正是《魏书·高昌传》所说的"彼之氓庶，是汉魏遗黎，自晋化不纲，因难播越，世积已久"。当时这个高昌国的人胡化已深，如《北史·西域传·高昌传》所说："服饰，丈夫以胡法，妇人裙襦，头上作髻。其风俗政令与华夏略同……文字亦同华夏，兼用胡书，有《毛诗》、《论语》、《孝经》……虽习诵之，而皆为胡语。"麴氏高昌国存在了 141 年，曾先后臣属于北方游牧民族柔然、高车及突厥。公元 640 年为唐朝所征服，设西州。公元 866 年回鹘占领西州，从此长期受回鹘统治，当地汉人的后裔就融合于维吾尔族了。同时生活在天山以南各个绿洲操焉耆一龟兹语（吐火罗语）和于阗语的属于印欧语系诸民族也先后融合于维吾尔族。

又比如：在战国时，楚国的庄跻曾率数千农民迁居于云南滇池地区，自称滇王。其后，汉晋时期均曾派汉人进入云南，但明朝以前迁入云南的汉人大都融合于当地各民族了。迁居于大理洱海地区的汉人成了白族中的一个重要部分。

我们过去对于历史上民族之间互相渗透和融合研究得不够，特别是对汉人融合于其他民族的事实注意不够，因而很容易得到一种片面性的印象，似乎汉族较杂而其他民族较纯。其实所有的民族都是不断有人被其他民族所吸收，同时也不断吸收其他民族的人。至于有人认为经济文化水平较低的民族必然会融合于经济文化较高的民族，也是有片面性的，因为历史上确有经济文化水平较高的汉人融合于四周的其他经济文化较低的民族。民族间相互渗透和融合过程还是应当实事求是地进行具体分析。我在这里特地加上这一节，目的就是要指出，在看到汉族在形成和发展过程中大量吸收了其他各民族的成分时，不应忽视汉族也不断给其他民族输出新的血液。从生物基础，或所谓"血统"上讲，可以说中华民族这个一体中经常在发生混合、交杂的作用，没有哪一个民族在血统上可说是"纯种"。

九、汉族的南向扩展

早在春秋战国时代，作为汉族前身的华夏族，其势力已经东到海滨，南及长江中下游，西抵黄土高原。这个核心的扩展对周围的其他民族，即当时所谓夷蛮戎狄，采取了两种策略，一是包进来"以夏变夷"，一是逐出去，赶到更远的地方。匈奴分南北两部，北匈奴走了，南匈奴同化了，是具体的例子。北匈奴沿着直通中亚和东欧的大草原走出了后来中华民族的范围，其他民族能走出这个范围的不多。很可能早期居住在山东半岛上的"东夷",有部分渡海出走,或绕道东北进入今朝鲜半岛和日本群岛。但绝大多数的非汉民族不受融合的只有走到汉族所不愿去居住的地方,大多是不宜耕种的草原和山区。有些一直坚持到今天,在中华民族的一体中保留了他们的民族特点,构成多元的格局。

这个过程如果要作历史的回顾,一直可以推到三皇五帝的传说时代。被认为是汉族祖先的黄帝,就曾在黄河北岸和炎帝和蚩尤作过战。炎帝后来被加入了汉族祖先之列,所以现在通常认为中华民族是"炎黄子孙"。蚩尤在传说中却一直被排斥在"非我族类"之中。但是他所率领的"三苗"却还有人望名构史地和现在的苗族联系了起来。这固然是牵强的推测,但蚩尤之后有一部分被留在汉族之外却可能是事实。

从考古的资料来说,如上所述,长江中下游在新石器时代和黄河中下游一样存在着东西不同的文化区。从山东中南部到徐淮平原的青莲岗—大汶口文化(前5300~前2400年)是有近3000年历史的相当发达的农业文化,这使人联系到史书上所称的东夷。在东夷中无疑还包含着不同的族团。东夷是殷商的先人,当他们被西方来的羌人之后的周人击败后,一部分和周人一起融合进入了华夏族团,也有一部分是被驱逐出走他方。这一部分中可能有上面说到过出海的和绕道东北去朝鲜半岛和日本群岛的人,但大部分却走向南方。

我这个假说的根据是我在30年代对朝鲜族人体类型的分析。在我的硕士论文里,我曾在朝鲜人体质资料中看到有大量和江苏沿海居民相同的B型,即圆头体矮的类型。这种类型又见于广西大瑶山瑶人的体质测量资料中。如果这些资料的分析是可信的话,就容易作出把这三个地方的人在历史上联系起来的推想。由于我自己的体质类型分析的研究工作中断已久,资料又都遗失,只能凭记忆作出上述的提示。

我这种推论受到我的一位老师潘光旦教授的支持。他根据文字史料和在福建畲民地区的实地观察,曾提出过一种见解,凭我的记忆曾经简述如下:

我们可以从徐、舒、畲一系列的地名和族名中推想出一条民族迁移的路线。很可能在春秋战国时代的东夷中靠西南的一支的族名就是徐。他们生活在黄河和淮河之间,现在还留下徐州这个地名。据《新中国的考古发现和研究》，徐国在西周时期曾是一个较强的国家，春秋时仍然不衰，公元前 512 年被楚灭亡。近年在江西西北部接连出土春秋中期徐国铜器，应该不是偶然，或许与徐人的迁徙有关。⑦从这一时期的文献中可以看到这块地区居民被称作舒。潘先生认为畲字和徐是同音，徐人和舒人可能即是畲人的先人。他又以瑶畲都有盘瓠传说，这个传说联系到了徐偃王的记载，认为过山榜有它的历史根据，只是后来加以神话化罢了。这一批人，后来向长江流域移动，进入南岭山脉的那一部分可能就是瑶。从南岭山脉向东，在江西、福建、浙江的山区里和汉族结合的那一部分可能是畲，另外有一部分曾定居在洞庭湖的一带，后来进入湘西和贵州山区的可能就是苗。潘先生把苗和瑶联系了起来，是因为他们在语言上同属一个系统，称苗瑶语族，表明他们可能是从一个来源分化出来的。

如果东夷中靠西的那部分经过 2000 年的流动，现在还留着一些后裔，保留了他们的民族特点，成为瑶、苗和畲，那么东夷中靠东的那一部分又怎样了呢？这一部分可能联系上苏北青莲岗文化直到长江下游的河姆渡—良渚文化，也就是春秋战国时期吴、越人的活动地区。这地区在三国时期经常使得统治这地区的孙氏政权头痛的是山区里到处都有的越人。这些不能不使我联想到这一系列新石器时代的文化就是吴越文化的底子。

浙江南部直到广东沿海考古资料还不够完整。但是广东石峡文化的发现，使考古学者得出一种见解，它和赣江流域、长江中下游甚至远达山东沿海等地诸原始文化，不断发生直接、间接的交往和相互影响，并且越到后来联系越广越远，而断定这沿海地区始终是紧密相联的。⑧这些线索使我产生一种设想，这种相联不仅是民族间的交往，而且有相近的种类的底子，就是说，从山东到广东的整个沿海地带曾经是古代越人或粤人活动的区域。三国时吴国有山越，其先浙南有瓯越，福建有闽越，广东在汉代建有南越（粤）国，其西到广西还有骆越，都以越或粤名其人，可以认为是一个系统的人。

许多民族学者把古代的越人联系到现在分布在西南各省壮侗语族民族，直到东南亚，如广西的壮族，贵州的布依族、侗族、水族，云南的傣族。如果这个历史联系是可信的话，则可以把他们联上历史上沿海的越人。现在沿海的越人已经都融合成了汉族，而这个越人系统至今还保住了西南一隅，主要是居住在山区的盆地里从事农业，这些地区的山腰和山上却住有苗瑶和其他山地小民族。这样一个分布颇广，人数又众的越人系统究竟怎样形成的历史，我们还没有具体材料来予以说明。

以上是长江下游、沿海和带到一点西南边境上的情况。现在让我们看一看长江中游的情况。

从新石器时代江汉平原的大溪—屈家岭—青龙泉文化之后，从地区上说，接下去就是楚文化了。春秋战国时代的楚国还保留着相当强烈的地方色彩。著名的屈原《楚辞》还是"书楚语，作楚声，记楚地，名楚物"。楚在中原人眼中还是南蛮，连楚建国后五代孙熊渠自己还说："我蛮夷也，不与中国之号谥。"在楚国统治下有许多小邦，有人计算达 60 个之多，也就是说它曾是一个与中原华夏并峙的多元统一体。它的地域很广。《淮南子》里有言："昔者楚人地南卷沅湘，北绕颍泗，西包巴蜀，东裹郯邳，颍汝以为洫，江汉以为池……中分天下。"楚还派人西进云南，占有滇池地区。

楚是一个农业经济发达，文化高超的文化。但是秦灭楚后，楚汉相争事实上还是存在，项羽是在四面楚歌之中，无面目见江东父老而自杀的。楚汉合并在统一体中也是经过一个相当长的过程的。

早在秦代，汉人已越南岭进入珠江流域，广西桂林还有秦渠留作见证。但是汉族文化越岭入粤尚在汉代，当时的南越王事实上还是一个强大的地方政权。但是南岭山脉以南地区要成为以汉人为主的聚居区，还需要近千年的时间。从海南岛的民族结构可以看得到这地区的历史层积。最早在该岛居住的是黎人，语言属壮侗语系，自成一语支，表示和同一语族的其他语支早已分开。由此可以推测在沿海还是越人居住的时代，有一部分已越海居住到了这岛上。继着黎人迁人的是另一部分说壮侗语系的人定居在海岛北部，称临高人，语言和今壮人相同，至今自认是汉人。其后，大约在明代，又有说瑶语的人移入，他们被人称为苗人，至今也自称苗人。按我上述的推测，他们是向南走得最远的瑶人了。其后到了宋元才有大量汉人移入，主要是在该岛的沿海地区。

十、中国西部的民族流动

让我们回到中华大地的西部，至今是少数民族聚居的地方，即黄土高原、青藏高原和云贵高原，加上天山南北的新疆。这个广大地区考古资料比中原及沿海地区为少，远古的历史还不太清楚。但是已经知道的是在中国找到最早的猿人遗骨化石是在云贵高原（云南元谋县），加上上面已说过的旧石器及新石器的遗留，可以断定在这些西部高原上很早已有人类居住。

从史书的文字记载中，早期在中原之西居住的人统称戎。贴近中原，今宁夏、甘肃这一条黄河上游的走廊地带，正处在农业和牧业两大地区的中间，这里的早期居民称作羌人，牧羊人的意思。羌人可能是中原的人对西方牧民的统称，包括上百个部落，还有许多不同的名称，古书上羌氐常常连称。它们是否同一来源也难确定，可能在语言上属于同一系统。《后汉书》说他们是"出自三苗"，就是被黄帝从华北逐去西北的这些部落。商代甲骨文中有羌字，当时活动在今甘肃、陕西一带。羌人和周人部落有姻亲关系，所以周人自谓出于姜嫄。在周代统治集团中羌人占重要地位，后来成为华夏族的重要组成部分。

从历史上看，作为一个保持着民族特点的集团来说，羌人和中原一直维持着密切关系，是甘陕一带夷夏之间的强大集团。其中党项羌在 1038～1227 年间曾建立过西夏国，最盛时包括今宁夏、陕北和甘肃、青海、内蒙古的一部分，与辽、金先后成为与宋代鼎峙的地方政权，从事农牧业，有自己的类似汉文的方块文字。自从西夏政权被蒙古人击溃后，羌人的下落在汉文的史料中就不常出现了。可能大多数已和当地汉人及其他民族融合。至今仍自认是羌人的有约 100 万人（1964 年普查时只有约 50 万人），聚居在四川北部，有一个羌族自治县。

羌人在中华民族形成过程中起的作用似乎和汉人刚好相反。汉族是以接纳为主而日益壮大的，羌族却以供应为主，壮大了别的民族。很多民族包括汉族在内从羌人中得到血液。

让我从西端的藏族说起。据汉文史籍记载，藏族属于两汉时西羌人的一支。西藏有"发羌"，发古音读 bod，即今藏族自称。发羌是当时青藏高原上许多部落之一，而且和甘青诸羌人部落有来往。藏语支有三种语言，即藏语、嘉戎语、门巴语。有些语言学者把羌语、普米语、珞巴语都归入藏语支，也有把嘉戎语归入羌语支。一说四夏语实际是嘉戎语，即羌语。这说明在藏语和羌语间存在着密切关系。嘉戎语主要分布在四川的阿坝藏族自治州，说嘉戎语的人都被认为是藏族。

藏语本身还分三种差距较大的方言：卫藏方言主要分布在西藏自治区大部分地方，康方言主要分布在四川的甘孜、云南的迪庆及青海的玉树等藏族自治州；安多方言分布在甘肃的甘南、青海的一些藏族自治州。藏族的复杂性反映了这个民族的多元格局。即使不把羌人作为藏族的主要来源，羌人在藏族形成过程中的重要作用也是无可怀疑的。

藏族在历史上是一个强大的民族，它不仅统一过青藏高原，而且北面到达帕米尔高原，占领过新疆南部，东面到达过唐代的首都长安和四川的成都平原，南面在滇北和当时的南诏国对峙。在他们的强大时期，当地各族人民受到他们的控制。这些人也就被称为藏人。现在阿坝地区还有一种被称为白马藏族，他们既不说藏语也不信喇嘛教。在解放前曾被称为"黑番人"，有些学者认为他们是古代氐人的后裔。在六江流域的走廊里还发现出门说藏语，回家说另一种语言的藏人。这些显而易见的是融而未合的例子。

如果语言的系统能给我们一些民族间历史关系的线索，汉语和藏语的近亲关系也支持了我在上面所提到的羌人是汉藏之间的联结环节的假设。从这个线索再推一步，我们又看到了和藏语近亲的彝语。而彝族的来源有许多学者也认为是羌人。胡庆钧教授在《中国大百科全书》彝族条目里是这样说的："约在4~5千年以前，羌人早期南下支系与当地土著部落融合为僰（濮）。僰系'羌之别种'……公元4世纪初，羌人无弋爰剑之后自甘、宁、青一带河湟地区南下，到岷山以东，至金沙江畔，发展为武都、广汉、越巂诸羌……是羌人南下的较晚支系。"

彝族在1982年人口普查时有545万人，如果加上彝语支的哈尼、纳西、傈僳、拉祜、基诺等族，将有755万人。在少数民族中仅次于壮族，超过了回族。彝语支各族所居住的横断山脉，山谷纵横，构成无数被高山阻隔的小区域，其间交通不便，实际上属于同一族类的许多小集团，分别各自有他们的自称，也被他族看成不同的民族单位。现在说彝语支语言的人已被认为是属于不同名称的五个民族。即使是包括在彝族范围之内的人，也还有诺苏、纳苏、罗武、米撒泼、撒尼、阿西等不同自称。

当蒙古军队进攻南宋，道出四川、云南、贵州时，彝语系统的各集团大多联合起来进行抵抗，出现了一个统一的名称：罗罗。这个名称在民间一直沿用到解放时。但因为被认为是一种歧视的辱称所以被废止了，而采用彝这个名称。

彝族在云贵高原长期在各地掌握过地方权力。元明两代均利用彝族本族的统治者作为臣属于中央政权的土司，是一种间接统治的方式。清代通过"改土归流"，进行直接统治，部分交通方便的地区，由于大量的汉人移入，在1746年有人记载在东川、乌蒙等地已经是"汉土民夷，比屋而居……与内地气象无异"。

彝族的社会发展是很不平衡的，即使在解放前夕，在城镇上还自认是彝族的社会上层和汉人往来中表面上已辨不出有什么差别，而且在地方政治和经济上还掌握着实权。但在偏僻的山区如四川的凉山，却还保持着其特有的奴隶制度，并成为独立的"小王国"，不受区外权力的控制。

从客观上看，云贵高原的民族格局中实际上存在着六种民族集团。一是在南部及西南边境上多属壮侗语族的民族，主要是傣族。他们是早就住在这地方的土著，还是由东方沿海地区移入这山区的人，现在还难说。二是从北方迁入的彝语支的民族。三是早在这地区居住的土著民族。按考古学上的遗留来看，这是一块人类的发源地，不大能想象没有遗留人种。但是现存的知识，还不能明确他们和现在的民族有什么关系。很可能大多已淘汰，或是和外来的移民同化了。有人认为现有的仡佬族和仫佬族，散居于贵州、广西一带，系旧称僚人的后裔，可能是这地区较早的居民。四是早在春秋战国时代已开始从中原来的移民，见之于历史的最早有楚国的庄蹻带兵进入滇池地区。到汉代从四川进入云贵高原的交通已经开辟，《史记》的作者司马迁就到过云南，滇池附近还发现了汉代的金印。明代及以后大批汉人移入云贵各省是有史可稽的。五是以上各种人的混血。白族可能是其中之一。六是一些跨境的说南亚语系的民族，如佤、德昂、布朗等族，很可能是从境外移入的。

为了提供西南部分更完整的面貌，还得简单一说处在青藏高原、黄土高原及云贵高原之间的那个四川盆地。这个盆地适于农业，很早就有蜀人和巴人在此生息。根据现有的历史知识说，早在商代的甲骨文中已见到"蜀"字，那是四川盆地的古国。在周人伐商的战争中已有蜀人的参与。蜀人主要活动地区在四川西部。建立过地方政权，后来被秦所灭，而且据说置蜀郡后中原有大量移民入蜀，蜀人也就并入了汉族。

巴人的来源历史上没有明确记载，传说是廪君之后，起源于"武落钟离山"，有人考证在今湖北境内。他们的活动地区是在四川东部、陕西南部、湖北和湖南西部。西周初期在汉水流域建立巴国，被秦灭后，巴人作为一个民族集团也就湮没无闻了。50年代潘光旦教授考察湘西土家族，认为是巴人的后裔。土家族在中华人民共和国初期，并没有被列入少数民族中，因为当时被认为是汉族的一部分。他们在生活和语言上和汉人已极相近。但是自从承认他们是一个民族单位后，湘、鄂、黔接壤地区很多过去自报汉族的，申请改正为土家族。1964年人口普查时自报土家族的只有52万人，1982年普查时达280万人，在18年中增长了5倍。这说明有许多已长期被吸收入汉族中的非汉民族，在意识上还留有融而未合的痕迹。

十一、中华民族格局形成的几个特点

以上我把中华民族多元一体格局形成的过程择要勾画出一个草图。中华民族在近百年和西方列强的对抗中成为自觉的民族实体，但是作为一个自在的民族实体是经过上述的历史过程逐步形成的。说到这里，我可以把从这个格局里看到的几个应注意的特点简述如下：

1. 中华民族多元一体格局存在着一个凝聚的核心。它在文明曙光时期，即从新石器时期发展到青铜器时期，已经在黄河中游形成它的前身华夏族团，在夏商周三代从东方和西方吸收新的成分，经春秋战国的逐步融合，到秦统一了黄河和长江两大流域的平原地带。汉继秦业，在多元的基础上统一成为汉族。汉族的名称一般认为到其后的南北朝时期才流行。经过2000多年的时间向四方扩展，融合了众多其他民族的人，到目前人数已超过9亿3667万（1982年），占中华民族总人口的93.3%。其他55个少数民族人口总数是6720多万，占6.7%。

汉族主要聚居在农业地区，除了西北和西南外，可以说凡是宜耕的平原几乎全是汉族的聚居区。同时在少数民族地区的交通要道和商业据点一般都有汉人长期定居。这样汉人就大量深入到少数民族聚居地区，形成一个点线结合，东密西疏的网络，这个网络正是多元一体格局的骨架。

2. 同时值得重视的是，少数民族聚居地区占全国面积一半以上，主要是高原、山地和草场，所以少数民族中有很大一部分人从事牧业和汉族主要从事农业形成不同的经济类型。中国的五大牧区均在少数民族地区，从事游牧业的人都是少数民族。

我们所谓少数民族聚居地区这个概念是指有少数民族聚居在内的地区，所以并不排斥有汉族居住在内，甚至在人数上可以占多数。少数民族占当地人口10% 以上的有八个省（区）：内蒙古（15.5%）、贵州（26%）、云南（31.7%）、宁夏（31.9%）、广西（38.3%）、青海（39.4%）、新疆（59.6%）、西藏（95.1%），其中占一半以上的只有两个民族自治区。在这些地区，有些是汉族的大小聚居区和少数民族的聚居区马赛克式地穿插分布；有些是汉人占谷地，少数民族占山地；有些是汉人占集镇，少数民族占村寨；在少数民族的村寨里也常有杂居在内的汉户。所以要在县一级的区域里，除了西藏和新疆外，找到一个纯粹是少数民族的聚居区是很不容易的，即在乡一级的区域里也不是常见的。在这种杂居得很密的情形下，汉族固然也有被当地民族吸收的，但主要还是汉族依靠这深入到各少数民族地区的这个队伍，发挥它的凝聚力，巩固了各民族的团结，形成一体。

3. 从语言上说，只有个别民族，如回族，已经用汉语作为自己民族的共同语言外，少数民族可以说都有自己的语言。有些民族，如满族，在日常生活中还经常用满语通话的已经很少，认得满文的普通老百姓则更少了，他们都用汉语汉文来表达自己的思想，杰出的，有我在上面提到的语言学家罗常培和文学家老舍。还有些民族自称有自己民族语言，但经研究其实已经使用汉语方言，如畲族。有自己语言的民族中有 10 个民族有自己的文字，但群众里用文字的则只有几个民族，如藏文、蒙文、维文、傣文、朝鲜文等，有些虽有文字，但识字的人很少。少数民族中和汉人接触多的大多已学会汉语。我 50 年代初到广西和贵州访问少数民族时，当地各族的男子大多能和我用当地汉语方言通话。但是他们和同族的人通话时则用自己的语言。80 年代我去内蒙古访问，就遇到有不会汉语的蒙族，也有不会蒙语只会汉语的蒙族。在不同少数民族间通话的媒介也多种多样，有以汉语交谈，有各用自己语言交谈，也有用对方的语言交谈，也有用当地通用的某一种少数民族语言交谈。这方面还缺乏具体的调查，但一般来说，汉语已逐渐成为共同的通用语言。解放后，人民政府的政策是各民族都有使用自己语言文字的权利，并列入宪法。

4. 导致民族融合的具体条件是复杂的。看来主要是出于社会和经济的需要，虽则政治的原因也不应当忽视。即在几十年前的民国时代，在贵州还发生强迫苗族改装剪发的事，但是这种直接政治干预的效果是不大也不好的，因为政治上的歧视、压迫反而会增强被歧视被压迫的人的反抗心理和民族意识，拉开民族之间的距离。从历史上看，历代王朝，甚至地方政权，都有一套对付民族关系的观念和政策。固然有些少数民族统治者，如北魏的鲜卑族，入主了汉族地区后奖励和甚至用行政手段命令他们自己的民族和汉族同化，但大多数的少数民族王朝是力求压低汉族的地位和保持其民族的特点。结果都显然和他们的愿望相反。政治的优势并不就是民族在社会上和经济上的优势。满族是最近也是最明显的例子。

在历史上，秦以后中国在政治上统一的时期占三分之二，分裂的时期占三分之一，但是从民族这方面说，汉族在整个过程中像雪球一样越滚越大，而且在国家分裂时期也总是民族间进行杂居、混合和融化的时期，不断给汉族以新的血液而壮大起来。

如果要寻找一个汉族凝聚力的来源，我认为汉族的农业经济是一个主要因素。看来任何一个游牧民族只要进入平原，落入精耕细作的农业社会里，迟早就会服服帖帖地、主动地融入汉族之中。

重复提一下，现在那些少数民族聚居的地方，大都是汉人不习惯的高原和看不上眼的草原、山沟和干旱地区，以及一时达不到的遥远的地方，也就是"以农为本"的汉族不能发挥他们优势的地区。这些地区只要汉族停留在农业时代对他们是不发生吸引力的。在农业上具备发展机会的地方，汉族几乎大都占有了，甚至到后来还要去开垦那些不适宜农业的草原，以致破坏牧场，引起农牧矛盾和民族矛盾。这一切能不能作为农业经济是汉族得到壮大的主要条件的根据呢？看来正是汉族的两腿已深深地插入了泥土，当时代改变，人类已进入工业文明的时候，汉族要从泥土里拔出这两条腿也就显然十分吃力了。

5. 组成中华民族的成员是众多的，所以说它是个多元的结构。成员之间大小悬殊，汉族经过2000年的壮大，已经有9亿3667万人，是当今世界上人数最多的民族。但是其他55个成员人口总共6720万，其中还包括"未识别"的大约80万人，所以把他们称作少数民族。其中超过100万人口的一共15个民族，最大的是壮族（1300万人），人数不到100万而超过50万人口的有3个民族，人数在50万以下10万以上的有10个，10万以下1万以上的有15个，1万以下5千以上的有1个，5千以下的有7个，其中在2000人以下的有3个，人数最少的是赫哲族（1489人）。高山族因缺乏台湾部分的统计，没有列入计算。

各民族人口从1964年普查到1982年普查均有增长，少数民族总人口增长68.42%，平均年增长率2.9%，高于汉族（分别为43.82%及2.0%）。增长最多的是土家族，18年中增长4.4倍。这很明显，并不是出于自然增长，而是由于在这几十年中大批以前报作汉族的改报了土家族。这种情形，在其他少数民族同样发生。汉族原是有许多非汉民族融合进来的。如果推溯其祖先所属的民族来规定自己的民族，那就可以有大量人口从汉族中划出去。当然问题是在怎样来规定"所属民族"的标准了。

同样的难题出现在所谓"未识别"的民族，意思是这些人的民族成分还不明确。这类人总数约有80万。其中包括两类，一类是不能确定是汉人或不是汉人，一类是他们属于哪个少数民族没有确定。这种辨别工作我们称为"民族识别"。这并不是指个人而言，而是指：一些集团自称不是汉族，但是历史资料证明是早期移入偏僻地区的汉人，因种种原因不愿归入汉族。又有一些集团是从某些非汉族中分裂出来，不愿接受原来民族的名称。这些人就归入"未识别民族"的总类里。这说明，民族并不是长期稳定的人们共同体，而是在历史过程中经常有变动的民族实体。在这里我不能从理论上多加发挥了。

6. 中华民族成为一体的过程是逐步完成的。看来先是各地区分别有它的凝聚中心，而各自形成了初级的统一体。比如在新石器时期在黄河中下游都有不同的文化区，这些文化区逐步融合出现汉族的前身华夏的初级统一体，当时长城外牧区还是一个以匈奴为主的统一体和华夏及后来的汉族相对峙。经过多次北方民族进入中原地区及中原地区的汉族向四方扩散，才逐步汇合了长城内外的农牧两大统一体。又经过各民族流动、混杂、分合的过程，汉族形成了特大的核心，但还是主要聚居在平原和盆地等适宜发展农业的地区。同时，汉族通过屯垦移民和通商在各非汉民族地区形成一个点线结合的网络，把东亚这一片土地上的各民族串联在一起，形成了中华民族自在的民族实体，并取得大一统的格局。这个自在的民族实体在共同抵抗西方列强的压力下形成了一个休戚与共的自觉的民族实体。这个实体的格局是包含着多元的统一体，所以中华民族还包含着 50 多个民族。虽则中华民族和它所包含的 50 多个民族都称为"民族"，但在层次上是不同的。而且在现在所承认的 50 多个民族中，很多本身还各自包含更低一层次的"民族集团"。所以可以说，在中华民族的统一体之中存在着多层次的多元格局。各个层次的多元关系又存在着分分合合的动态和分而未裂、融而未合的多种情状。这就提供了民族学研究者富有吸引力的研究对象和课题。

十二、瞻望前途

放眼未来，中华民族的格局会不会变？它的内涵会不会变？这些问题只能作猜测性的推想。

首先应当指出，中华民族在进入 21 世纪以前已产生了两个重大的质变。第一，过去几千年来的民族不平等的关系已经不仅在法律上予以否定，而且事实上也作出了重大的改变。自从 1949 年新中国成立以后，民族平等已成为了根本性的政策，而且明确地写入了宪法。为实现民族平等制定了民族区域自治法。凡是少数民族聚居的地方都实行区域自治，建立自治地方的自治机关，由各少数民族自己管理自己民族的事务。少数民族的语言和风俗习惯要受到其他民族的尊重，改革与否由各族人民自己决定。少数民族由于历史原因一般说来经济文化过去缺乏发展的条件，所以国家制定一系列对少数民族的优惠政策。这些政策的落实，使很多过去隐瞒自己民族成分的人敢于和乐于公开要求承认他们是少数民族了。

第二，中国开始走上工业化和现代化的道路。开放和改革成了基本国策，闭关锁国的局面已一去不能复返，从"以农立国"转变到工业化的过程中，对各民族的发展提出了新的问题。如果我以上的叙述和分析是符合历史事实的话，依靠农业上的优势而得到壮大起来的汉族首先遭到了必须改变经济结构的挑战。在他们聚居的地方原本多是在适宜于发展农业的地区，这些地区工业所需的原料是比较贫乏的。而过去对汉族缺乏吸引力，一向是少数民族聚居的地方却正是工业原料丰富的地区。同时，工业的发展需要科技和文化知识，而在这方面少数民族一般说来低于汉人的水平。要由少数民族自己利用本地区的资源去发展本地区的工业是有很大困难的。这些具体情况会怎样影响民族的格局呢？

如果我们要坚持在中华民族里各民族平等和共同繁荣的原则，那就必须有民族间互助团结的具体措施。这正是我们当前必须探索的课题。

如果我们放任各民族在不同的起点上自由竞争，结果是可以预见到的，那就是水平较低的民族走上淘汰、灭亡的道路，也就是说多元一体中的多元一方面会逐步萎缩。我们是反对走这条路的，所以正在依"先进帮后进"的原则办事，先进的民族从经济、文化各方面支持各后进的民族的发展。国家对少数民族地区不仅给优惠政策，而且要给切实的帮助，现在我们正在这样做。

第三，还可以提出一个问题：少数民族的现代化是否意味着更大程度的汉化？如果是这样，各民族共同繁荣是否指向更大的趋同，而同样削弱多元一体格局中多元这一头呢？这固然是存在的一种可能性，但是，我是这样想的：一个社会越是富裕，这个社会里的成员发展其个性的机会也越多；相反，一个社会越是贫困，其成员可以选择的生存方式也越有限。如果这个规律同样可以用到民族领域里的话，经济越发展，亦即越是现代化，各民族间凭各自的优势去发展民族特点的机会也越大。在工业化的过程中，各民族人民生活中共同的东西必然会越来越多，比如为了信息的交流，必须有共同的通用语言，但这并不妨碍各民族用自己的语言文字发展有自己民族风格的文学。通用的语言可以帮助各民族间的互相学习、互相影响而促进自己文学的发展。又比如，各民族都有其相适应的生态条件。藏族能在海拔很高的高原劳动和生活，他们就可以发挥这项特点成为发展这地区的主力，并通过和其他地区的其他民族互通有无来提高各民族的经济水平。我想到这些情况，使我相信只要我们能及早注意这个问题，我们是有办法迎接这个挑战的。在现代化的过程中，通过发挥各民族团结互助的精神达到共同繁荣的目的，继续在多元一体的格局中发展到更高的层次。在这层次里，用个比喻来说，中华民族将是一个百花争艳的大园圃。我愿意用这个前景鼓励自己和结束这篇论文。

1988 年 8 月 22 日

注释

① 《元史·世祖纪十》。
② 《问答录》第 2 页。
③ 《元史·兵志》。
④⑤ 《匈奴史论文选集》，第 12、10 页。
⑥ 《后汉书·南匈奴传》。
⑦⑧ 中国社会科学院考古研究所编：《新中国的考古发现和研究》，第 317、166 页。

参考文献

1. 中国社会科学研究院考古研究所：《新中国的考古发现和研究》，文物出版社，1984 年版。

2. 陈连开：《关于中华民族的含义和起源的初步探讨》，载《民族论坛》，1987 年第 3 期；《中华新石器文化的多元区域性发展及其汇聚与辐射》，载《北方民族》，1988 年第 1 期；《我国少数民族对祖国历史的贡献》，北京书目文献出版社，1983 年版。

3. 徐杰舜：《汉民族历史和文化新探》，广西人民出版社，1985 年版。

4. 贾敬颜：《汉人考》，载《中国社会科学》，1985 年第 6 期。

5. 谷苞：《论正确阐明古代匈奴游牧社会的历史地位》，载《民族学研究》1985 年第 3 期；《论中华民族的共同性》，载《新疆社会科学》1985 年第 6 期；《再论中华民族的共同性》，载《新疆社会科学》，1986 年第 1 期；《论西汉政府设置河西四郡的历史意义》，载《新疆社会科学》，1984年第2期。

6. 国家民委民族问题五种丛书编委会《中国少数民族》编写组：《中国少数民族》，人民出版社，1981年版。

7. 国家民委财经司：《民族工作统计提要（1949—1986）》，1987年。

8. 《中国大百科全书·民族卷》，中国大百科全书出版社，1986年版。

9. 费孝通：《民族研究文集》，民族出版社，1988年版。

中华文化在新世纪面临的挑战

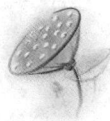

我觉得很荣幸能参加这次"中华文化与 21 世纪国际学术研讨会",因为这个研讨会对我来说是一个极好的学习机会。我自从参加中华炎黄文化研究会以来,一直觉得自己对我们常说的中华炎黄文化,也就是现在所说的中华文化,缺乏深刻的认识,一直想找机会向学者专家们请教学习。我衷心支持和愿意积极参加这次"国际学术研讨会",因为我相信这个研讨会不仅能满足我个人急迫的学习上的要求,而且更重要的是为了适应我们的中华文化进一步发展的实际需要。

每一个人,都依赖他所受之于前人的文化取得生存的物质和精神基础,并生活在人和人组成的社会中。人类历史发展到最近几个世纪,发生了激速的变动。社会和世界日新月异。个人赖以生存和生活的文化也必须适应这些动态。当前世界上各个文化都面临改革的选择,事关存亡绝续,历经着和面临着不断的挑战。我们中华文化并非例外。

在我看来,中华文化在新世纪面临的一个推陈出新、继续发展的迫切课题,是我们作为炎黄子孙、中华民族这一代的成员,首先要实事求是地认识我们受之于历代祖先的中华文化。人贵有自知之明,一个文化也不能没有实事求是的自觉意识。获得"文化自觉"能力的途径离不开对中华文化全部历史及其世界背景的认识。在 20 世纪向 21 世纪过渡的关口提出这个课题,着重加深对我们亲身经历的这段中国和世界历史的认识也许更具现实意义。

一

　　文化自觉，意思是生活在既定文化中的人对其文化有"自知之明"，明白它的来历、形成的过程、所具有的特色和它发展的趋向。自知之明是为了加强对文化转型的自主能力，取得决定适应新环境、新时代文化选择的自主地位。

　　经过将近 20 年来对中国改革开放过程的追踪观察，我从中国经济和社会发生的深刻变革中意识到，中国正在走上小平同志所说的有中国特色的社会主义道路，通过四个现代化，开创出人类历史上追求发展、繁荣、文明、富强的新天地。可以说，20 世纪最后 20 年中国经济的持续高速发展，使中华文化焕发出了自从鸦片战争以来未曾有过的强大生机。这种生机的生成时间恰逢新旧两个世纪的交接，为中华民族加强文化转型的自主能力、取得新时代文化选择的自主地位、在世界新文化的生成过程中发挥更大的作用提供了物质条件和精神自信。

　　历史上，中华文化的包容性是一以贯之的。但是，这种包容性并非在任何时代都能得到充分的体现。事实上，它的充分体现总是与某些历史时期相联系。根据常识可以知道，春秋战国时期、两汉时期、盛唐时期，都是中华文化的包容性得以充分体现的辉煌时期。这可以给我们一个有益的启示，文化特色的发扬，离不开强盛的国力。如果我们有理由认为，中华民族在新世纪中又将进入一个强盛时期，我们就应该意识到，生活在新世纪中的中国人正面临着一个充分发扬中华文化特色的历史机遇的到来。

　　历史发展到一定的时期，总是需要找到一个地方和一群人来发扬一种新风气。我想，当前需要的新风气就是文化自觉。最近一个时期的很多迹象都提示我们，现在世界上的各个民族都开始要求自己认识自己的文化，提出了一系列的问题：为什么我们这样生活？这样生活有什么意义？究竟应该确定什么样的生活方式和发展目标？怎样实现这样的生活方式和发展目标？人文科学负有答复这一系列问题的重大责任。现在自然科学发展很快，人对人类本身的生物学研究已经达到绘制基因图谱的地步，科技研究的空间发展已经从地球扩大到了太空。以人文科学来说就要看我们如何跟上时代，认真地各自认识自己的文化了。我感到，目前正在兴起的文化自觉这股风气已经在许多先进国家中酝酿和展开。我们中国要抓住这个历史机遇，参与和推动这股新风气。从文艺复兴到19世纪，西方出现过"人的自觉"，写下了人类文化发展的重要篇章。看来21世纪将开始出现"人类文化的自觉"了。在新一页人类文化发展史上，应该有中华民族实现文化自觉的恢弘篇章。

二

即将过去的20世纪的历史事实，会对新世纪中的文化自觉风气发生重要影响。我出生于1910年，基本上可说是和20世纪一起走了过来。作为一个以社会人类学为职志、一生关注社会文化变迁的学者，我的切身经历和感受，也许可以认为是对这段历史的一点印证。

"地球越来越小了"——这是我一生经历中最深刻的感受。七八十年前，我心目中的外婆家相当遥远，要在运河上坐一条手摇的小木船走上一整天。一早上船，船上用餐，到外婆家已近黄昏。实际距离多远呢？15公里。现在通了公路，中间不阻塞，10多分钟就可以到达。距离的概念已经用时间来计算了。这是一个具体例子，说明现代化在人和人的关系上表现得最深刻的就是距离缩短了，接触加多了，范围扩大了，往来频繁了。全人类就这样被疏疏密密地编织在了一起，出现了一个全球性的世界大社会。

再一个给我深刻感受的经历是战争。20世纪的前一半时间里，发生了两次被称为"世界大战"的重大事件。20世纪之前，世界规模的战争是没有过的。进入20世纪之后，居住在这个地球上的人们已经联系得休戚相关，如此密切，甚至可以在世界规模上用枪炮来对话了。战争固然出于对抗，对抗却也是一种难解难分的联系。利益上的你争我夺，决不会发生在互不相关的绝缘体之间。对抗不仅表示了联系，并且也总是以加强联系为终结而终于导致联合。

联想到中国历史上也有过群雄争霸的战国时期，我曾经把20世纪的人类历史比喻为世界范围的战国时期。也许这个比喻不太恰当，但是其中包含着的一个暗示我认为还是值得注意的，这就是：当今世界正在发生全球性的从分到合的运动过程。在第二次世界大战期间，已经有人提出了 One World 的概念，不妨翻译成"世界一体"。中国历史上 2000 多年前出现的群雄争霸，导致了秦朝的大一统局面，形成了当前中国统一体的核心。从这点上来看 20 世纪，我领会到，在世界大战中提出的"世界一体"绝非偶然，它也许是合乎逻辑地指出，群雄争霸的 20 世纪已为人类向全球性大社会的方向发展做出了先导，准备了条件。

在这样一个历史时期，充分注意、深入阐发中华文化的包容性特点将是富有建设性的题目，也可以作为我们实现文化自觉的一个入口。一个充分体现出这一特点、富于时代色彩而又影响广泛的史实，是众所周知的"一国两制"。我认为，"一国两制"的顺利实现不光具有政治上的意义，由于它本身是一个不同的社会制度能不能相容相处的问题，所以它还有文化上的意义。这是 20 世纪末叶发生的一场具有重大意义的实验，它为新世纪中人类对不同文化可以抱持的明智态度做了重要提示。在很多情况下，资本主义和社会主义是对立的，左右分明，互不相容，对峙几十年的冷战时代成了 20 世纪突出的历史事件。可是这种矛盾在中国，它们却可以并存。"一国两制"，也许就是中国文化特点中的包容性的继续发展。窥斑而知豹，可以帮助人们建立信心，在中华文化的发展过程中，不同的制度具有和平共处的可能性，可以出现对立面的统一。香港回归以来的这段中国历史又可以进一步证明，不同的社会制度不仅能和平共处，而且在实践中越来越显示出它的互补性，具体地发挥出了互相促进的作用。经过历史的考验，也可能逐步发展成持续繁荣发展的长期的制度。

三

在"一国两制"的设想从无到有，从设想到现实的过程中，中华文化的包容性所出自的本质性的东西究竟是怎样在发挥作用，现在我们还没有从理论上说得很清楚。我们相信中华文化中还有许多特有的东西，可以解决当今人类面临的很多现实问题，甚至可以解决很难的难题，这是可以相信的，不然哪里会有曾绵延了 5000 年的巨大活力。现在的问题是我们怎么把这些特点发掘出来，表达出来，这也就是我们实现文化自觉的具体课题。

上面所提到的中华文化的包容性和中国古代先哲提倡"和而不同"的文

化观有密切的关系。"和而不同"就是"多元互补"。"多元互补"是中华文化融合力的表现，也是中华文化得以连绵延续不断发展的原因之一。我在《中华民族的多元一体格局》一文中，提出了中华民族形成过程中的"多元一体"理论，得到了学界同人的广泛认同。在中华文化的发展过程中，多元的文化形态在相互接触中相互影响、相互吸收、相互融合，共同形成中华民族"和而不同"的传统文化。中国人从本民族文化的历史发展中深切地体会到，文化形态是多种多样的，丰富多彩的，不同的文化之间是可以相互沟通、相互交融的。推而广之，世界各国的不同文化也应该相互尊重、相互沟通，这对各个不同文化的进一步发展也是有利的。

更进一步，我们可以看到，中华文化对待其他文化、其他民族的态度也有她的特点。中华文化自古以来就讲王道而远霸道，主张以理服人，反对以力服人。"以力服人者霸，以德服人者王"。以德服人就是用仁爱之心来处理自己与别人的关系。心中有我，也有别人。《论语》从古流传到今，仍然被大家自觉地尊为圣贤之书，说明大家衷心赞同孔子提出的正确处理人与人之间关系的主张，说明这些主张在今天的社会里还可以发挥积极的作用。在人际关系中"推己及人"，懂得"己所不欲，勿施于人"，自觉地"老吾老以及人之老，幼吾幼以及人之幼"，由此出发，才能在群体生活里，建立起一种互相尊重、互相容忍、互相有利的合作关系，实现共同的发展。以德凝聚成的群体才是牢固的，所以说"以德服人者王"。我想在人类即将进入 21 世纪的时候，中华文化的这种历史经验可以为世界形成新的和平秩序提供值得思考的启示。

但是，相对于我所期望的文化自觉应该达到的境界而言，我以上的表述还是远远不够的，也是不能令我满意的。这只是从一般的认识水平做出的表达，离科学的表达还有相当的距离。通过我个人这么多年的经历，我深深体会到，我们生活在具有悠久历史的中华文化中，而对中华文化本身至今还缺乏实事求是的系统知识。我们的社会生活还处在"由之"的状态，没有达到"知之"的境界。同时，我们的生活本身已经进入一个世界性的文化转型期，难免使人陷入困惑的境地。这确实是中华文化即将进入 21 世纪时面临的一个无以回避的挑战。我们还需要以科学的态度、实事求是的精神、实证主义的方法来真正认识和理解具有悠久历史的中华文化。

　　我们对历史上传下来的世界上的各种文化是一视同仁的。孔子一向主张"有教无类"，看到自己在中原不能行其道，曾想乘桴浮于海，甚至表示愿意移居九夷之中，这些都说明他没有文化中心主义的思想和态度。这一点，也是中华文化传下来的一个好传统。在今天提出并且实践"文化自觉"的迫切课题时，我们要发扬这个好传统，一视同仁地看待包括中华文化在内的世界上的各种文化。我们相信，人类传下来的每一种文化都具有对人类的发展起积极作用的一面，同时也会都有它消极的一面。我们应当在梳理和理解人类文化古今之变的过程中，对每一种文化都采取存其精华、去其糟粕的选择态度。我们主张对各个已有文化适应新环境的过程中，应强调选择上的自主地位，但反对任何文化中心主义的思想和态度。为了使得各种文化在适应全球一体化的同时能发挥其选择上的自主性，我们认为首先各种文化应当有充分的自觉性，都应该有"自知之明"。所以我们提出，当前要提倡文化自觉。

　　文化自觉是一个艰巨的过程。首先要认识自己的文化，根据其对新环境的适应力决定取舍。其次是理解所接触的文化，取其精华，吸收融会。各种文化都实现了自觉之后，这个文化多元的世界才有条件在相互接触中自主地相互融合中出现一个具有共同认可前提的基本秩序，形成一套各种文化和平共处、各舒所长、联手发展的共同守则。

　　作为中华民族的成员，我们有责任先从认识自己的文化开始，在认真了解、理解、研究传统文化的基础上参加现代中华新文化的创造，为新世纪的文化建设积极准备条件。

1998 年 9 月 1 日于西山

经济全球化和中国"三级两跳"
中对文化的思考

一

全球化是近年来人们越来越注意讨论的一个话题。经济的全球化，世界市场的形成，加上电子化的信息沟通手段，引起了社会各方面和文化的重大变化。但是，现代化过程中可能发生怎样的变化，目前还不能预测。不过，回顾一下全球化进程的来路，对我们认识这一段历史的发展，理解我们身处的现实，保持清醒的头脑，跟上现代化的潮流，取得参与全球化社会发展的自觉和主动，应该是有益的。

据我所知，对于全球化过程开始时刻的确定，存在着多种看法。其中有一种观点似乎更为合理，正在被不同领域的学者接受。这种观点认为，全球化即全球各地人们的密切关联其实由来已久，可以认为开始于 15 世纪末的航海大发现。航海技术克服了海洋障碍，人类的洲际交通成为可能，加上后来以机械化大生产为特征的工业革命，使西方那些生产力领先的国家向世界各地的扩张成为现实。它们对世界市场的拓展和向亚非国家的殖民活动是全球化过程开始阶段的根本特征。此后，到 19 世纪 70 年代告一段落。在这一阶段，最具有典型意义的例子是大英帝国霸权的确立。以英国为代表的欧洲国家在世界范围内进行大规模拓殖，用武力摧毁了亚洲、非洲、南北美洲的古代文明中心。试图把西方的社会制度和文化强行施加于这些地区，逐渐确立起以英国为首的西方中心地位。

在接下来的一个历史阶段，即大约从 19 世纪末叶到 20 世纪 70 年代初，美国崛起，并长期保持着生产力领先的发达国家地位。第二次世界大战以后，英国霸权让位于美国霸权，中心地位被美国取代。在美国霸权维持的经济秩序中，全球化进程明显加快了。运输和通讯技术的革新，使物资与信息的流动可以跨越种种空间障碍。经济交往的规模和频次大为提高，促进了经济组织的革新，以跨国公司为代表的经济力量对生产要素和世界市场进行新的整合。所谓"国际惯例"即市场上共同"游戏规则"的出现，是经济全球化进程在贸易交往制度上的反映，是与经济活动伴生的文化现象。更值得注意的一个事实是，由美国霸权主导的全球化进程，使美国模式的社会制度、文化价值观念等成了许多后起国家模仿的对象。

经济全球化的第三个阶段，是从 20 世纪 70 年代直到现在，目前还在继续发展。这个历史时期最突出的特点，是霸权受到强有力的挑战并在事实上将逐渐淡出中心地位，全球化进程的参与者以及驱动力呈现多元化局面。许多曾经被压制的力量和众多的新兴力量纷纷登场，走向前台，在全球化进程中积极强化自身的角色分量和参与权利。在这种多元格局里边，许多问题的产生和解决已经超出国界，所以，全球意识、全球共识、全球纲领、全球行动等越来越多地成为不同民族、不同国家、不同文化的人们自觉的追求。目前，全球化进程正在摆脱由单一中心为主导的局面，正在形成多元推动、多元共存、多元发展的强大趋势。这是包括中华民族、炎黄文化在内的当今世界各地的不同民族、国家和文化所共处的历史阶段。

二

上述的史实使我想起孙中山先生的一句话："世界潮流，浩浩荡荡，顺之者昌，逆之者亡。"我相信，中山先生的话也是我们在座各位的共识。我国避免不了要进入全球化这一世界潮流。既然如此，我们就应该对自己所处的变局有一个清醒的认识。我想，当前所说的全球化，指的主要是经济的全球化，人类社会在政治、文化、意识形态和生活习俗方面还是多元的。全球化这个总的趋势，不可能一下子就实现，而是以一步一步变化来完成的。第一步是经济的结合，形成全球市场，构成一个分工合作的经济体系，但其他方面还没有合起来，还保持着民族国家的分割状态。民族国家是 19 世纪以来形成的格局，新的经济体系看来正在冲击它，但还没有好的代替办法。优势国家统治劣势国家造成的殖民体系在二战后发生了变化，但殖民主义造成的南北差距还存在。搞得不好，经济全球化可能会加深南北差距，扩大贫富悬殊。这是 20 世纪没有解决的问题，但是看来已退不回去，只能顺势下去，想办法解决南北贫富差距的问题。

经济上的休戚相关和政治上的各行其是、文化上的各美其美，在人类进入全球化进程的初期，会形成一个大的矛盾。这给我们带来一个不能不面对的课题，即文化自觉和文化调适问题。过去有过"化外之民"的说法，现在则到了一个想做"化外之民"而不得的时代。我国要顺着潮流走，要融合到潮流中去，先进的东西要学习和掌握，要接受现代化这个大的方向，但要软着陆。软着陆的前提，是知己知彼。要看清自己的条件，盲目接受新事物是不行的，我们在这个方面的历史教训很多，这里不去多讲了。现在要紧的是我们不光要知道我国是在这个潮流当中，还要知道是处在这个潮流的什么地方，也就是说，需要对自己有一个比较客观、比较准确的历史定位。

在这个问题上，我希望能够向这次研讨会贡献一点我从自身经历中得出的具体认识。

大体上可以说，我这一生经历了 20 世纪我国社会发生深刻变化的各个时期。这段历史里，先后出现了三种社会形态，就是农业社会、工业社会和信息社会。这里边包含着两个大的跳跃，就是从农业社会跳跃到工业社会，再从工业社会跳跃到信息社会。我概括为三个阶段和两大变化，并把它比做"三级两跳"。第一个变化是我国从传统的乡土社会开始变为一个引进机器生产的工业化社会。一般人所说的现代化就是指这个时期。这是我一生中最重要的一个时期，也是我从事学术工作最主要的时期。在这一时期里，我的工作主要是了解我国如何进行工业革命。我为此做了力所能及的实地调查，从个案分析到类型比较，写出了相当数量的文章。从这一时期开始，一直到现在，到接近我一生的最后时期，在离开这个世界之前，我有幸碰到了又一个时代的新变化，即信息时代的到来。这是我所说的第二个变化，即我国从工业化走向信息化的时期。

就我个人而言，具体地说，我是生在传统经济的社会里面，这一生一直在经历我国走向现代化的过程。作为一个见证人，我很清楚地看到，当引进机器的工业化道路还没有完全完成时，已经又进入了一个新的阶段，即信息时代。以电子产品作为媒介来传递和沟通信息，这是全世界都在开始的一个大变化。虽然我们一时还看不清楚这些变化的进程，但我们可以从周围事物的发展事实中确认，由于技术、信息等变化太快，我国显然已碰到了许多现实问题。我们的第一跳还在进行当中，有的地方还没有完成，现在却又在开始下一个更大的跳跃了。我国社会的这种深刻而复杂的变化，我在自己的一生里边都亲身碰到了，这使我很觉得庆幸。虽然因为变化太大、太快，我的力量又太有限，要求自己做的认识这世界的抱负不一定能做到和做好，但我还是想尽心尽力去做。事实上，我所有的学术研究工作的成就和失误都是和中国社会变化"三级两跳"的背景联系在一起的。

三

我国社会的第一跳是以我国各地不同民族的农村生活为基础的。我生长在江苏一个以农业为基础的小城镇里。它最早的历史实际可以追溯到 7000 年前的良渚文化。这个文化开始有了农业和家庭手工业。从考古学上，我们可以很清楚地看到这个时期已有村落生活。这就是我国第一跳的基础，也是我们乡土社会基本的性质。那个时候，从全国讲，文化形式已有很大的不同，已经是一个多元文化的基础。多元文化逐步交流融合，成为多元一体。这里也就开始了我进行研究的第一个阶段。我和前妻王同惠合写的《花篮瑶社会组织》这本书里可以看到广西花篮瑶社会和以我们家乡为代表的汉族社会文化的区别，以及它是如何受到汉族的影响的情形。

我第二阶段的研究题目，是从我国 7000 年前的良渚文化基础上发展出来的到近代以来开始进入工业化时期的一个我国农村的变化，可以我的《江村经济》为代表。从 30 年代早期的江村可以看到一个代表传统的文化基础和社会组织的农村，如何面临着全新的科学技术和机器生产的早期冲击。这是我们现代化开始的原初的形态。接下来，我又和我的学生一起写了《云南三村》，反映了内地农村不同于沿海农村的特点。这便是我们的现代化最早的过程。从地域上讲，是由东向西、从沿海到内地的。我的《江村经济》讲的是沿海地区的农村，开始了工业化。《云南三村》描绘的却是一个形态比较原始的乡土社会，受现代工商业影响逐步走向现代化的过程。通过在云南的研究，我看到了与江村不同的发展阶段。这是我第一个时期里第二阶段的工作，这个阶段到1949 年告一段落。

50 年代初，我国社会进入了社会主义改造时期。新中国逐步实现了对工业的国有化政策。在产权方面，对农村的土地和城市的企业进行了新的界定和安排。直到 1978 年中共十一届三中全会以后，随着农村改革的进展，乡土社会的工业化问题被历史性地重新提出，并在最近 20 年里得到全局性的实践。我国农村的工业化和现代化过程因此获得了真正强大的加速度。我自己的第二次学术生命也和我国农村工业化和现代化的全面推进同步展开。我在这一段的研究工作主要体现在《行行重行行》一书中。

在这个时期，因为受身体条件的限制，我已经不可能在具体的地方长期进行观察和访问，主要工作就变为结合第二手材料和直接访问进行类型式的比较研究。对于同一时期的不同类型的研究，可以帮助我们看到中国基层社会的动态，特别是在现代化和城市化过程中如何改变的。在这一阶段，我主要提出了乡镇企业和小城镇发展两个主题，目的是解决农民的出路问题，促进我国的城市化发展水平，提高广大城乡居民的生活质量。同时，我还以"全国一盘棋"为出发点，既注重沿海地区的发展研究，也关注内地和边区的发展，特别是边区少数民族的共同繁荣问题。我曾经提出一些多民族的经济协作区的计划和建议，如黄河上游多民族地区、西南六江流域民族地区、南岭民族走廊地区、内蒙古农牧结合区等。作为一个多民族的国家，从历史上开始，就在不同民族聚居的交错地带建立了经济和文化的联系。久而久之，形成具有地区特色的文化区域。人们在这个区域中，你来我往，互惠互利，形成一个多元文化一体共生的格局。我所提出的经济协作的发展路子，就是以历史文化区域为出发点。现在回过头来看，可以更清楚地看到，我对我国经济和社会发展的多元一体的设想，对我以下要讲的国际经济社会多元一体的全球化进程的瞩望具有启发作用。

四

经过 80 年代开始的最近 20 年的改革，到新的世纪的最初时刻，我们已经可以从我国经济发展和我们与世界经济的联系中看到经济、社会和文化的巨大变迁的来临，预感到 21 世纪即将给人类的生存和发展带来全新的面貌。为了提请人们及早注意适应新世纪的要求，在 10 年前的"21 世纪婴幼儿教育与发展国际会议"上，我做了题为《从小培养二十一世纪的人》的讲话。在那次讲话中，我谈到，20 世纪是个世界性的"战国时代"，意思是说，在 20 世纪里，国与国之间、文化与文化之间、区域与区域之间，有着明确的界限，这个界限是社会构成的关键。不同的政治、文化和区域实体依靠着这些界限来维持内部的秩序，并形成它们之间的关系。这是我们共同经历过的历史事实。而在展望 21 世纪的时候，我似乎看到了另外一种局面，20 世纪那种"战国群雄"的面貌已经受到一个新的世界格局的冲击。民族国家及其文化的分化格局面临着如何在一个全球化的世纪里更新自身的使命。

我作出这样的判断，不是没有根据的。近几年来，我特别注意到区域发展过程中全球化的力量。我看到，信息产业的发展带来了一种十分严峻的挑战。美国在最近 10 多年里发展起来的微软公司，实力已经达到几千亿美元。这是个当代信息技术的密集型产业，是最新现代化技术的世界级龙头。它的作用已经使城市中的许多产业的传统操作技术面临深刻的危机。在这样的情况下，我们不能不重新考虑我国农村工业化和城市化的问题。我有一次访问广东的顺德，当地的领导同志对我说，根据当地的经济发展趋势，他们认为乡镇企业的概念已经过时了。为什么这么说呢？因为经济发展的现实告诉我们，小城镇的规模看来不具备接受信息技术产业的能力，应该使一批紧密相连的城镇和中心城市尽快兴起，以便接受快速发展的信息产业的较高要求。另外，产业组织的跨国化，同样也对小城镇的发展提出了新的问题。为及时解决这类问题，顺德从 1992 年开始进行机构改革，政府把三大产业分离出来，组建工业发展公司、农业发展公司和贸易发展公司。1993 年起，实行股份合作制，并改革企业的医疗保险和养老制度，真正转变了政府职能。企业在解决了体制问题之后，接着就解决市场问题。市场问题不是一个简单的地区性问题，而是牵涉到香港以及世界其他地区，牵涉到地区与地区之间的新型关系，牵涉到大型中心城市的发展问题。这次谈话，给我很大的震动和启发。

跨地区和跨国界的经济关系，除了表现在市场的超地方特征之外，还表现在近年来跨国公司的大量发展上。跨国公司在产权方面与具有民族国家疆界的国有、私有企业不同，它们没有明显的地理界限。它们的最大特征就是"无国界性"。在经济全球化的进程当中，不仅外国人来中国设立他们跨国公司的办事处、子公司，拓展业务，而且也有越来越多的中国人到海外办公司、办工厂，甚至开设大型专业市场。我家乡的震泽丝厂在美国开办了分公司，我访问过的青岛海尔集团在海外开了分公司，我所熟悉的温州人在巴西开设了"温州城"……这样的经济交融，已经不是简单的"西方到东方"、"外国到中国"、"中国到外国"的老问题，而是一种新型的国与国、区域与区域之间交流和互动的新发展和新的经济组织形式。

五

从沿海地区和内地的局部地区看，我国一些企业乃至产业对经济全球化进程的融入已经相当自觉。但是从我国广大中西部地区看，整体情况还不能让我们很乐观。相比较而言，我国属于全球化进程中的后来者，而且是后来而暂未居上。由于历史的原因，我国的现代化进程曾经一再被延误，失去过很多宝贵的时机。

从 19 世纪 40 年代开始，我国由一个古老的文明中心被帝国主义的坚船利炮强行纳入了西方国家主导的全球化进程。包括我的朋友费正清在内的许多学者都认为，鸦片战争之前，中国的文化体系平行于其他的世界体系，并且一度比西方世界体系更为发达。但是长期的封闭导致政府腐败、科技落后、经济凋敝、装备松弛以及心理上的抱残守缺、妄自尊大，致使这个庞大的体系逐渐失去活力，终于被西方列强的殖民扩张所压倒，无从自主，只能在全球化进程中处于依附地位。

一个世纪以后的 1949 年，中国实现了独立与自主，却在苏联经济模式的影响下脱离并抵抗了西方主导的全球化进程。在对全球化主体潮流的脱离和抵抗中，我们虽然坚持了政治上的独立，却也造成了自身的封闭和僵化，无法从全球化进程中获得发展动力，结果是在现代经济和文化等方面的落伍，而世界的发展没有停下来等我们，"沉舟侧畔千帆过"，我们明显是落后了。

1978 年，我们终于下定了改革开放的决心，主动并且逐渐深入地加入到了全球化进程的各个领域当中，急起直追。在政治上，我们与西方各国加强接触和了解，融洽了在"冷战"时期冻结的关系；在经济上，我们以经济特区为先导，依次开放沿海城市、沿江城市和内地，进行经济体制改革，建立市场经济体制，积极与国际惯例接轨，形成了加入经济全球化潮流的制度性保障。正是在这样的情况下，出现了我们在第一跳还没有完成的情况下已经不能不进行第二跳的局面。

这一局面来之不易，值得倍加珍惜。而这一局面给我们提出的艰巨使命，更需要进行深入的思考。第一跳还没有完成，已经必须跳第二跳了。这是我们走改革开放的路、融入全球化潮流所必然要碰到的局面。怎么办？小平同志说，要冷静观察，沉着应付，摸着石头过河。这就是科学的态度。我们要大刀阔斧地进行改革，又要小心谨慎地应付局面。不看清潮流的走向，不摸清自己的底子，盲目地进入潮流是不行的。我们的底子是第一跳尚未完成，潮流的走向是要我们跳上第三级。在这样的局势中，我们只有充实底子，顺应潮流，一边补课，一边起跳。不把缺下的课补足，是跳不过去的。历史不是过去了就算了，历史会对今天发生影响的。就物质与精神两个方面说，或者说是硬件与软件两个方面看，我们曾经有过精神（软件）讲得多，物质（硬件）讲得少的时代，现在却是物质讲得多，精神讲得少了。这叫矫枉过正，这就是历史的一种影响。在当前的发展过程中，重理轻文，差别太大，从长远看，会带来负面的东西。"文革"的影响太大了，不能不记取。

改革开放，不能只学外国的表面文章，而是要拿现代化过程中形成的先进的文明成果为我所用。我们是要提高生产力水平，提高综合国力，提高人民群众的生活水平，是要把中国文化很好地、很健康地发展起来。现在中国的大问题是知识落后于要求。最近 20 年的发展比较顺利，有些人就以为一切都很容易，认为生产力上来了就行了，没有重视精神的方面。实际上，我们与西方比，缺了"文艺复兴"的一段，缺乏个人对理性的重视。这个方面，我们也需要补课，这决定着人的素质。现代化的发展速度很快，没有很好的素质，就无法适应现代化的发展要求。这是个文化问题，要更深一层去看。

六

中国文化的历史很长，古往今来的很多思想家为我们留下了十分宝贵的思想财富。中国传统文化思想的一大特征，是讲平衡和谐，讲人己关系，提倡天人合一。刻写在山东孔庙大成殿前的"中和位育"四个字，可以说代表了儒家文化的精髓，成为中国人代代相传的基本价值取向。我的老师潘光旦先生早在 20 世纪 30 年代就讲"位育"问题，认为在社会位育的两方面中，位即秩序，育即进步。位者，安其所也；育者，遂其生也。潘先生对"中和位育"作了很好的发挥。潘先生是个好老师，可惜我不是个好学生，没有能在当时充分意识到这套学说的价值，没有在这方面下够工夫。直到晚年，才逐渐体会到潘先生当年的良苦用心，体会到"中和"的观念在文化上表现出的文化宽容与文化共享的情怀。11 年前，在一些学界朋友为我召开的 80 岁生日的欢叙会上，我展望人类学的前景时，提出人类学要为世界文化的多元和谐作出贡献。我说了四句话，16 个字："各美其美，美人之美，美美与共，天下大同。"作为一个人类学者，我希望这门学科自觉地探讨文化的自我认识、相互理解、相互宽容问题，确立世界文化多元共生的理念，促进天下大同的到来。实际上，这也是中国的传统经验里面一直强调的"和而不同"的思想所主张的倾向。

对于中国人来说，"天人合一"是一种理想的境界。天与人之间的社会规范就是"和"。这个"和为贵"的观念，是中国社会内部结构各种社会关系的基本出发点。在与异民族相处时，把这种"和"的观念置于具体的民族关系中，出现了"和而不同"的理念。这一点与西方的民族观念很不相同。我认为，"和而不同"这一古老的观念仍然具有强大的活力，仍然可以成为现代社会发展的一项准则和一个目标。承认不同，但是要"和"，这是世界多元文化必走的一条道路，否则就要出现纷争。而现在人类拥有的武器能量已经可以在瞬间毁灭掉自身。如果只强调"同"而不讲求"和"，纷争到极端状态，那只能是毁灭。所以说，"和而不同"是人类共同生存的基本条件。

"和"的局面怎样才能出现呢？我想，离不开承认不同，存异求同，化解矛盾。化解的办法中，既要有强制，也要有自律。从社会学的角度看，一个基本问题是个人与社会的矛盾、自由主义与平等主义的矛盾。自由要承认竞争为主，竞争就是有优势劣势之分，就形成了过去的格局。要解决这个问题，不能单靠社会控制的强加式的外力，还要有自我控制的内力。世界各国既然现在都属于一个地球村，这个"村"里就应该有一套"乡规民约"，大家认同，自觉遵守，否则就要乱套。"乡规民约"与法律不同，是习惯化的、自动接受的、适应社会的自我控制，是一种内力。中国老话里讲"克己复礼"，这个"礼"是更高境界的乡规民约。

要实现个人与社会的相互统一，不同文化之间的相互理解和适应，大家都自觉地遵守"乡规民约"，需要一个磨合的过程。只要愿意共存共荣，就必须要磨合。磨合就是通过接触交流、对话和建立共识，以达到矛盾的消除的过程。事实上，我们现在就处在这个磨合的过程中。当前需要有一个对磨合的认识和肯定，要意识到，这个磨合过程需要种种的临时协定作为大家有利的"乡规民约"。有了这个方面的共识，才会有比较自觉的磨合行为，才会有比较好的磨合状态，才能比较顺利地从经济全球化过渡到文化上的多元一体，经过不断的磨合，最终进入"和而不同"的境界。

依照进化的观点和规律，21世纪的人类应该比20世纪的人类生活得更加聪明。事实上，已经有人在讨论新的发展观，提出了不同传统发展观的几个特点，比如合理开发资源、讲究生态效益，又比如注重社会平等、倡导精神追求、促进人的全面发展等。我们可以发现，这些现代人类提出的准则，是中国传统文化精神一向坚持的倾向。这样的史实的肯定和弘扬，应该有利于帮助我们树立起应有的文化自信。

当今世界上，各地不同的文化都已经被纳入到全球化的世界体系中，已经不存在化外之地。全球化潮流发端于西方世界，非西方世界在接受西方文化的同时，应当通过发扬自身的文化个性来对全球化潮流予以回应。我近年来在很多场合提到的"文化自觉",就含有希望看到这种回应的意思。"文化自觉"是当今时代的要求,它指的是生活在一定文化中的人对其文化有自知之明,并对其发展历程和未来有充分的认识。也许可以说,文化自觉就是在全球范围内提倡"和而不同"的文化观的一种具体体现。把这个话放在炎黄文化研究会的年会上讲,我觉得应该有更充分的理由表达一种愿望,就是希望中国文化在对全球化潮流的回应中能够继往开来,大有作为。最近在许多文章中经常提到的"中华民族的伟大复兴",应该包括这一个很重要的方面,就是中国文化的复兴。为了这个前景,我们有必要加强人文主义,提倡新人文思想。有如潘先生讲的,在原有传统文化的基础上,吸收西方科学精神,建设新的人文精神。回到今天我讲话的题目上,面对经济全球化的世界潮流,我们在开始第二跳的时候,要记住把这些想法带上,把"天人合一"、"中和位育"、"和而不同"的古训带上,把对新人文思想、新人文精神的追求带上。这样去做,我们就能获得比较高的起跳位置,也才能跳得高,跳得远,在真正的意义上实现中华民族的伟大复兴。

2000 年 10 月

本文是作者在"炎黄文化研究会2000 年年会"上的讲话

进入 21 世纪时的回顾和前瞻

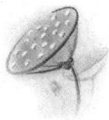

一

　　我很高兴能在有生之年来到这里参加这样一个盛会。我想这可能是最后一次来参加"现代化与中国文化研讨会"了。

　　在我这个即将谢幕的老人身上，像这样的"最后一次"的感觉，也许是偶然的，但事情本身所具有的文化意味还是对我有所触动。我又一次感受到了个人生命的短暂和文化传承的久远，同时也感受到，这个系列性的"现代化与中国文化研讨会"，是使我们的短暂生命融汇于久远文化的一种有效方式。在我晚年所做文化反思的过程中，这个研讨会给了我很大的鼓舞，给了我多方面的启发，使我常有"吾道不孤"之感。让我在这里对在座各位新老朋友表示我由衷的谢意！也请允许我对前六次会议的情况做一点回顾，使我这篇告别式的讲词有一个自认为合适的开场白。

　　认真追溯这个研讨会的渊源，应该是在上个世纪的 70 年代末。当时，大陆上持续 10 年之久的"文革"刚刚结束，正要进入一个新的时期，可以说是百废待兴。"百废"当中，自有学术。关注中国发展的海外学者当然注意到了这一点。国家兴亡，匹夫有责。人类学、社会学界的朋友如金耀基先生、乔健先生、李沛良先生，还有从台湾到香港讲学的杨国枢先生，他们出于对中国学术发展的爱护，讨论到了中国社会科学界在理论和方法上过分依赖西方的现象，并提出了"社会科学研究中国化"的长期讨论主题。

这是一个使我感到非常熟悉和亲切的题目。70 年前，我就是在吴文藻先生提出的"社会学中国化"这一主张下进入人类学、社会学研究领域的。那是我第一次学术生命的开端。经过一段历史的曲折，当我的第二次学术生命正在开始的时候，我又听到了熟悉的声音。我感到自己又一次被召唤。

我注意到，金、乔、李、杨几位先生提出的讨论主题首先在台湾得到响应。1980 年底，台湾举行了"社会及行为科学研究的中国化研讨会"。我通过对会议进行报道的大陆媒体了解到该会的一些情况，认为它对中国学术发展具有建设性，表示希望今后能扩大举行。经过一番努力，重新确定名称的"现代化与中国文化研讨会"第一次会议于 1983 年春在香港中文大学举行。两岸三地的社会科学工作者在隔绝了很久之后汇聚一堂，讨论大家共同关心的学术和文化问题，我也有幸与会并参加了讨论。我想，那是一个良好的开端。我必须说，那是让我难忘的经历。

转眼之间，18 年匆匆过去。在各位同人的共同努力下，我们把那个良好的开端延续到了今天。当年参加研讨会的陈岱孙先生、梁漱溟先生、梁剑韬先生等老朋友都已经过世了。我自己日渐衰老，进入老而未死的这段时间。我要求自己做一点文化反思。我愿意相信，先我们而去的陈岱孙先生、梁漱溟先生、梁剑韬先生以及他们所代表的老一辈学者，是带着对人文世界的思考告别这个世界的，是带着希望后人把人文世界改造得更加美好的心情告别我们的。由于科学分工的原因，我们所在的学术领域可能不同，研究的具体题目也不一样，但可以相信，我们是"百虑而一致，殊途而同归"。我们关注的大题目是一致的，总题目是同一个，也就是我们坚持了多年的这个研讨会所标示的主题：现代化与中国文化。我们都希望中国文化在全球现代化潮流中取得发展的主动权，实现新的复兴。

18 年来，在这个总题目下，我们先后确定了 7 个主题进行研讨，展开交流。这 7 个主题分别是：中国传统文化对现代化的影响，中国家庭及其变迁，宗教与伦理，中国人观念与行为探讨，社会科学的应用与中国现代化，面向21 世纪的中国社会学、人类学，科技发展与人文重建。我想，这些题目既表达了我们大家对国家发展现实与前途的关心，同时也可以作为一个标尺，来衡量我们对国际背景、国家现实的认识和思考的深度，来检测我们提出的思考成果可以在什么样的程度上应用于国家的经济建设、社会发展和文化复兴的实际进程当中。通过前六届会议，我们已经提出了相当丰富的思考成果。这次会议之后，我们的成果会更加丰富。我衷心地为这些成果的出现和积累而高兴，并且把这些成果理解为我们大家在科技快速发展的时代致力于人文重建的初步努力。

就我个人而言，当上述 7 个题目被并列在一起的时候，我发现，在我从上个世纪 30 年代开始到今天的学术工作中，所面对、所思考并为之奔波的，始终都是可以归入这些问题的题目。事实上，我写下的许多文字，都可以用"现代化与中国文化"这个题目的内涵加以表述。这样说，应该不算过分。因此，在今天这样一个场合，在"科技发展与人文重建"这样一个题目下，我愿意不揣冒昧地把自己一生中的全部学术工作理解为一个大陆学者在科技快速发展的时代为人文重建而尽的一份心力。

二

我这一生，基本上经历了 20 世纪中国社会发生深刻变化的各个时期。这段历史里，先后出现了三种社会形态。一是农业社会，二是工业社会，三是信息社会。从现实看，这三种社会形态的关系不是你来我走，而是同时重叠并存，三位一体。这个三位一体社会形态的形成过程，包含着两个大的跳跃。先是从农业社会跳跃到工业社会，又从工业社会跳跃到信息社会。我用自己造的一个词汇概括这三个阶段和两大变化，叫做"三级两跳"。

第一跳，是中国从传统性质的乡土社会开始进入一个引进西方机器生产的工业化时期。这是我开始从事学术工作最主要的一个时期。在这个时期里，我的工作主要是了解中国传统的基层社会情况，在此基础上了解中国如何进入工业革命。具体工作是从对少数民族的研究开始，在瑶山里真正接触到了基层的情况。当时那是一个一点现代工业都没有的社会。我把调查到的情况记录在了《花篮瑶社会组织》一书里边。后来，从瑶山到江村，接触到了一个已经引进现代机器，初步的工业生产已经开始引起社会组织发生变化的个案。我根据在这个村庄里所做的调查写成了《江村经济》一书。再往后，到编写《云南三村》的时候，我从个案分析进入到了类型比较阶段，对现代工业进入中国农村的条件和过程有了更多的认识。解放后，我在这个方面的工作一度中断。改革开放后又继续进行，在《行行重行行》中接着记录中国农村引进工业、发展乡镇企业的进程，直到农村工业产值占到了中国工业总产值的半壁江山。

第二跳，是中国从工业社会向信息社会发展的一步。这一步开始于我生命过程中的最后一段时间。在离开这个世界之前，我碰到了又一个大的社会变化。我这样一个生在传统社会里的人，事实上一直在经历着中国从农业社会走向现代化社会的过程。作为一个见证人，我能比较清楚地看到，引进西方机器所带来的工业化过程还在继续着的时候，中国社会已经又进入到了一个新的阶段，即信息时代。以电子产品为媒体来传递和沟通信息，组织工业生产和商贸流通，甚至组织社会生活，由此带来对传统人文世界的猛烈冲击——这是全世界都在开始的一场大变化。虽然我们一时还看不清楚这个变化的过程，但我们可以从周围事物发展的大量事实中确认，因为科学技术的发展变化太快，我们显然在面临着层出不穷的新事物、新问题。我们的第一跳还在进行当中，不少地方还没有完成，现在又要开始一个更大幅度的跳跃了，而且整个世界的发展不容许我们有任何的犹豫和迟缓。人家是准备好了开始起跳，我们虽然准备不足，也不能不开始起跳了。

这样的现实，也使我面临新的问题。70 年前开始的题目尚未完成，了解中国如何进入工业革命的任务还在继续，又要开始一个新的题目，即了解中国如何进入信息时代，思考我们如何在这样一个时代站稳脚跟，继续发展。接二连三地碰到社会形态的大变化，接二连三地接到时代给予的题目，对一个人类学、社会学工作者来说，我当然会感到十分庆幸。但因为这种变化幅度太大，速度太快，我的力量又太有限，尤其是"第二跳"引起的大变化又发生在我年老力衰的时候，要及时跟上去，更有点力不从心之感。我在进行自我"补课"的同时，非常迫切地需要从同行学者那里吸取思想上的营养，需要大家帮助我尽量缩小我的认识和世界现实的差距。我是带着这样的心情来参加这次研讨会的。因此，我在"科技发展与人文重建"这个主题下陈述我的意见的时候，并不意味着我以为自己对这个问题有什么了不起的见解，而是要在在座各位面前坦诚地讲出自己的所思所想，以便各位更加真切地了解我思想上的不足和认识上的局限，从而惠我以真知灼见。同时，为了比较清楚地说明乃至反思我对于今天所讨论主题的思考过程，也许有必要对我过去曾经试图接近这个主题时的情况稍作回忆，亦请各位见谅。

三

回想起来，科技发展所带来的人文世界里可能出现的问题，我最迟是在20世纪40年代已经注意到了。我曾经在当时写下的文章里讨论到比较具体的问题，表达出了自己的想法。在《幸福单车的脱节》（1945）一文里，我写下的第一句话就是"科学并不一定带来了幸福"，这个看法的根据，是我当时在美国做实地访问时接触到的大量事实。在《机器和疲乏》（1945）一文里，我的想法略做展开，写了这样一段文字——

> 科学的发明推进了技术：第一是新动力的利用，第二是把每个劳工的动作化繁为简，第三是加强了各劳工间动作的组合。以往，不论在农业或工业里，体力是生产活动的主要动力。身体是生产的唯一的基本机器。手脚之间，手指之间，耳目手之间，成为一个有机的配合。两只手，创造了人类的文化……技术的发明，大大地增加了人类的生产力。可是从生产活动本身说，有机配合，靠人的神经系统的配合，一变而为机械配合，靠力学原理的配合了。这样把人在生产过程中的地位完全改变了。以往人总是主……技术变质后，主要的配合离开了人，人成了整个配合中的一部分，甚至是从属部分了……参加活动的劳工却是在简单的从属动作中去服侍机器。各个人的动作因为机器的总配合中也得到了配合。配合的中枢不是人而是机器。人可以变成机器的一部分。

这是我在初访美国时，从事实中获得的一个观感。虽然在当时随笔式的文字中来不及做比较深入的分析，但是已经可以清楚地意识到，科技发展带来的大工业生产，已经开始改变了人与人的关系、人与物的关系、人与自然的关系。这种能够改变世界基本关系的力量，随着科技的进一步发展，也许会渗透到整个人文世界。

从愿望上讲，科技发展本身的建设性作用，应该包括促进完成个人在社会里的参与。所谓个人在社会里的参与，就是充分地承认每个人之间的相依性和互相的责任，把个人动作的配合体系贯通于集体活动的配合体系当中。这样说来，科技发展所带来的人和人的相互性也就是丰富人性内容的力量。可是，如果我们把生产活动分割在其他生活部分之外，单就这一部分的活动去组合一个趋向于全球性的分工合作体系，同时又在别的部分上鼓励着个人化的发展，在这种情况下，科学的发展，技术的日新月异，反而会使其负面作用凸现出来，造成一种并不适合人性发展的社会情态。

这些当时写在随笔文字当中的想法，时隔半个多世纪，现在再看，不能说是无谓的担忧。这半个多世纪，科技发展的速度和花样达到了令人吃惊的地步，人文世界也随之发生着巨大的变化。我小的时候，可以直接接触的自然物还是很多的。现在可以直接接触的自然物却越来越少了，很多已经经过了人文的改造。过去纯粹作为自然之物的动物，如牛、羊之类，现在居然可以借助科技手段进行复制了。电脑和网络的发展，更是在我所熟悉的人文世界里增加了一个让我感到陌生的虚拟世界。这个虚拟世界的出现，使大批社会成员尤其是青年群体的交往方式、交际手段、交流语言都在发生着一点也不虚拟的深刻变化，影响着当代人的生产方式、生活方式、价值观念、意识形态等各个方面。

在上个世纪最后一段时间里，我曾经从科学技术快速发展带给中国经济、社会、文化的变化，预感到 21 世纪将给人类的生存和发展带来全新面貌。为此我曾写过文章，呼吁"从小培养 21 世纪的人"。我谈到，20 世纪是个世界性的"战国时代"，大意是 20 世纪里的国与国、地区与地区、文化与文化之间，都有着明确的界限。这个界限是社会构成的关键。不同的区域、文化、政治实体依靠这种界限来维持内部秩序，并形成它们之间的关系。这是我们共同经历过的历史事实。而在当今科技以加速状态发展的情况下，将来是怎样的，我们谁也不清楚，谁也不敢说。我们对新时代、新条件尚不清楚，自然不能预言。但有一句话可以说，就是需要适应已被改造过的和正在改造着的自然，变化了就要去适应。适应的第一步，就是认识现实，理解现实。历史不能退回去，科技发展也不会停下来。不能拉住科技发展轮子，等另一只轮子，能做的就是在落后的一面多用点力量，在人文世界的健全、均衡、和谐方面多做点努力。

四

科技快速发展时代的人文重建，范围很广，题目很多。我比较关心的，是科技发展所带动的经济全球化现在碰到的文化多元化问题，是我们这些从事社会学、人类学的人如何为经济全球化和文化多元化的调适做出切实的努力。

在我们共同经历的最近半个世纪里，科技的发展对促成不同人文类型之间的交流与融合确实提供了技术上的方便。有不少学者用"全球化"这个概念来描述这种人类不同群体和文化之间发生的交流与融合现象，来概括世界性的交互影响正在给人类生活带来的深刻变化。我想，在我们找到更恰当的词汇来描述这一变化之前，"全球化"这个词仍然是有意义的。不过，至少在目前，我们所说的"全球化"，实际上更多是就人类的经济和科技活动而言，若是天真地认为"全球化"正在造就一个文化一体的世界，那就离开实际情况有太大的距离了。

以我亲身经历的许多具体事情可以证明，由于人类不同群体在文化上的差异，同样一件事情、一句话，会在不同文化环境中引起不同的反应，甚至会出现倾向相反的反应。相信大家也都有过类似的观察和体验。我在50多年前写《初访美国》一书的后记时曾说，各种文化里长大的人不容易相互了解，这是当前世界的一个严重问题。以往，世界上各地的人民各自孤立地在个别的处境里发展他们的生活方式，交通不便，往来不易，各不相关。现在却因交通工具的发达，四海一体，门户洞开，没有人能再闭关自守，经营孤立的生活了。在经济上，我们已经进入了一个全世界分工合作的体系，利害相联，休戚相关，一个世界性的大社会已经形成，但是各地的人民却还有着他们从个别历史中积累成的文化。这些不同的文化，向属于不同文化的人民提供着不同的价值观念、意识形态、政治信仰、社会理想。所以，一方面是迅速扩展着的互联网大幅度缩短着文化群体之间的距离，是经济上的牵一发而动全身，是跨国公司在体制和市场方面对民族国家为核心的各种制度的明显冲击，另一方面，则是政治上的各行其是，文化上的各美其美。文化之间的频繁交流，不等于文化差异的消失。

让我在这里把话题回到"三级两跳"。"三级两跳"中出现的最大问题，就是经济全球化已经开始碰到了文化多元化的大问题。文化是什么？就是共同生活的人群在长期的历史当中逐渐形成并高度认同的民族经验，包括政治、文化、意识形态、价值观念、伦理准则、社会理想、生活习惯、各种制度等。这是在千百年的历史中形成的民族经验，具有相当强的稳定性。拿现在的中国来说，我们固然在科技、经济等方面与世界其他地区的交往更加频繁，共通之处越来越多，但我们的老祖宗经过几千年积累下来的文化遗产却不会随着这种"全球化"的发展而全部消失。实际情况恐怕正相反。

我们的文化传统正逐渐引起众多有识之士的注意，引起政府和人民的重视，引起不同文化的兴趣。我们说大陆人民和台湾同胞"血浓于水"，所谓之"血"，指的主要就是我们共同拥有的文化传统之血脉。相信随着世界性科学技术和政治经济交往的不断加强、日益加深，中华民族的儿女会更多地感受到对我们自己民族、我们自己文化的肯定和认同。与此同时，中国文化也正在为世界其他地方的人民所承认、所了解、所喜闻乐见。一些深切了解西方现代文明之缺陷的西方学者，更是呼吁要与中国展开跨文化的对话，试图从我们老祖宗留下的文化遗产中寻找解决西方现代文明内在矛盾的方案。我愿意把西方学者的这种努力也理解为目的是在科技快速发展的情况下寻找人文世界的重建。

五

科技快速发展时代的人文重建工作，需要全世界的人文和社会科学家携手努力。我们在"现代化与中国文化"这个主题下讨论人文重建问题，意味着我们应该意识到，面对一个在新的世界中全人类将持续面对的大问题，我们这些属于世界上人口最多的国度的社会学、人类学工作者，应该有一份特殊的使命感和责任感，应该争取在这个问题上对人类做出较大的贡献。我们的老祖宗曾经提出过"和而不同"的社会理想，我们应该让这个古老的理想在新的时代发挥出新的建设性作用。

对于"和而不同"的世界文化交流模式的探讨，各国的社会学、人类学家尽可以见仁见智，提出不同的研究方法。我个人之所以关注这个问题，提出这个问题，是因为我相信，在人类历史上，文化的发展从来没有采用过单一的模式。即使现在，也同样随着文化的不同而有所区分。

70 年以来，我用社会科学的方法，包括 20 世纪以来的实证主义方法，对农业文明、工业文明进程中的文化变迁进行了力所能及的调查和思考，得出的看法并非单线进化论。单线进化论的观点认为，人类历史的发展、人文世界的变化有一个单一的、直线上升的、台阶式的阶段性。这一点恐怕不能完全排斥，但我们同时应该注意到，在文明进程中，不同的文化走过了不同的道路，文化发展并非都是单线式的。好的东西不断地积累在共同的文化中，不适宜的被淘汰了。文明进程是一个能去旧创新、有选择、新陈代谢的过程。这种过程是必然的。其中很妙的现象在于，一时认为没有用的文化，沉默一个时候又会出现，发扬起来，还很解决问题。因此，任何过于武断的结论，都不适宜于文化问题的讨论。

我想，在从农业文明到工业文明的发展过程中得到验证的这个道理，对于信息社会同样具有意义。"信息社会"到底会怎样，我们现在还不是很清楚，而只能模糊感到，这种以信息技术为中心的社会形态，正在给我们的生产、生活和文化带来前所未有的冲击。信息社会里，将出现取代体力劳动和机械劳动的新型劳动方式。表面上这种劳动方式似乎很简单，其背后潜在的力量却十分之大。进入这样一种社会形态之后，各种文化的自我价值认识必然会遇到很大的挑战，我们仍然不能简单地认为，这种发展会是单线进化的。信息技术能促进不同文化之间的交流，这是肯定的。但运用信息技术的还是人，而人是生活在不同的文化或价值观念体系中。这样的生活必然给人的创造带来深刻的影响。所以，"和而不同"的道理在将来的社会里还是有用的。

我希望，"和而不同"能够成为我们在科技快速发展时代进行人文重建的一个基本共识。从抱持这个理想，到实现这个目标，要走很长的路。50 多年前，我在《文化的隔膜》一文里已经写过：

> 世界上各式各样文化里长成的人现在已开始急速地渗透往来，我们必须能相安相处，合作同工。可是我们在心理上却还没有养成求了解、讲容忍的精神，说不定我们因之还会发生种种烦恼、种种摩擦。在将来的历史

家看来，也许会说我们在建立天下一家的世界过程中曾付出了太大而且不必需的代价。

我是不希望付出太大代价的，而且我还抱有比较乐观的想法。相信经过历史的磨合，最后靠中华民族的经验和人类的经验，我们一定会建立起一种新的人文精神。

当然，我们现在的认识还远远不够，这跟历史有关。过去一段时间，在19世纪到20世纪里，我们否定自己的传统文化太多了。应该回过头来，重新认识一下，有一个文化自觉。在最近几次有关文化问题的讨论，我用"和而不同"来概括我国文化传统中人文价值的基本态度，也用"和而不同"来展望21世纪的人文世界可能出现的面貌。这不是我的发明，这是中国传统文化的遗产。我反复申说这四个字，包含着我个人对百年来社会学、人类学在认识世界方面诸多努力的一个总结，也隐含着我对人文重建工作基本精神的主张，更饱含着我对人文世界未来趋向的基本盼望和梦想。也就是说，我们所做的学术研究既要体现于人文世界的实际面貌，同时又必须为人类群体之间的相互依存提出值得追求的方向。

在这方面，我们是有榜样可以学习的。我的老师潘光旦先生继承包括"和而不同"在内的优秀传统文化思想，主张"中和位育"，给我留下了深刻的教益。他所代表的老一辈学者为我们开了一个头，提出了看法，指出了方向。我希望多少能把它接下来，传下去。但真正地做，要靠下一代了。任重道远，可以大有作为。我觉得自己已经到了"轻舟已过万重山"的时候，但我又说过，中国现代化这条大船却很沉重。我寄希望于下一代开船的人，掌舵的人，相信下一代能解决问题。因为我们中国的历史长，人又多，久经考验，应该能在21世纪找出一条路子来，而这条路也是21世纪人类的路子。

在就要结束这篇讲词的时候，我想特别强调一下争取文化选择的自决权问题。在人文重建的整个过程中，我们可以接受外国的方法甚至经验，但所走的路要由自己决定。文化自觉、文化适应的主体和动力都在自己。自觉是为了自主，取得一个文化自主权，能确定自己的文化方向。相应的，在我们这些以文化自觉、文化建设为职志的社会学、人类学工作者来说，也要主动确定自己的学科发展方向。我在第二次学术生命开始的时候，曾经在《迈向人民的人类学》中提出了自己的宣言，提出了人民社会学、人类学的道路。所谓应用社会学、人类学是指结合实际的，为人民寻找道路的社会学、人类学，任务是很明确的。我认为，这门学科承担着为人类了解自身的文化、认识世界其他民族的文化以及为探索不同文化之间的相处之道提供知识和见解的使命。当然，社会学、人类学者可以很轻易地告诉人们，我们关注的是人文世界的面貌及在其中的人们"和而不同"地相处的逻辑。但是要真正实现这一认识、理解和相处的目标，远不是那么容易的事情。人文重建的艰巨任务，还需要我们一代一代地脚踏实地，胸怀全局，全力以赴，前仆后继。

最后，让我用"和而不同会有日"这句话来表达我一向的信念——在我意识到自己很可能是最后一次来参加这个系列讲座的时候，再次表达出这一信念应该是适宜的；同时，我再借用一句"家祭毋忘告乃翁"来表达我在此时此地的心情——在我这次来参加文化交流活动的时候，想到将来两岸统一时的"家祭"，我想也是适宜的。我们在文化上毕竟是同宗同祖、同根同源的一家人。

2001 年 10 月

第七届"现代化与中国文化研讨会"上的讲话

民族的生存与发展

　　很高兴来参加第六届社会学人类学高级研讨班并负责第一讲。我自开始教书以来，讲课时不喜欢跟着稿子讲，今天仍是这个老习惯，先发讲稿，请大家认真地读并给予批评，我则利用这个机会做一个即兴发言。

　　去年是西北民族学院建校 50 周年，我来到这里，当时很高兴，建议把第六届研讨班办到西北地区，以配合西部大开发的形势。第一届研讨班是在 1995 年办的，至今不到 10 年已办第六届，这是同行们热心支持的成果，也可以说是时势发展的需要。我看到手册中已把前五届的主题内容做了归纳，第三届、四届的论文集也相继在最近出版了，走一步是一步，这是我们人类学学科发展的一个过程，有着里程碑的意义。

　　国际和国内时势的发展主要有两个方面，一是 21 世纪全球的居民已经开始了更频繁的接触和交流，走上了一条被称为"全球化"的道路；二是在近 300 年的时间里，中国在世界上的文化地位和政治地位发展迟缓，已从领先退居到发展中国家的地位，但是在 20 世纪的后 50 年中发生了巨变，在进入 21 世纪时刻，我们处在了急起直追并努力赶上发展前沿的关头，人们看到了中华文化复兴的苗头，在这个新的世纪里，中华民族有能力为地球上的人类开辟一条新的发展道路。这是我为中华文化的定位。

　　人的思想是由时势造成的，也反映了所处时势的地位。因此我们发生了"文化自觉"的要求，文化自觉就是生活在某种文化之中的人们的自知之明，目的就是在争取文化发展的自决权和自主权。我们这些社会学者和人类学者召开的这类高级研讨班就是这种客观形势所决定而自觉组织起来的。加强人类学的研究，是文化自觉的要求，这种要求来源于客观历史的发展，这个历史的要求推进了我们。我们到这里参加这个班是自觉自愿的行为，但也是客观形势所造成的。我是一向主张"从实求知"和以知识来创新推进实际的人，凭着这种信念，我不顾年老，从千里之外赶来参加这个研讨班。

知识分子的思想发展是随时代发展而变化的，我在每一届研讨班上的讲话，反映了我这个人的思想变化。当我们进入 21 世纪的时候，每个人都有不同的感受，比如年龄不同的人对时间的感觉就不一样，小的时候，盼着吃年夜饭，觉得时间过得那么慢，而现在似乎眼睛一眨，半年就过去了，时间过得越来越快，这一方面是我这个年纪的人的感觉，另一方面说明中国近来变化之快也确是惊人，是全世界人们所意想不到的。我们希望在 21 世纪里中国能够有更大的变化、更快的发展，实现我所说的从乡土社会到工业社会，再到信息社会的"三级两跳"。早年我搞的江村和云南三村的调查都属于农村乡土社会的研究；后来又提出工业下乡、提倡发展乡镇企业，希望用工业化来改变乡土社会的主张，这个工作一直搞了 50 年。

80 年代初，我获得了第二次学术生命，接受了重建社会学（也应当包括人类学在内）这门学科的任务，至今又过了 20 年。那时我去美国访问，看到他们已经用计算机处理数据资料了，计算机也比北大当时用的小得多，整整差了一代。可以说那时世界已经进入了信息时代，这就是我所说的第二跳。这几年我们也热闹起来，大家写文章不用笔了，连我写文章的办法也起了变化，可以把我的讲话录下音，然后整理成稿打印出来，再让我修改，而且可以多次修改，效率提高了。有时候还可以把讨论会的情况录下音，整理出来，吸纳了大家的思想，文章也集体化了一些，已不是属于一个人的思想了，这也可以说是一个时代的变化。

这几年有两个问题常常萦绕在我心里，那是 1998 年第三次高级研讨班上一位鄂伦春族的女同志向我率直地提出的一个问题："人重要还是文化重要？"这是她在看到自己民族的文化正在受到重大的冲击，而日渐消亡时，产生了只有先把人保住，才提得到民族文化重建这个问题。她提出的这个问题很深刻也很及时，因为在全球化的浪潮中，一些根底不深、人数又少的民族，免不了会发生这个似乎是耸人听闻的问题。由此，又使我记起在大学念书时读到的一本英国人类学者 Peter Rivers 写的，名叫《文化的撞击》（*Clash of Cultures*）的书。这本书写的是澳大利亚土著居民怎样被消灭的故事，他说在一个文化被冲撞而消灭时，土著人也就失去了继续活下去的意志。我在英国留学期间（1936年至1938年），曾在报上读到澳大利亚南端 Tasmania 岛上的最后一个土人死去的消息，对我震动很大，成了在心头一直挥之不去的烦恼。

1979 年我赴加拿大讲学时，曾参观访问了加拿大的印第安人保留地。看起来保留地里的印第安人的生活不错，有房子，有电视，还有汽车，虽然导游说这是二手货，是摆样子的，但是，看起来这个民族在政府的财政补贴下保存了下来。然而，管理印第安事务的官员告诉我，这些印第安人经常酗酒、打架，非正常死亡率很高。他们生活没有目的，主要是安身立命之道没有了。

我 1987 年考察呼伦贝尔盟和大兴安岭时，去拜访了鄂伦春族同胞。看到我们的政府的确是在尽力扶持这个民族，他们吃住都没有问题，孩子上学也不要钱，但这个民族本身还没有形成一个有生机的社区，还没有达到自力更生的状态。当我读到美国亨廷顿的《文化冲突论》时，不能不激发起我的思考：文化和民族是会被消灭的，这是过去发生过的历史事实，但是我不能平静地接受这个历史事实。令人吃惊的是，那些标榜提倡个人自由的西方文化，怎么能够容忍一些民族和文化消亡的事实发生在当今这个时代！西方某些人主张种族消灭论，现在世界上很多地方还在打仗，南斯拉夫、中东地区战火不断，战争中动用了飞机、导弹，互相残杀。我们主张民族平等、共同富裕。当然，由于自然条件和环境的改变，还可能造成一些民族在生产能力和谋求职业方面出现了某些不适应，比如政府分给了某个少数民族同胞土地，但是他们不会种，怎么办？我一直在想：我国万人以下的小民族有 10 多个，它们今后在社会的大变动中如何继续生存下去？如果我们把这个问题扩展开来，实际上就是在全球一体化以后，中华文化该怎么办。这是个大问题，虽然这个问题，目前还不那么急迫。但是在现实生活里，某些小民族保生存还是保文化的矛盾已经发生了。

因此我提出了"和而不同"的民族秩序论。心里想，我们中国当前所走的路子和所执行的政策，是同西方的路子唱反调的，我们主张民族平等、民族自治，首先就要保证民族生存，反对消灭民族。

我有幸在第二次学术生命里，得到继续从事民族研究工作的机会。在这20年的"行行重行行"里，我尽可能地到各地访问，去拜访我国的少数民族同胞。我到过生活在黑龙江兴安岭里的鄂伦春族和甘肃青海交界处的裕固族、撒拉族、土族等少数民族地区，我能体会到他们的处境和困惑。跨入信息社会后，经济、文化变得那么快，一些小民族就发生了自身文化如何保存下去的问题。在这种形势下，不采取办法来改变它们原有的生产和生活方式是不可能的了，问题是如何改变？我前年又到黑龙江去访问赫哲族，想了解一下人数比较少的少数民族的具体情况。赫哲族长期以来本是靠渔业生活的，现在传统的渔业越来越不景气，因此地方政府一方面努力改善环境，保护渔业生产，尽可能地帮助他们安排好生活，开辟新的生产门路，如利用鱼骨做成艺术品、装饰品，拿到市场上去卖；另一方面分给他们土地耕种，想帮助他们改变生活方式，改变文化，但是他们却把地转租给汉人或是找打工的汉人来种。这说明一种文化向另一种文化的过渡并不那么简单。小民族要生活下去和解决贫困问题，需要有一个复兴的计划，这种计划必须在扎实的调查研究的基础上才可能做出。这应该是社会学、人类学者的任务。

我从东北回京后，向国家民委提出加强对小民族的研究的建议，这个建议得到了中央领导的重视，现在由北京大学社会学人类学研究所牵头，与中央民族大学、国家民委民族问题研究中心合作组织了队伍，开展了22个10万人口以下的"人口较少民族"的调查。调查的第一期工作已结束，正在进行第二期的工作。我想，在我们中华民族大家庭中，决不能坐视小兄弟面临困境而无动于衷，我们有力量帮助他们在当今这个变化激烈的世界里继续生存与发展下去，允许他们在文化走向的问题上有自主权和自决权。我们中国的社会学者和人类学者还可以做跨国的比较研究，拿我们的民族政策与美国、澳大利亚、加拿大等国的民族政策做一个比较，看看中国提倡的民族平等、共存共荣的政策与西方民族政策究竟有什么不同。我们要在中华民族大家庭中做出一个实实在在的榜样来，走出一条新路，这是中国社会学、人类学者要做的事。这件事做好了其意义不仅是在国内，而且对今后的世界也有重大意义。

在座的有来自各个民族的学员，希望大家来共同思考和关注这样一个民族文化应该如何发展，发展的目标是什么这个重大的课题。在全球文化发展和交融的时代，在一个大变化的时代里，我们如何生存和发展？怎样才能在多元化并存的时代里，真正做到"和而不同"？我已经90多岁了，想做的事很多，但已力不从心。新一代长成，老一代交班，希望新一代更快更好地成长起来，把研究工作继续下去。

"第六届社会学人类学高级研讨班"上的讲演

新世纪·新问题·新挑战

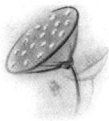

我很高兴应邀来参加中国人类学会与厦门社会科学联合会合办的2000年人类学国际学术研讨会,也很高兴能在这次大会及同场举办的第五届社会学人类学高级研讨班上做一次讲话。据会议的组织人说,两个会议商定了一个共同的主题,即"21世纪人类的生存发展"。刚刚进入21世纪,我已经年过九十,早已到了"交班"的时候了,21世纪人类的生存发展问题,同我这个耄耋之年的人关系已经不是很大了,我虽然随着人们跨入了一个新的世纪,但这个新世纪的课题,还是要依靠后来的几代人来研究。对于"未来几十年里人类的生存发展究竟会往哪个方向走"这个问题,我在这里只能讲一讲从个人历史经验中体会到的一点感受。我的问题很简单,这就是:我们在过去的一个世纪里有什么经历和研究过哪些社会和文化的过程?在新的世纪中会面临什么样的新问题?什么样的新挑战?

在世界范围内,对于21世纪会给人类提出什么经济、环境、文化等问题,已经受到广泛的关注,由此国内外年轻一代的社会科学研究者们,已开始给予应有的重视。像我这样年逾九十的人,大部分的人生都已经归属于20世纪。在那个刚刚过去的世纪里和刚刚开始的新世纪里,我个人经历过三种社会形态,就是农业社会、工业社会和信息社会。这里头包括着两个大的跳跃,就是从农业社会跳跃到工业社会,再从工业社会跳跃到信息社会。大家知道,我的社会学和人类学的学术生涯,开始于对农业社会到工业社会转变的探讨中。我喜欢称这一系列跳跃为"我一生的三级跳"。年轻一代的学者可能很难体会,一个人的一生中经历这么多的重大社会变动有什么感想,他们或许只需关注目前发生的一切对于他们的生活的影响也就够了。而对我来说，这三级跳里隐含的故事，却具有相当深刻的历史意义。

在我的青年时期，中国正在从一个半殖民地、半封建的社会形态中走出来。19世纪末，中国的几代精英把我们的国家首先从排斥洋人的"奇技淫巧"推进到一个"学习洋务"的年代，希冀从西方的工业技术中获得民族自我振兴的源泉。此后，又一代中国的精英开始从文化的观念体系探讨科学对于中国文化的挑战，这到20世纪的最初20年导致了新文化运动等对于赛先生（科学）和德先生（民主）的仰慕。到了我就学的时代，已经有一大批中国人开始意识到单纯从"物质上"改变中国的旧面貌已不够，还要从社会制度和文化观念体系上着手推动中国的近代化。在很多地方，传统中国社会与中国文化是乡土性的。在近代化的时刻来思考我们的历史，我看到这样一种乡土性的社会与文化体系正在面临着自外而内的冲击和挑战。"工业化"是当时已出现的新状况，乡土社会怎样能够面对席卷整个世界的工业化潮流呢？那个时代，很多人认为，既然工业化的外部因素导致的发展，就应当强调它的外部因素，在文化的论述方面，甚至有人据此提出"全盘西化"的说法。但作为一个来自乡土中国的青年人，我在思考我们的发展道路的时候，自然会带着自己的乡土本色。我的人类学老师马林诺斯基在为我1939年出版的《江村经济》写序时说，我的研究标志着东方人研究东方社会的"本土人类学"的转变，我后来反省自身，认为自己还没有达到马老师的那个期待，我只敢承认，在这部著作中，我表达了一种来自于乡土社会对于工业化的某种理解和适应。有的海外学者把我的那套看法总结成"发展的内发论"，就是说我认为工业化的发展有一部分是从乡土社会的内部产生和推动的，说这是"内发的"，有一定的理由，但我认为"内发"并不排斥外来的影响。

对于工业社会来临的学术论述，诚然有着它的历史限度和历史色彩。我对乡土中国社会变迁提出的看法，到了50年代以后的30年里有了进一步的论述，那时中国社会进入了一个社会主义改造的新时代。在那个年代里，新中国逐步实现了对工业的国有化政策，在产权方面对于农村的土地和城市的企业进行了新的界定和安排。直到十一届三中全会以后，随着农村经济改革的推行，乡土社会的工业化问题才重新提了出来。而在这个新的时代，无论是城乡关系，还是工业化、都市化，都有着它们的新的历史特征，已不等同于我在《江村经济》、《乡土中国》、《云南三村》等书里所面对的半个世纪以前的中国。那个时代也不能完全以"旧中国"来定义，因为传统的乡土社会已经逐步在半殖民地、半封建的状态中开始瓦解了。但是，农业社会向工业社会的转变中呈现出来的苗头比较简单和明显。到了改革开放以后，我们的国家已经经历的相当长的社会变化，我们面对的社会，也不再能简单用"乡土中国"来概括了。

大家知道，在过去的 20 年中，我不断"行行重行行"，不敢说走遍了中国大地，但是可以说已经走了相当多地方。为什么走这么多地方呢？首先是因为我获得了第二次学术生命，想好好利用兜里所剩无几的"生命资本"，来充实我认识中国社会的学术理想，其次是因为我想继续实行我经常说到的"志在富民"。去年我在北京大学出版了一本论文集，我把它定名为《从实求知录》，这里的"从实求知"就包含了这两个方面的意思。不必讳言，很多人也喜欢把我的名字跟"小城镇，大问题"的提法，跟乡镇企业和区域发展等论说联系在一起。具体来说，在改革以来的 20 年里，我关注到了两个方面的现象，一个是作为中国大多数人口的农民从农村社会走出来，进入工业社会的历程，另一个是与这个历程密切相关的区域发展模式的形成。与欧洲国家不同，中国的城乡关系受着深远的历史制约，而且在中国这么广阔的空间范围内，区域的差异和不同区域蕴涵的历史资源和文化动态模式各有不同。在这样一个历史悠久、空间广阔的国家里，工业化的实现自然有着它的独特性。发展小城镇、注重区域独特的发展模式，有利于人民对于新到来的工业社会的适应，也有利于在具有中国特色的城乡关系和区域体系中发展经济。改革以后的这两方面的发展，不是我能够凭空想象的，而是我通过不断行行重行行的实地研究从农民和企业家那里逐步学习、总结出来的。

经过 80 年代开始 20 年的改革，到这个新的世纪的最初时刻，我们已看到的经济、社会和文化的巨大变迁，预感到 21 世纪即将给人类生存发展带来全新的面貌。10 年前，在"21 世纪婴幼儿教育与发展国际会议"上，我做了《从小培养二十一世纪的人》的讲话。在这个讲话中，我谈到 20 世纪是个世界性的战国时代，意思是说，在那个漫长的年代里，国与国之间、文化与文化之间、区域与区域之间的界限是社会构成的关键，不同的政治、文化和区域实体依靠这些界限来维持内部的秩序，创造它们之间的关系。展望 21 世纪，我依稀看到，20 世纪那种"战国群雄"的面貌已经受到一种新的世界格局的冲击，民族国家及其文化的分化格局面临着如何在一个全球化的世纪中更新自身的使命。

我做这样的判断，不是没有根据的。近二三年来，我特别关注到区域发展过程中全球化的力量。我看到，信息产业的发展带来了一种十分严峻的挑战。美国 10 多年来发展起来的微软（Microsoft）公司的实力有几千亿美元，它是当代信息技术的密集型产业，是最新现代化技术的世界级龙头，它的作用已使城市中的许多产业的传统操作技术面临深刻的危机。在这样的情况下，人们不能不重新考虑中国农村工业化和城市化的问题。我有一次访问广东顺德，当地的领导同志对我说，乡镇企业的概念他们认为已经过时了。为什么说过时了呢？因为经济社会生活的现实告诉我们，小城镇的规模看来并不具备接受信息技术产业的能力，应当使一批紧密相联的城镇和为城镇服务的中心城市赶快兴起，以便接受快速的信息产业发展的要求。另外，产业组织的跨国化，同样也对小城镇发展提出了问题。在中国广大的沿海地区，经济体制改革已走到了全国的前面，其企业已经纳入竞争性的市场经济体系。例如，广东一些地区原来接受"三来一补"的方式，通过消化、吸收和嫁接，造就一些自主经营的企业。从 1992 年起，诸如顺德这样的城镇，就进行了机构改革，政府把三大产业分别交给新成立的"工业发展公司"、"农业发展公司"和"贸易发展公司"经营。1993 年，实行了股份合作制，并改革企业的医疗保险和养老制度，使政府的职能转变为"政府搭台，经济唱戏"。企业解决了体制问题以后，接着就解决市场问题，而市场问题不是一个简单的地区性问题，而牵涉到香港以至世界的其他地区，牵涉到地区与地区之间的新型关系，牵涉到大型中心城市的发展问题。生活在像厦门这样的经济特区的人都能体会到，跨地区和跨国界的经济关系，除了表现在市场的超地方特征之外，还表现在近些年来跨国公司的发展上。跨国公司在产权上与具有民族国家疆界的国有、私有企业不同，它们没有明显的地理界限，如果说有什么主要特征的话，那么这就是它们的"无国界性"。现在不仅外国人来中国设立他们的跨国公司的办事处、分公司，而且中国人到海外拓展公司的也不少。这样的经济交融，不是简单的"西方到东方"、"外国到中国"的老问题，而是一种新型的国与国、区域与区域之间交流和互动的问题。

在 21 世纪，人类生存发展面临的新状况，最为直接的表现首先是上面的经济社会类型的转变，是从农业社会到工业社会，再从工业社会到国与国之间、地区与地区之间密切合作的社会转变。因为在后面的那一种转变中，信息产业的发达扮演着至为关键的角色，因此很多人将我们面对的这个新的时代称为"信息社会"的时代。现在玩电脑的那些年轻的"网虫"们对于这个新的社会类型的体会，一定比我要深刻得多。听说，我的伦敦老师之一 Raymond Firth 还健在，但他还在用他那台破旧的手动打字机写作，而我也还用我的笔杆子写文章，因不会运用电脑，我的一些文字处理工作，只好交给晚辈们代劳了。我最近还了解到，用电脑进行文字处理是计算机科技的最低程度的一种，现在数据的处理得到飞跃的发展，能够直接控制商业、军事等，在英国和美国已经开始创办"电子政府"，意思是要利用电脑科技使政府能够更有效、更直接地为公民办事。除此之外，我们最熟悉的电脑运用，就是网络的四通八达及通讯的速度数百、数千、数万倍的加快，让我们能够在几秒钟内联系到世界其他角落的任何友人。

信息产业、信息社会、信息网络急剧扩张的具体事项，不是我这里能够充分展示的，我只能够简单地说，这样的产业、社会和网络的延伸，已经给予人类的生存发展带来了至为深刻、至为广泛的影响，从而也给社会学、人类学以至其他所有门类的人文社会科学学科的研究提出了新的挑战。生存在这样一个新的社会情景中，以研究社会和文化为己任的社会学和人类学家们，怎样能够使自身的理论、方法和概念得到更新？我们以往使用的那些分析框架，是否已经必须得到反思？就本次会议关注的人类学学科而言，我们长期以来运用的"文化"概念及与其密切关联的研究方法，怎样才能够适用于这个初见端倪的信息时代？在世界范围内，这一系列的、有关学科与社会现实变化之间关系的问题，已经被很多人提出。激进一些的学者认为，因为"后现代"、"全球化"、"信息化"的时代已经来临，所以，一切旧有的、依据传统社会和现代社会的研究提出的理论，都必须遭到抛弃。保守的一派则认为，新出现的那些诸多的社会文化新现象，无非只是现象而已，不能推翻原有的理论观点。就我个人的经历来看，无论以什么方式，对历史的走向做出武断的判定，向来不易符合历史本身。就上面谈到的三种经济社会形态来说，我认为，从农业社会到工业社会，再从工业社会到信息社会，这个三级跳的历史发展的粗线条是可以看明白的。然而，我们不应忘记，我作为一个个人在我的生活里几乎十分完整地经历了这三种经济社会形态。而且，我们也不应忘记，在当今中国社会以至当今世界，虽然信息社会已经出现，农业社会和工业社会也延续着自身的生命。因此，我这里必须指出，经济社会形态的演化不是单线的进化，而远比我们想象的直线历史上升的过程复杂得多。

回顾我个人跟从马林诺斯基学习人类学的经历，我能认识到，马老师个人的文化观的演变，本身能够说明人类学研究必须适应文化之间关系变化过程的道理。在第三次社会文化人类学高级研讨班上，我曾经提交一篇称为《读马老师遗著〈文化动态论〉书后》的论文，在这篇论文中，我谈了我阅读马老师的一部后期著作的体会。马老师开始人类学研究时，是这门学科的基础民族志方法的奠基人，他主张在"隔离的社区"（isolates）里边深究文化的原有面貌，解释文化内部满足人的需要的功能。后来，马老师在非洲访问，看到了当地文化与外来的殖民文化互动的生动情景，改变了自己的看法，提出"隔离的社区"的研究办法，必须改变以适应于一个新的文化动态中的世界，通过研究不同文化的差异、交往和结合，来研究人类在新的历史时期的生存状况。马老师写《文化动态论》是在他逝世前几年的30年代末40年代初，离现在已经有60年。几十年过去了，世界上发生的事情是马老师没能见到的。然而，从封闭社会到开放的广泛的文化接触的变化线路，是马老师生前已经预见的，我们看到的无非是这一股潮流的进一步扩大。

中国经常被人们看成是"现代化后发"的文明古国之一，相比那些15世纪就在国家内部和外部拓展现代产业和贸易的欧洲国家而言，我们的"现代化"与我们的国家遭受外来文化的冲击有着密切的联系，而这样的冲击时间无非也只是从19世纪中后期才开始发生作用的。在与外来现代文化的接触过程中，中国发生了翻天覆地的变化，这些变化发生的频率之高、速度之快，是举世瞩目的事，而且因为这些变化只发生在100余年当中，所以像我这样生于20世纪初的人，就有机会目睹其中大部分的情景，感受生活在其中的人的问题。我刚才说过，我个人从事社会学和人类学的研究，与乡土中国向工业社会的转变是同步的。我的研究既然是在这样一个初级的转变中展开的，就必然要带有当时历史进程的若干痕迹。30年代，我相继从事了瑶人和汉人的社区民族志研究，采用的基本方法，是当时比较先进的功能派人类学和芝加哥社会学派的办法。这并不排斥对社会变迁的研究，而无非是主张以小型的社区为出发点，在具体的时空坐标里头去进行实地社会考察，从中体会不同的社会的基本社会生活形式和文化面貌，进而思考社会变迁的问题。

这些年来，站在今天的地位来反思当时从事社区研究的过程，我能够看到对于研究中国这样一个历史悠久的文明古国，过去人类学的民族志方法是不充分的。不过，这里指出社区研究的这一缺陷，目的并不是要否认包括我的第一代中国社会学和人类学田野工作者的贡献。我现在认为，以村落为中心的研究固然有许多优点，但是不能充分体现中国文明的宏大体系和历史的流变。回想50年代以后我参加的民族研究工作，我也能感到，这样的研究方法不能很好地解释中国文明体系内部的多元一体格局。50年代初期，为了建设新中国，中央采用了鼓励民族大家庭共同发展的政策，为了达到这个目的，积极推行新的民族政策。在这样的情况下，我参加了大量少数民族识别和社会历史调查。在调查工作当中，我们运用了比较严格的民族识别标准，这些标准当然为我们的工作提供了很多便利，不过在具体的实施和认识过程中，我却感到中国的新国家形成必然受到它历史上遗留下来的文化关系的影响。传统中国不是欧洲式的小公国，而是腹地广阔，中央与地方、城市与乡村、主体民族与少数民族之间关系比较复杂而多元的文明国家，这样的国家一般被西方历史学家称为"empire"（帝国），它的新形态必然也与从欧洲的小公国转变而来的民族国家（Nation-State）有着很大不同。在这样的文化传统的背景下来建设一种新型的民族关系，既要考虑到现代国家现代化对民族凝聚力和公民意识的要求，又要考虑到传统帝国文明形态的特殊性。因而，虽然当时我们开展民族研究时带有某种理论框架，但是在具体的研究和认识过程中也不得不关注中华民族关系过程的传统性和复杂性。更重要的是，民族研究和民族政策的实施过程本身已经说明，新中国的社会正在发生巨大的变化，以往的那些偏远的、隔离的社区和少数民族族群正在被纳入到一个新的民族和国家建设的进程当中，为我们的研究提出了新的挑战和要求。1988年，在香港中文大学的特纳讲座上，我把自己从事民族研究的体会写了出来，用"中华民族多元一体格局"这个概念来解释中国民族研究当中的历史和文化特征，我的用心其实十分简单，这就是试图指出，在新的国家建设当中，我们必须注意到民族与民族之间、文化与文化之间的那种"和而不同"的关系。"和而不同"是世界上成功的文明体系的主要特征，这样的文明体系与欧洲式的民族国家体系很不同，也有着它自身的优点。

在 20 世纪末期，世界格局产生了十分重大的变化，政治上从"冷战"时期的两极化转变为现在的国际政治力量多极化。另一方面，随着"冷战"的结束，经济实体与经济实体、文化实体与文化实体之间的交流变得极为频繁，这也在其他的层次上改变了世界的政治和意识形态的格局。很多人把新经济体系、新文化交流方式及新国际政治形势的形成，形容为"全球化"，这就是说人文世界正在进入一个史无前例的大接触、大交融的时代。在这样一个新的时代来临之时，在西方内部，来自东方的社会科学家和人文学家们与具有反思意识的学者们一道，对过去的帝国主义、殖民主义和民族主义进行了系统的反省，这给予我们认识世界文化关系提供了有益的参考。不过，对于"全球化"过程中不同文化之间到底应当有怎样的自我认识，文化之间的关系到底应当怎样构成这些问题，批评派的学者们并没有提供充分的论证。对我个人来说，一个需要引起关注的问题是，我们从过去的社会现实当中得出的经验和看法，是不是会随着历史的变化而失去它们的价值？我提出这个问题的同时，想到的是"中华民族多元一体格局"对于世界文化关系构成的参考价值。中华民族多元一体格局体现的文化关系，诚然是在悠久的中国文明史进程中发展起来的，有着特定的历史限定和地理空间限定。但我同时也能体会到，这样一种中国特定的民族和文化关系的格局，与近代以来中国的民族国家建设走过的特殊道路，有着难以分割的密切关系。但是，我们不能因此认为，这样一种认识，对于变化中的世界没有关系。

我上面提到，10 年前我应教育部之邀在"21 世纪婴幼儿教育与发展国际会议"上讲话，在讲话中，我开始探讨 21 世纪将是什么样的世界，提出了 21 世纪要解决的主要问题之一是：各种不同文化的人，也就是怀着不同价值观念的人，怎样在这个经济和文化上越来越息息相关的世界上和平共处？人类在

21世纪怎样才能和平地一起住在这个小小的地球上？我还指出，为了解决这些问题，我们在精神文化领域里需要建立起一套促进相互理解、宽容和共存的体系，我称这个体系为"跨文化交流"（Cross-Cultural Communication）。"跨文化交流"牵涉到人对人、人对社会、人对自然的基本关系，而与文化的自觉和文化的相互尊重有着更为密切的关联。此后，在一系列的论述中，我提出了一个"文化自觉"的看法，以表达当前思想界对经济全球化的一种反应。"文化自觉"是当今时代的要求，并不是哪一个人的主观空想，它指的是生活在一定文化中的人对其文化有"自知之明"，并且对其发展历程和未来有充分的认识。同时，"文化自觉"指的又是生活在不同文化中的人，在对自身文化有"自知之明"的基础上，了解其他文化及其与自身文化的关系。10年前在我80岁生日那天在东京和老朋友欢叙会上，我曾展望人类学的前景，提出人类学要为文化的"各美其美、美人之美、美美与共、天下大同"做出贡献，这里特别意味着人类学应当探讨怎样才能实现文化的自我认识、相互理解、相互宽容和并存及"天下大同"的途径，这正是我提出"文化自觉"看法的背景的追求。简单地说，我认为民族关系的处理要尊重"多元一体格局"，"多元一体格局"是在中国文明史进程中发展出来的民族关系现实和理想，这对于处理文化之间关系，同样也是重要的。全球化过程中的"文化自觉"，指的就是世界范围内文化关系的多元一体格局的建立，指的就是在全球范围内实行和确立"和而不同"的文化关系。

对于"和而不同"的世界文化交流模式的探讨，各国的人类学家尽可以见仁见智，提出不同的研究办法，我个人之所以关注这个问题，是因为我相信文化的发展，人类历史上并没有采用过单一的模式，在现在也同样随文化的不同而会有所区分。长期以来，我以社会科学的方法对工业文明进程中的文化变化进行了思考，得出的看法不是单线进化论。单线进化论的观点认为人类历史的发展、人文世界的变化有一个单一的直线上升、台阶式的阶段性。这一点恐怕我们不能完全排斥，但我们同时应当关注到在工业文明进程中，不同文化走过的不同道路，这个道理对于信息社会也是同样有意义。"信息社会"是什么，我们现在还不是很清楚，而只能模糊感到这种以信息技术为中心的社会形态，正在给我们的生活、我们的文化带来很大的冲击。在中国社会科学院社会学研究所成立 20 周年的纪念会上，我提到信息社会是取代体力劳动和机械劳动的新型劳动方式，表面上这样的劳动方式很简单、方便，但其背后潜在的力量却十分巨大。在这样一种社会形态来临之际，各文化的自我价值认识必然会遭到很大挑战，但我们不能简单地认为，这种发展将是单线进化的。信息技术能促进文化之间的交流，这是肯定的，但运用信息技术的还是人，而人生活在不同的文化或价值观念体系中，这样的生活必然给人的创造带来深刻的影响，所以，"和而不同"的道理在这里头还是存在的。

在世界刚刚进入 21 世纪，让我来这里谈这个新的世纪里头人类生存的问题，实在是一件十分困难的事情。无论是社会学还是人类学，研究的都是具体历史进程中发生的事件、表现出的规律的历史和现状，所以社会学学科的奠基人之一涂尔干曾说，"未来没有主题"，认为社会科学家不以未来为研究宗旨。因而，我从个人的研究经历出发，说了说自己对农业社会到工业社会、工业社会到信息社会以及与此密切相关的社区研究到中华民族多元一体格局研究，中华民族多元一体格局研究到"文化自觉"概念的提出这样的变化过程，这些过程在同一个世纪发生在同一个人身上，成为我这个年逾九十的人的生活史的组成部分。我们的社会变迁跑得太快，现代化还没有实现，"后现代"的提法已经渗透到我们的人文和社会科学领域中来了，未来一个世纪的发展．也必然不是我在这里能够预测的。我在上一届高研班上说，我们的学者需要"补课"，我们的学科底子薄弱，在这样一个瞬间即变的世界里，我们所掌握的研究办法能否适应研究对象？适应了研究对象又能否提出有深度、有历史感的看法？这些都是有必要考虑的问题。我提出全球化过程中"和而不同"的主张，不是要"文化保守"，而无非是要指出，历史的发展可能比我们以往的观察要复杂得多，因而未来人文和社会研究工作者务必给自己提出更高的要求。我们已经站在一个新的世纪的门槛之内，新世纪给我们提出了新的要求，我在上面提出一些个人"从实求知"过程中获得的看法，这是个人从实际里面得到的知识，现在把它总结出来，希望与在座的学者共勉，共同为中国的学术研究和社会实践付出努力。

2000 年 7 月 19 日

经历·见解·反思
——费孝通教授答客问

费孝通：我们从何谈起呢？

巴博德：你认为在你一生中最影响你对人类学的看法和对世界的看法的主要影响、事件和经历，我们从这里开始好吗？然后让我们讨论你对人类学的性质和目标的想法。我们就从有关费孝通成为人类学家的传记式回忆开始吧。

费孝通：我想我的文风基本上是 20 年代在苏州上中学时形成的。我的学术思想基本上是在 30 年代建立的。1930 年我放弃了做一个医生的想法而决定要做一个社会学者。你知道，我学了两年医预科。这给了我良好的自然科学训练，尤其是生物学训练。

巴博德：作为大学生吗？

费孝通：是的。我最初对医学的兴趣是由于 20 年代后期的政治形势促动的。我哥哥和我那时是学生中的进步分子。因为我们反对军阀，我们欢迎国民党北伐，我们也欢迎共产党人。那时苏州的许多同志被当地的政府关进监狱或被杀害，因此我哥哥和我由政治斗争中隐退到学业里。我哥哥到上海去进法学院，我学医。

巴博德：为什么学医？

费孝通：为谋好的职业，同时对人有所帮助，做些对社会有益的事情。两年以后我对国家的关心又复活了。我不再满足于仅仅帮助个人，治疗身体上的疾病的这个目标。人们的病痛不仅来自身体，来自社会的病痛更加重要。所以我决心不去学医为一个一个人治病，而要学社会科学去治疗社会的疾病。

巴博德：是否有某种具体事件促使你离开医学的学业而追求这另一条路？

费孝通：政治环境。东吴大学发生了一件事，东吴大学是一所教会学校。那时我是学生会的秘书。我们有强烈的反帝国主义情绪，这导致我们和学校当局发生冲突，这冲突是因一件具体小事引起的。一位校医用拳头打了我的一个朋友，同学们十分气愤而把愤怒集中到袒护校医的学校当局。结果是学生罢课，那是 1929 年。

学业上我的成绩是很好的，一向受到教师的称许和爱护，所以当学校开除学生会闹事分子的时候，我受到不同的对待。他们只令我转学。我就这样转到了燕京大学，那是 1930 年，我学完大学二年级课程以后。

巴博德：你是在燕京初遇杨庆堃的吧？

费孝通：是的。

巴博德：杨庆堃对阿古什（Arkush）说到你，"那时他对政治漠不关心。"

费孝通：那是真的！你知道，我在这个新环境里不愿表现自己。

巴博德：你在燕京政治活动少了？

费孝通：对，我变成了一个书虫。真的。我花了三年时间跟吴文藻先生学习。我在大学里学习的时间因病而延长了一年。我在参加北京学生反对日本侵占东北的一次示威中受寒得了肺炎。我躺在协和医院里有一个多月。结果我得不到那年的学分。这样增加了一年。我总共在大学里学习了 5 年。我在大学里成绩是好的，全部课程得到高分，只有一门除外。

巴博德：那是哪一门课？

费孝通：张东荪先生所教的哲学。他以后是民主同盟的负责人之一。他给我 70 分！我还记得，他给我 70 分！我其他分数都在 80 分以上。

我不喜欢他的讲课，在课堂里，看我自己要看的书。所以他给了我 70 分！我在燕京三年，大部分时间用来自己读书，并跟吴文藻先生比较接近，我读了他书架上所有的或几乎所有的书。我什么书都想念。这几年的阅读打下了我基本知识的基础。

巴博德：社会学的？

费孝通：我读各种各类的书。我在东吴大学时数学也很好。当我跟史禄国教授（Shirokogoroff）学习体质人类学的时候，数学基础帮助了我。

巴博德： 吴文藻有美国的博士学位？

费孝通： 是的，哥伦比亚的。他是麦基佛（Maclver）的学生。当我初到燕京大学时想的是学心理学。事实上我给心理学系主任陆志韦先生写了信。他以后成为燕京的校长。他是一个很聪明的人。我喜欢他。但在燕京住下的第一周里，我决意拜访各系的系主任并和他们谈话。结果我进了社会学系。

巴博德： 当时燕京大学里是怎样学习社会学的？

费孝通： 那时社会学系的系主任是许仕廉，他是一个很会说话的人。和他谈话之后我判定社会学于我相宜。它似乎那么广泛，任何东西都可包括在社会学之内。因此我注册为社会学系的学生。心理学着重研究个人的行为，而我对集体行为、对社会更感兴趣。事实上我一生的主要目的、唯一目标就是了解中国和中国人。这个目的从 1930 年开始就明确了。我要努力去了解中国，为的是想解决中国的问题。但是直到现在，我尚未真正认识清楚显示于中国社会之中的中国人的思想意识，和形成中国人的行为方式的中国精神实质。

但是怎样研究中国和中国人呢？罗伯特·派克（Robert E. Park）对我们当时这批学生的影响很重要。派克教授 1933 年来燕京大学讲学，他是美国芝加哥学派的创始人。他给我们介绍了社区研究的实地观察方法。他教我们把北京当作实验室，甚至把我们带到北京的红灯区八大胡同。他要我们直接去观察。我们在报纸和小说中读到过这种地方，但从未实际看到过。所以只有抽象的概念。我们还访问过一所监狱。使用这种实地观察的方法，我们逐渐地了解中国社会的真面貌。我们认识到我们对自己的社会实际情况知道得太少。

我的学士论文题目是《亲迎婚俗之研究》，基本上是应用人类学里传播学派的方法进行的研究。利用地方志的资料来划出这种婚俗的分布区域。我发现这种婚俗主要集中于黄河流域的中部，具有相当明确的界限，相当于早期的汉族分布区。后来，当我跟史禄国学习了体质类型分布时，我发现体质类型和文化类型的分布是有联系的。总之，你可以看到我的研究方法在 30 年代初期已经开始形成。指导我学术思想的基本概念可以说是成形于我在燕京及其后在清华学习的期间。

当我在燕京大学毕业时，社会学系从美国密执安大学得到一个奖学金的名额。当时杨庆堃和我是系里成绩最好的学生，两人都符合被推选的条件，但因为我们是好朋友，不想为此而竞争。我决定去清华而不去美国。我知道如果在清华成绩好，他们会在几年后送我出国的。因此我考进清华研究院，继续在中国学习而庆堃去了美国。

我留在中国有另一个动机。我对实地研究的方法有兴趣。我知道实地研究又称人类学的研究方法。所以我认为我应该研究人类学。杨庆堃对社会学更感兴趣。实际上我们当时并不真正了解人类学。中国提供人类学训练的唯一大学是清华，而在那里唯一的人类学家是史禄国。清华的这个学系的名称是"社会学及人类学系"。我喜欢社会学和人类学融合的思想。我们可以使用人类学的方法去研究中国社会。这是后来被称为"社会学中国学派"的起点。

我进清华之后，跟史禄国学习。你知道，他是研究通古斯人的权威。他的著作现在已越来越受到重视，甚至包括苏联。史禄国是俄国人，十月革命期间他在西伯利亚靠近中国边界上做调查工作。后来到中国在中央研究院当研究员。他是一位很渊博的学者，对"通古斯人的 psycho-mental complex"有兴趣。用平易的话说，那就是通古斯人的精神文明或意识形态，即心理和观念的体系。我必须承认我并没有真正懂得他的理论。

史禄国为我订了个 6 年的训练计划。头两年要我学习体质人类学，第二个两年学习语言学，最后两年才致力于社会文化的研究。因此我从体质人类学开始，又一次回到生物学实验室。这次是学习生物的演化，从生命的开端直到人类。除了学习全部有关的理论，我花了相当多的时间在实验室里解剖各种大小的动物。然后开始研究人的类型，学习怎样测量人体。我当时还没有计算机的便利。我只有一个算盘和一把计算尺用来分析这些材料。

我首先必须研究的问题是中国人在体质上有多少类型。通过统计分析，我规定了中国人的各种体型，然后研究各个体型在地理上的分布，并与历史上的民族流动相联系。我费了两年的时间研究这些问题。

巴博德：那么你的任务是识别和整理体质类型的分布？

费孝通：是的。史禄国自己研究中国的体质类型，识别出四种类型：Alpha，Beta，Gamma 和 Delta。我的工作是在混合数据的基础上重复类型识别的全过程。

巴博德： 你是重复他的工作还是作新的研究？

费孝通： 新的数据，但是同样的问题。我从一个日本人类学者的论文里所提供的朝鲜人的人体测量数据为资料，进行统计和分析，找出人体类型。这样我学会了怎样进行体质人类学的研究。然后我开始收集我自己的研究数据。每周我骑马到兵营去，对士兵进行人体测量。后来我又到监狱里去测量囚犯的人体。我总共测量了约600个人的人体数据。这些数据提供了硕士论文的基础。在这篇论文中我用自己所掌握中国人的数据和朝鲜人的材料作了比较。

使我惊奇的是 Alpha 体质类型的分布相当符合我在学士论文中所指出的亲迎婚俗的分布。它显示汉族从西部进入 Beta 类型地区的路线，反映战国时期以前汉族先民的人口移动。周代山东一带还存在土著民族——Beta 类型。我的假设是 Beta 类型的商人被 Alpha 类型的周人所代替。然后 Beta 类型的人分为两个部分，一部分去到朝鲜和日本。另一部分到了江苏、浙江沿海一带，Alpha 类型的人占据了黄河流域。

巴博德： 所以我们有了特定体质类型的移入人口和特定婚俗特征的重合？

费孝通： 是的。

巴博德： 看来你在那时做着一种文化历史研究。

费孝通： 文化历史补充以体质类型。我重构中国人体质和文化各方面的早期历史。后来考古学的发现可以说大体上支持了我的结论，汉族的先民有一个从西向东的大移动。他们融合了沿海的居民，然后从北向南扩张直到广东。广东原来居住着 Gamma 类型的人，后来也融合在汉族之中。我觉得这种研究非常有趣，但我怀疑你不一定感兴趣。

巴博德： 我对你做的这种研究也感兴趣。

费孝通： 很好。我做了这种研究以后有了改变。我获得了清华给予研究生的奖学金，使我能到国外去留学。这是由庚子赔款资助的奖学金。遵从史禄国的意见，我推迟了一年出国，以便有时间收集实地调查资料。

巴博德： 你从清华毕业是在……

费孝通： 在1935年。我于1933年获得燕京的学士学位，于1935年获得清华的相当于硕士的学位。我可以在那年到国外去，但史禄国建议我先在中国做一年实地调查。那是一个很好的意见。这对我的一生极为重要。

延期出国得到了学校的同意,我准备出发到广西瑶山去做实地研究。那时我有一位女朋友王同惠,我们同意一起去实地考察。当然我们必须结了婚才能去,要不然我不可能带着一位女青年一同到那里去的。因此我们结婚了,几周以后我们踏上了旅途。从婚礼到她逝世一共才 108 天。那就是我们在一起的全部时间。

到瑶山的旅程用了两个月左右。在瑶山里行程艰难。没有道路,只有小径。甚至骑马也难,所以我们用马驮行李而自己步行。每天走一个村庄。我进行人体测量,她调查社会生活。每晚我们讨论她白天收集的资料。你已经知道她和我遭遇了什么,我不必多说了。

我的这只脚至今还有毛病。虽然当时我穿着很厚的皮靴,在那巨石的重压之下腰部神经麻木,左脚骨节错乱。当然,要不是史禄国用那种皮靴装备我,情况会更坏得多。你知道,他对这类事情很有经验。他坚持我应该穿结实的高统皮靴。他要那鞋匠特制了两双,一双为她,一双为我。这双皮靴救了我的脚。即使穿靴,我的脚仍受到重伤。大约半年以后我才能靠手杖走路。就在恢复的期间我写了第一本书《花篮瑶社会组织》(1936 年)。它是根据她的实地笔记和我的记忆写成的。它基本上是瑶族社区的功能分析。

巴博德:似乎在 1935 年你跟史禄国工作的时候就已经对均衡模式感兴趣了。

费孝通:我在去伦敦经济学院之前就是一个功能主义者。这是从我对体质类型研究——从体质人类学自然出现的方向。我随后把它应用于人类文化类型。因此我要说我的主要观点和研究方法在 30 年代早期已经形成。我作为体质人类学者进入瑶山而出来时成了社会人类学者。瑶山之行后,我再未研究体质人类学。

从广西回来以后,我姐姐邀我到江苏农村开弦弓去继续休养。她在那里组织了一个农民的合作工厂引起了我的研究兴趣。因此我开始研究中国农民生活。在开弦弓我收集了资料,那是《江村经济——中国农民的生活》一书的基础。

巴博德:你为什么不发表你收集的瑶族体质方面的资料?

费孝通:因为我随后在昆明丢失了那些资料。我到伦敦去学习,然后在战争期间回到中国，一直带着这些资料，但在 1946 年我被列入国民党的黑名单，受到暗杀的威胁。我的妻子和我不得不带着女儿匆忙离开昆明。我们留下了所有的东西，包括那些瑶族资料，后来都遗失了，再也找不到了。如果有人能再发现，我还愿意把这份资料分析出来加以发表。

巴博德：但是你到你姐姐所在的村子之后，为什么不继续做体质测量？

费孝通：我被一项新的事业吸引住了。我在出发去英国之前在开弦弓休养了一个多月。在那里的时候对我姐姐组织的合作丝厂很感兴趣。我在江村进行了调查。所以，当我最终出发去英国时，实际上带了瑶山的稿子和开弦弓的资料。在我乘轮船去英国的途中，将近一个月，我写出了《江村经济》一书的大纲。

1936 年秋季，我到达英国时，见到雷蒙德·弗思（Raymond Firth）。马林诺斯基（Malinowski）那时正在美国参加某个大学的纪念会。他在那里遇见吴文藻，吴对他讲了我和我的工作，马林诺斯基表示有兴趣培养一个中国人类学者。但当我到达伦敦经济学院之初，并未一开始就见到马林诺斯基。我见到弗思并和他谈了我的两本稿子。我问弗思这两部资料中哪一部应做我论文的基础。他觉得我写一篇关于中国农村生活的论文比较好。我后来写出《江村经济》一书，最初是他作出的决定。

马林诺斯基回到伦敦不到一周，我见到了他。他打电话给弗思说，"费孝通今后归我指导"。你大概知道英国制度是怎样的，博士待位生只跟一位教授作论文。这是一种师徒关系。马林诺斯基是弗思的老师。弗思是马林诺斯基的第一个博士生而我是最后一个，第 12 或 13 个。当我到达伦敦经济学院时，弗思是一位 Reader（高级讲师），相当于副教授。他是我最初的导师，马林诺斯基一句话从他手上把我接了过去。在伦敦经济学院学习之后，我回到中国，那时上海和广东都已被日本人占领。

巴博德：请原谅，费教授，你跟马林诺斯基工作了两年？

费孝通：是，是的。

巴博德：那是什么性质的训练，你跟他做什么？

费孝通：首先我参加他的 Seminar（即讨论班），同时我跟他写论文。我一章一章地准备，写定一章，就把草稿读给他听。我记得他怎样闭着眼睛躺着听我读。我想他一定睡着了。

巴博德：你也做同样的事吧，费教授。

费孝通：是，是。我跟他学的，能够做这种事不容易。一句不漏地听着。还经常打断我并发表评论。马林诺斯基常请几位亲近的学生来朗诵和校正他自己的手稿。你知道，他的眼睛非常坏，光线的刺激对他似乎很难受。所以我们给他朗诵他的稿本，他口授修改。这给我们提供了机会来了解他在发表自己的著作之前怎样一次又一次地修改。例如他的《珊瑚园和它们的巫术》在出版前我们已读过了。事实上马林诺斯基的许多著作都是以这种方式写出来的。

巴博德：你说你参加了讨论班？你能多说一点有关的情况吗？

费孝通：这个讨论班称"今天的人类学"。参加那个讨论班的人意识到我们正站在这门学科发展的前沿。各地人类学者和他的朋友，人类学爱好者，在星期五下午来到伦敦经济学院二层楼他的书房里。这间书房总是充满烟雾，可怕的烟雾，抽烟的人太多。所有他从国外来的朋友、从实地调查回来的学生都在那天，星期五下午，到这个班上来访问他。在许多年中这是例行事情。马林诺斯基的讨论班是有名的传统。他使你接触到人类学的最新发展。他预先约定一人宣读论文。每次聚合的人是不同的。我们学生每周急切地去到那里，接受新知识。当你读到最新出版的重要著作，往往是三四年前写成的。你很少有机会参加创作的过程。马林诺斯基具有经常吸引这些大学者到那小房间去的声望，他们为被接纳为他的讨论班的参加者而感到荣幸。他所有的学生，包括那些已经有博士学位的，都有回来参加这个讨论班并向这位大师汇报的义务。我们这些年轻人起初只是坐在角落里听着，然后逐渐地也参加到讨论中去。

马林诺斯基总是听着。他是奇才。他有值得夸耀的头脑，敏捷的反应，他领会得深刻。他说得很少，但总能说到点子上。他立论明确。通过参加这种讨论会，你学会怎样探讨问题，怎样分析，怎样阐述。

每次讨论班之后我们常去他家里。他是单身，妻子已去世。所以我们去他的厨房里给他做点吃的。这可怜的老人。我和他很亲切，不拘礼节。他有时称自己是我的"叔叔"。他相当幽默。可我失去了所有他为我签名的书！他用汉字在这些书上签名。马、马、马……他学会写这个字！

我下一本有关农民生活的著作，*Earthbound China*（后译《云南三村》）是马林诺斯基预先起的名。那是在我通过考试的最后一天晚上。我的结业考试实际上十分简单。除我之外只有两人出席——马林诺斯基和丹尼森·罗斯爵士，东方学的权威。主考我的论文《中国农民的生活》，在人类学方面有马林诺斯基就够了，他又请了一位东方学权威参加，以使我的工作得到另一方面的评价。罗斯爵士写过多本论东方文化的书，是英国首屈一指的东方学家。

罗斯爵士作了很有兴趣的评论。他说他的夫人看了我的书，说写得极好，"读者在那本书中可以找到他所需要了解的任何关于中国的事情"。马林诺斯基在他为《江村经济》写的序里特意引用这句评语，是要表示我的著作已受到东方学家的肯定。他还为我想了个书名即 *Earthbound China*，后来一转念，说留这个书名给你下一本著作罢。他的意思是要我继续研究中国农村。

在那同一天马林诺斯基打电话给劳特利奇书局（Routledge）的老板说，"这里有一本书稿，你们愿意出版吗？"这位老板接着说，"如果你写序言的话……"这就是他为我的书写序的由来。《江村经济》排印得很快，在我动身回中国之前看了清样。我离开伦敦以后不久，马林诺斯基去了美国，不久战争爆发，伦敦被轰炸。所以我是从马林诺斯基手上得到学位的最后一名学生。

巴博德：你在伦敦经济学院跟别的任何人学习了吗？除弗恩外还有奥德丽·理查兹（Audrey Richards），那里还有哪些人类学者？

费孝通：露西·梅尔（Lucy Mair）。

巴博德：你跟他们任何人工作过吗？

费孝通：不，但我认识她们。她们都是马林诺斯基的学生。我是他的学生中最年轻的一个，但我们都把自己看做同一导师的学生，同门弟子。

巴博德：但是你不跟他们学习？

费孝通：不，不，除了弗恩。我修了他的一门课。

巴博德：因此在伦敦经济学院，真正的、强有力的影响是马林诺斯基。

费孝通：当然。还有托尼（R. H. Tawney）。他是《宗教和资本主义兴起》的作者。我和他相见较早，他代表国际联盟来中国调查时就认识的。1946年我第二次回伦敦的时候又见到他。我那时应英国文化协会的邀请去伦敦，在伦敦经济学院作了一次讲演，托尼主持了这次讲演，表示他对我的交情。

巴博德：你在1938年回到中国云南？

费孝通： 那时候日本人已控制了大部分中国海岸。我回到昆明两周以后，得到少量的研究工作的资助，这使我有可能到禄村去开始收集内地农村的资料。我当时想到一个主意，这个地区可供与中国沿海一带做很好的对照。这是把我在沿海调查到的东西和中国内地农村的资料相比较的一个机会。

巴博德： 你有没有某种特定的比较要做？

费孝通： 我感兴趣的是土地集中和不在地地主，即不住在农村里经营农业的地主，是怎样出现的问题。我同意 R. H. Tawney 的意见：他认为中国的土地制度是特定的农民债务问题的结果，而不是人们企图获得土地供自己利用的结果。

太湖附近的开弦弓一带农村经济原来是一半以农业为基础，一半以手工业为基础，是农业和家庭手工业结合的格局。这个格局，稳定了这个地区的农村经济，后来在西方机器工业的影响下手工业衰落。随着农村纺织工业的衰落，农民收入严重降低。他们不可能只靠耕作土地的收入生活，以致不得不借贷。他们所借的钱来自城镇。那些贷款给他们的城里人最终占有了他们的土地。这些人取得土地不是为自己耕种，而是为了收取地租，自己住在城里或镇上，是不在地的地主。

禄村的不在地地主为数很少。这个内地农村以雇工种地的小土地所有者为特征。这里的工商业并不发展，没有积累资本的来源，也不会发生开弦弓那种农村工业的衰落，因此农民不需要从外面借贷。那就是禄村不在地地主制不发生的原因。

然后我们来到易村，一个富产竹子的地方，竹子提供了两种小手工业的原料：编织竹器，基本上是家庭手工业。此外还有造纸工业，那是需要投入一定资本的。这些小型造纸作坊的业主以造纸赚钱，但不用这些钱在本村买地。村中可买的地极少。另一方面的确有人从附近的少数民族买了地而成为小的不在地地主，卖地者变成所需劳动力的提供者。但这些不在地地主和沿海不在地地主有不同的目标。他们不是追求贷款的利息，而是在取得廉价劳动。因此你可以明白，通过这种社区比较方法，逐个研究不同的农村，我们看到不相同的经济条件发生不同的社区模式，从而识别了解放前各种农村社区的类型。我们相信，如果我们能这样做下去，把中国农村的各种类型都搞清楚了，我们就会了解那一时期中国农村经济的全貌和发展的过程。云南内地农村调查仅仅是我们的开始。

巴博德：你是什么时候初次访问美国的?

费孝通：珍珠港事变之后，美国对日本宣战。那时罗斯福总统提出邀请10位中国的大学教授去美国访问，以促进文化联系。云南大学推荐了我。我于1943年去美国。那时候仍是国民党的统治。他们规定出国的人在取得护照之前必须先经过一段政治训练。我拒绝参加。他们就以中国办法来疏通，只要我象征性地在训练团里住几天就同意发护照出国。

巴博德：要不然是多长时间?

费孝通：一个月。我在那里只呆了几天。然后蒋介石分别和我们见面。最后我们才上路，越过喜马拉雅山脉，经过加尔各答，穿过印度、北非、大西洋到特立尼达，然后到迈阿密。这是一次乘军用飞机的很有趣的长途旅行。全部出国访问费时约一年。我先到纽约，在哥伦比亚大学见到拉尔夫·林顿（Ralph Linton），他那时是该校的人类学系主任。他请他的助理帮我写 *Earth-bound China* 一书的第一部分。我和太平洋关系研究所也有联系。你大概知道后来这伙人受到麦卡锡迫害。我认识这个研究所里的许多人。以后我在芝加哥大学住了一段时间，在那里见到罗伯特·雷德斐尔德（Robert Redfield）。

巴博德：那是你初次遇见雷德斐尔德吗?

费孝通：是的，第一次。他是我的老师罗伯特·派克的女婿。派克那时还活着，但很老了。我没有再去见他。我用着派克的老办公室。有一天有人敲我的门，我开门一看是雷德斐尔德夫人格里塔（Greta）。我们非常高兴。我见到了老师派克的女儿! 格里塔表示愿意帮助我编写那本书的其余部分。我们很愉快地一起工作，我在雷德斐尔德的乡间别墅里住过一周，在那里见到他们的女儿利萨（Lisa）。那时她只是一位青年大学生。在我离开美国返家以前，我邀请雷德斐尔德到中国来。他实际已登船前来中国，但是中途患病返回。他的访问推迟到了1949年，解放的那一年。那年他在燕京大学授课，他再次患重病。他们在中国期间我向雷德斐尔德夫人口述我所写的一些文章，她带回美国，后来编辑成《中国的士绅》一书。

1944年末我从美国回到中国昆明。我们在云南的内地农村调查，起初受到地方政府的保护，可以放手进行工作。后来国民党来了，我们受到干涉。所以我回到昆明后不久就投身于民主运动。

巴博德： 你在昆明成为民主同盟的盟员吗？

费孝通： 是的。

巴博德： 那时候有另一个组织民主社会党吗？

费孝通： 那是一个不同的政党。我以前的老师张东荪，就是在哲学课上给我70分的那位先生，和他的朋友张君劢一道，属于那个组织。二张都在燕京教过哲学。张君劢曾在德国留学，我很佩服他，所以常去拜访他。他是我尊敬的老师。他帮我建立去广西实地调查的关系。后来他成为民主社会党的领袖，但我和他没有政治关系。该党的政策不接受学生为党员。后来那个政党并入了民主政团同盟，但最后又退了出来。

巴博德： 你在昆明已经参加了民主同盟了？

费孝通： 是的。在昆明我第一次参加政党，那主要是受潘光旦先生的影响。

巴博德： 他已经是盟员了？

费孝通： 他是昆明民盟支部的最早组织者之一。

巴博德： 在昆明之前你认识潘光旦吗？

费孝通： 在清华他曾是我的社会学老师。他的妻子和我姐姐是同一个学校的毕业生，因此在我们见面之前已有一定的联系。

巴博德： 那么是潘光旦使你加入民主同盟？那是他的影响？

费孝通： 是，是的。他的影响。

巴博德： 民盟受到地方军阀龙云的保护？

费孝通： 他保护民盟因为他反对蒋介石。他为了维持自己的地方军队，同有影响的知识分子建立良好的关系。他支持我们以加强自己成为反对蒋介石的独立力量。那就是当时的政治形势。后来日本投降了，蒋介石的第五军开了进来。

巴博德： 你在昆明怎样受到国民党迫害的？

费孝通： 因为民主同盟主张抗日，我们接受"抗日统一战线"的概念，我们起初可以和蒋介石合作。日本人投降之后我们反对内战。我们拥护全国的团结和实行民主，反对国民党人和共产党人的内战。在那时共产党人也主张避免内战。我们是所谓"第三方面"。

但是那时美国支持蒋，所以不可能有和平。蒋的军队进攻解放区，内战逼近。学生起来反对内战，我们这些"民主教授"支持他们，蒋介石于是企图以谋杀手段除掉我们中间最敢讲话的人。黑名单上的大部分人属于民主同盟。

李公朴被暗杀后，他们又杀害了闻一多。闻一多被暗杀的那一天，我已被特务跟踪。你可以很容易辨别特务，因为他们戴着特别的帽子和黑眼镜，就像电影里的这种家伙一样。幸而我在前一天见到我的朋友美国领事。现在我记不起他的名字了。他问我们打算怎么办。我告诉他，我们只能等待。

巴博德：美国领事知道不知道要发生事件？

费孝通：他在前一天知道我们的处境。实际上所有人都已知道，特务贴在墙上的大字报上写着我们的名字，他们到我家来吵闹和威胁。他们在我家背后的城墙上挖了一个洞，大到足以使他们能在所选择的任何时候进入我们家。

闻一多被暗杀的那天，我忘记了确切的日期，我听到枪声。我冲出办公室到（云南大学）校长家中暂避。同时记得美国领事曾对我说："如果你需要帮助就通知我。"因此派了我的一个学生去和他联系。他来到校园用他的吉普车把我的妻子、女儿和我带到了美国领事馆。后来知道，我离开校园不久特务就搜查了校长的家。他们带走了我留在那里的一个包。显然他们已经对我采取行动。

我们停留在美国领事馆一段时间，我这时必须离开昆明。

巴博德：你必须离开是因为你有危险，还是因为美国人不能继续提供保护？

费孝通：他们说他们不得不停止保护我们。南京的教育部派潘光旦的一位朋友到昆明来保护我们离开这地方。这件事背后有许多政治活动，我不清楚。

巴博德：但是你首先去……

费孝通：去南京。我在南京的时候见到了费正清的夫人费慰梅（Wilma Fairbank），当时她是美国大使馆的文化专员。那时候南京的美国大使是司徒雷登。当我在燕京大学的时候他任校长，我们彼此熟悉。事实上当我和第一位妻子结婚时，他是婚礼的主婚人。他认识我。他尽了最大努力至少要挽救我的生命，但那时政治形势很复杂，非常复杂，在美国方面有不同的意见。我不可能对那方面说得更详细，我只知道有巨大分歧。不论怎样，司徒建议我需要改变环境。我起程去伦敦。

巴博德：不带你的家属？

费孝通：我把她们留在苏州。她们没有发生什么事，她们没有危险。问题不扩大到家属。

巴博德：这是你一生中一个异常的时期。在许多方面对你个人有威胁。这是否改变你的态度或目标从而在某些方面改变你的看法？

费孝通：密切了我和共产党人的关系，准备了我同他们合作的道路，那是很清楚的。那时候大多数知识分子转向他们。

巴博德：在英国发生了什么？你在那里住了三个月？

费孝通：我在伦敦经济学院作了一次大学讲演，并访问了牛津。我的朋友盖伊·温特（Guy Wint）在牛津大学 All Souls 学院工作，他们招待我住了一周。访问期间我写《重访英伦》作为《大公报》的专栏文章，该报销路甚广。从那时候起我经常在报纸杂志上发表文章。《纽约时报》把我叫做"能干的中国政治分析家"。我为两家杂志《观察》和《中建》和一家报纸《大公报》写定期专栏。

我在伦敦期间遇到了一群著名的进步分子，支持中国左派的人。我已记不起这个团体的名称。它是一个援助中国的协会。我通过这个组织认识林赛勋爵（Lord Lindsey）和《新政治家》周刊的主编马丁（Kinsley Martin）。这位主编来过中国，我见过他。他们都去世了。总之我和那个团体有联系。我回中国之后，他们每周航寄《泰晤士报》、《观察者》周刊等种种期刊给我，使我能经常得到世界舆论最新的信息，提供我写时论的资料。

巴博德：你什么时候回到北京？

费孝通：1947年春。我在英国只住了三个月。1947年2月我回到北平。其后两年间，1948年和1949年，我向期刊杂志等投稿甚多，我的名字在中国知识分子中变得很熟悉。

巴博德：但是你转向同情共产党人实际上还在昆明的时候就开始了？

费孝通：是的，在昆明。虽然那时候我并不真正了解共产主义。我们对共产党人有积极的印象，因为他们爱国又能吃苦。虽然我们知道他们经受过长征，实际上我们对他们知之极少。后来我们逐渐地了解多些，无疑我们逐渐地把他们看做振兴中国的力量，虽然我们对共产主义是什么，实际上并没有清楚的概念。我们只了解马克思主义是那时候流行的许多社会思想学派的一种。

巴博德：1947年你回到北京后在那里做什么？

费孝通：我是清华大学的教授，一名教师。

巴博德：在那种政治局势下一定是教学的混乱时期。

费孝通：我们感到安全。校园受到保护。只有临近解放时国民党才来到校园搜查人们的家。我们发觉有必要把他们要逮捕的学生藏起来加以保护。

巴博德：你自己在那时有危险吗？

费孝通：不那么危险。北平的形势和先前昆明的形势不同。来搜查学生的人还是蒋介石的人，但当时形势很复杂。地方军阀不直接对蒋介石负责，他同情知识分子。最后他和共产党人谈判和平，拯救了这个城市。

巴博德：那时候你大概很少或没有实地调查或研究？

费孝通：对我来说在访问美国以后就停顿了。我不再做实地调查，但我的确写了几本重要的书，如《乡土中国》（1948年）等。我花许多时间在书桌上，我在学校里继续讲课。我编讲稿在杂志上发表。事实上我发表了相当多的东西。我不得不为吃饭连续发表文章。单靠我的工资不能维持我们的生活。大专院校教师的工资极低，只够支付我生活费用的一半。所以我不得不靠我的这支笔生活。不过就在那时我写了一本我喜欢的理论性著作《生育制度》（1947年）。我喜欢那本著作。它是我最好的著作之一。它是偏重理论性的著作，是人类学的而不是政治分析。接着是那本《美国人的性格》（1947年）。这些原是我为了赚些稿费而写的文章，后来编成集子出版。

雷德斐尔德夫人所编的那本英文的《中国的士绅》，实际上直到解放以后才出版。它的出版使我遭受一些政治上的麻烦。有人谴责我继续和美国人有秘密的联系。当时那是严重的事情。我不得不坚持说我不知道此书已经出版。实际上我确实不知道它什么时候出版的。我想大概是出版于1952年。

巴博德：但它之写作是为了出版。

费孝通：当然，写作是为了出版的目的。事实上我签署了一个文件给雷德斐尔德夫人以代表我行动的权利。她有权出版它。但是在当时中美敌对期间我不能承认此事，那在政治上会是危险的。

突然（在1955年）哥伦比亚大学的一位研究中国的学者卡尔·惠特佛吉尔（Karl Wittfogel）在《评比》月刊上攻击我。他在对《中国的士绅》的一篇评论中说费现在政治上受威胁而不能为自己说话。他对中国和对我都说了反面的话。接着伦敦的一位朋友，现仍活着……他的名字是什么？总之，这位朋友写了一篇文章答复惠特佛吉尔。这变成落到我头上的很尴尬的问题。因此我不得不自己写了一个声明。这些都发生在50年代早期，在"百花齐放"之前。

巴博德： 在进入"百花齐放"时期之前，费教授，告诉我当共产党人到达北京时你过得怎样？我了解那时候你有机会离开中国，确有一些人就在共产党人进入北京前离开了。

费孝通： 很少。

巴博德： 有一架飞机……

费孝通： 是的，是有一架飞机带走了一些知名的人。我不会跟他们走的。那时候我是全心全意地在共产党人的一边。

巴博德： 你留在那里觉得轻松吗？

费孝通： 当然。我告诉了雷德斐尔德这一点。雷德斐尔德一家是在共产党人到达不过几天前离开北平的。我相信我和共产党人可以一起工作，我们的确一起努力工作使大学运转，避免紊乱。钱伟长，现民主同盟副主席、另一位学者和我自己，以及一群教授一起工作以保持大学运行。甚至在共产党实际进入北平之前我们就已经和他们的地下组织有密切合作。我们同他们完全没有摩擦。那是蜜月时期。那就是1957年我对反右派运动感到突然的原因，它真使我出乎意料，我对它完全没有准备。

巴博德： 在1949年和1957年之间你曾否……

费孝通： 我专心于少数民族事务。我花了两年时间访问贵州和广西的少数民族，那是在1950年和1951年。

巴博德： 1957年以前没有理由使你觉得有问题？

费孝通： 没有。我参与组织中央民族学院。那时候我们合作得也很好。甚至在1957年，当反右派运动中形势突然改变的时候，我也没有立刻认识到有问题。其实，我至今仍不真正了解幕后发生了什么。然而我的确成为一个批判对象。公开的理由是我早些时候写的一篇关于知识分子的文章，这时突然认为是反党、反社会主义的罪证。在民主同盟内我曾是具体负责知识分子工作的人，我以此身份做了一项知识分子的研究。后来我受到鼓励提出中国知识分子的地位和作用的问题，我做了这件事。

巴博德： 中国的"知识分子问题"是什么？

费孝通： 有许多问题。举一个例说，他们没有受到很好的待遇。他们不被信任，报酬太低，不受尊敬。我相信中国的知识分子所需要的是安静的气氛——一间房、几本书——在这种气氛中才有创造力。焦虑的是运动太多。因此我写了一篇关于中国知识分子的文章，它广为传播，引起极大注意。题目是《知识分子的早春天气》（1957 年）。它近来重印了。这篇文章周恩来总理在旅行中看过。他在一次会上公开表示：这是唯一的一篇有说服力地表达了知识分子内心思想的文章。

巴博德： 在这篇文章之前你见过周恩来吗？

费孝通： 是的。在我写《早春》之前我被委任为专门负责知识分子工作的一个局的副局长。这个部门直接向国务院负责。

巴博德： 你也见过毛？在石家庄？

费孝通： 是的。我们的第一次见面是在石家庄。

巴博德： 当你说受到鼓励，是否指毛？

费孝通： 不是毛。周恩来以及政府有关方面的负责人，他们引用我的著作，当作是好的作品。他们说我恰当地提出了有必要提出的一个问题，我正确地描述了情况。

巴博德： 所以你从各方面受到鼓励？

费孝通： 是，是的！大约在那时候我回到我的村庄开弦弓。我回到那里去是澳大利亚人类学家威·R·格迪斯（Geddes）访问中国的结果。

巴博德： 格迪斯在 1956 年访问中国？

费孝通： 是的。周恩来接见他的代表团，我参加了这次接见。在招待会上格迪斯提到他是我的老朋友，并表示希望访问开弦弓。周恩来立即答应这一访问。他说，"好，你可以去那里！"

巴博德：那时候你真的已经认识格迪斯吗？

费孝通：当然！我们同时在伦敦。他也曾是伦敦经济学院的学生，虽然他不是我的同班同学。我想是在 1946 年初次见他，在我第二次访问伦敦期间。当我第一次去伦敦时他太年轻。在我第一次访问期间见到利奇（Leach），他的年级比我低。他们都是年轻学生。我是高年级生。格迪斯更年轻得多。

巴博德：那么周恩来说好。

费孝通：好！访问得到正式批准。所以如你所知，格迪斯去了开弦弓，随后写了他的书《共产党领导下的中国农民生活》。相当好的书，好的工作。于是我想我也应该去那里。做再次研究，似乎是个好主意。我安排重访江村。计划立即得到批准。那时候中国科学院有一个经济研究所，所长给我配备了一组年轻助手。那些青年人中的一位现任中国社会科学院经济研究所的所长。相当好的人，很聪明。所以我们在一起工作得很好。接着，我突然被召回北京。

巴博德：那是什么时候？

费孝通：1957 年。气氛突然改变。我不知道这一变化背后是什么，但是我发觉自己落入陷阱。甚至现在我们也不真正了解那个突然变化的背后是什么，虽然这个运动在一般人已经认为是一个错误，一个过失。但是从那时起我进入了一生中完全不同的一个时期。我不能说它是可怕的——没有人打我，也不要求我忍受体罚。他们只是批判我。我说，行，我愿意接受批判。严肃地说，我想要明白我错在哪里。我被解除一切原任行政职务，只保留教授职位。实际上我喜欢这个角色，在中央民族学院当一名教授简单得多。可是，我当然不能做实地调查了。然后，下一年，他们"摘掉我的帽子"，或者说去掉我这个标签。

巴博德：那是在 1959 年？

费孝通：1959 年。那时我成为中国人民政治协商会议的委员。我被给予政治地位。贬黜算是结束。现在我可以去各地访问，但仅作为有组织的团体的一员而不是个别地旅行，那不坏。许多同样被谴责为右派分子的较年轻的人却被发送到艰苦的地方，过着艰苦的生活，而我没有。不过这时我没有声音了，没有人会出版我的任何东西。所以我变得默默无闻了。

巴博德：费教授，这是在告诉你右派帽子已经摘掉以后？

费孝通： 1959 年他们摘掉了我这顶右派帽子。

巴博德： 仍然没有人出版你的著作？

费孝通： 没有人会出版我写的任何东西。理论上我是恢复了名誉，但实际上没有改变。这时我被称为"摘帽右派"。所以事实上我仍是一个右派分子。那是阶级斗争。"摘帽右派"成为像我这样的人的特殊称号。我们还是被当作右派分子对待，被剥夺许多权利，被当作一类特殊的人对待。这是阶级斗争。

那时我的思想实际上停滞了。我不能写作，这使我智力停滞。我开始怀疑自己。我到底是不是错了？我是在保护资产阶级吗？我错在哪里？我不很明白。但我也不认为他们是错了。麻烦就在于此。他们不应该这样对待我，我有这种感觉，但是我错在哪里？

巴博德： 我的了解是对你的谴责是有材料的。如你先前提到的，你为《中国的士绅》受到批判。

费孝通： 所有的人都可以在我写过的一切东西中找出一些内容来批判。我的大多数朋友和同事都起来批判和谴责我。他们都出来抨击我。他们不得不这样做。我发现自己被孤立了。我失去了社会地位、失去了工作的意义。我属于一个完全不同种类的人，不是一个团体里的正常成员。

巴博德： 你说他们不得不抨击你。为什么他们必须抨击你？

费孝通： 为保护他们自己。

巴博德： 并不是所有人都抨击你，是吗？

费孝通： 几乎所有人。假如他们不参加抨击，那么他们自己会被谴责为右派分子。所有人都说费是一个右派分子。甚至我也这么说！

巴博德： 这些抨击中有些是人身的攻击。

费孝通： 人身攻击！极坏，极坏！另外，有些人认为抨击我可能改进他们自己的地位。

巴博德： 但那时候他们和你的关系怎样？那些抨击你的人怎么能面对你？

费孝通： 实际上我们很少联系。我被孤立。没人想要访问我，除了我的妻子。我的女儿在学校。

巴博德： 你的妻子和女儿也为此受到影响吗？

费孝通： 是的，当然。由于我，女儿进入大学有困难。有些右派的孩子不能进大学。我的女儿入学考试得高分，因而他们接收了她，但没有进主要的大学。1958 年她被分派到一所学院去学农业机械。是的，整个家庭由于我的处境受到影响。我哥哥被划为右派分子，因为他同情我。这就像某种传染病。我们都成为不可接触的人。我不想给别人造成麻烦，所以我独自留在自己家里。

巴博德：你也为你先前的少数民族研究受到批判？

费孝通：为一切东西！

巴博德：50 年代早期你和林耀华等人曾在少数民族中间工作。你去过山区。

费孝通：是，是的。那项工作也被批判，我说过的一切都是错误的，都是资产阶级的。

巴博德：你自己也觉得有问题？

费孝通：当然！所有人都说你错了，错了，错了。你怎么能站得住？一定是有某些错误！那是我第一次经历这样的事情。我没有这种经验。群众攻击！所有的脸都突然转过去，在一周之中！

巴博德：你不得不参加许多会议吗？

费孝通：噢，当然！但是它们不太坏，那时候不必站起来或者弯腰。当人们逐一对我作批判发言时，只要我坐着听。每个人都不得不声明他站在哪一边。

巴博德：你是否也必须发言？

费孝通：是的，我不得不在人民代表大会上作检讨。它甚至被译成英文向国外发表。在检讨中我承认错误。

巴博德：当你检讨的时候你是否真正地认识了错误，或是你只不过了减除压力？

费孝通：一个动机肯定是减除压力。但是同时我的确认为我一定有某些错误。我的检讨并不是完全违心的。那是很别致的，对你来说这很难理解。我当时想，假如我是对的，那怎么能一切人都说我错了！就某些人来说，我知道他们的目的。我知道他们的批判没有基础，只不过是个人攻击，这些人长期同我竞争，觉得被我压抑。他们要打击我从而抬高自己。在这种情况下他们可以消除他们感到的压力。所以他们谴责我。他们的内心感情表达了出来，全部的妒忌。那些我可以理解，那是人之常情。但在那种情况下，我是赤裸裸的、敞开受攻击。我们都变成赤裸裸的。以前人与人之间总有一层面纱。

但这是在没有体罚的情况下进行的，虽则我降到了最低一级的教授，我继续领足以维持我一家生活的工资。这种处境也提供某种闲暇，在头脑安静的时候我有时间读书。如果我能全神贯注地读些书这并不太坏，但那对我不容易做到。这样的处境有好几年，然后似乎是过去了。我继续到各处去旅行，总是某个小组的一员，从不独自行动。同我一起到各处去的人也有右派，如潘光旦先生。那种生活还不错。我们还有某种社会生活。在我们的小圈子里，潘光旦、吴文藻等人，几乎就是那几个划了右派的社会学者。那些避免了右派帽子的极少数人地位并不稳定，心情也很紧张。

巴博德： 有些事把我弄糊涂了，费教授，你说你觉得某些事不对头的最初迹象是在"百花齐放"时期之末，反右派运动开始的时候。但甚至在那以前，50 年代早期，你曾和林耀华等人研究少数民族。我们在美国有机会读到那项工作的一些成果，我必须说它反映了一个很不同的费孝通，他热心地应用摩尔根的阶段论于中国的少数民族。

费孝通： 是的，我不再是同一个费孝通。

巴博德： 这不是同以前一样的一个人，这使我惊奇是否你已经知道……

费孝通： 不，不是我们已经知道会发生反右斗争。这反映我们当时都承认我们是旧中国的产物。我们自己的认识必须改造。

巴博德： 但是出版的那种材料并不好。

费孝通： 当然不好！结果是很混乱的，因为这些是混乱的头脑的产物。

巴博德： 你的意思是说这不是简单地为逃避外部强制，你真的混乱了？

费孝通： 不是逃避。我真是混乱了！我可以保持沉默。当然可以。但是我真的相信要改造。你应该看一下我写的一本书，名为《我这一年》（1950 年）。我想你会觉得它很有趣。它包括解放后第一年，1950 年期间我所发表的文章。

巴博德： 那是对你自己反省的一年？

费孝通： 确实如此，我的思想很混乱。我在这些共产党人身上看到的力量简直压倒了我。

巴博德： 你同激起过这种反应的其他人讨论过吗？你怎样进入这种自我怀

疑和混乱的状态?

费孝通：它基本上是从我自己内心出现的，从我自己的反省。某些新的东西强行进入我的头脑，相当出乎意料。我不得不重新考虑一切，我觉得我原来的思想方法不再是正确的了。在我看来这是个新的世界，这个新的政府会更好地为中国服务。事实上我至今仍那样看，共产党为中国人民做了好事。国民党，那个腐败的政府被赶走了。中国已进入了历史的新时期。那是历史上真正发生的事。我仍然相当坚定地持有这种信念。但我当时被扰乱，因为我感觉这个新社会里没有我的位置。它不会接纳过去的我。因此我认为我自己有某些错误。

巴博德：有没有别人，学界的其他人，有同样的反应?

费孝通：我想有许多。现在这些老知识分子正在写回忆录，描写那时候类似的感觉。

巴博德：关于这点你们中间有没有讨论?

费孝通：当然我们讨论这事情，但不一定是直接地。我们的讨论集中于我们怎么能尽力适应新的思想和行为方式，使之内在化。我们的问题是怎样抛弃旧方式，接受新方式，怎样根本上改变自己。

巴博德：所以当50年代早期你和林耀华等人去研究少数民族时，你同时在试验这件事。

费孝通：是的，我尝试去架那座桥。我乐意并热切地去做那项研究工作。事实上我指导并组织了全部工作。

巴博德：那项工作的结果是否令你不快?

费孝通：不，不在那时候。你应该理解这是我们第一次和少数民族有真正的联系。

巴博德：可是照你自己说，那项工作的结果是混杂和混乱的。

费孝通：我们只是应用马克思主义的原则。

巴博德：但问题就在于此。你们所做的一切就是把人们分类成是不是封建的、奴隶占有的，或诸如此类。那不是费孝通。

费孝通：当然不是以前的费孝通了。

巴博德：你对这种结果你能舒畅吗?

费孝通：是的。因为当时看起来是正确的方式。那是可接受的方式。

巴博德：你的意思是说你真正相信研究应该那样做吗?

费孝通：是的,我相信我们的研究会有益于少数民族。我们的目标不仅是学术的。我们的任务基本上是决定我们怎么能最好地帮助少数民族。

巴博德：但你是功能主义者。你从未讲过奴隶制阶段、封建主义阶段,或刘易斯·亨利·摩尔根(Lowis Henry Morgan)。

费孝通：对,对了,甚至那时我也未真正全部接受那些。关于那些问题我保持沉默。

巴博德：但那种理论看来是那时候发表的论少数民族的全部文献的特征。

费孝通：到处都是,除了在我的著作中。我不把它们放进阶段,虽然彝族确是奴隶占有社会。事实上发展阶段的规定仍然是个值得研究的问题。我们能否把人们这样分类,有没有顺序的阶段? 这些还是应当讨论的。

巴博德：可是这不是你早先在禄村做过的那种实地调查。

费孝通：在这段时期我并没有发表任何学术论文。

巴博德：这些多是新闻报道?

费孝通：是的,更像报道和观察报告。不过我们有些观察报告是有价值的。例如我在贵州的调查报告,最近重印,还有我在内蒙古的观察报告。这些是观察报告而不是实际调查,更没有进行系统的研究。

巴博德：你说这些观察报告和报道为少数民族服务,即使它们很表面和不系统?

费孝通：是的。要记住,那是我们解放后第一次真正全面考察这些民族。

巴博德：但你认为你和你的同事那时所做的工作怎样,对少数民族有益?

费孝通：少数民族期望参加政府的感情相当强烈。然而有哪些民族? 一个民族与另一个民族有些什么区别? 谁是这个或那个民族? 我全心全意地、乐意地专心用实际材料回答这些问题。对这些具体问题,我们的工作有良好的贡献。我不是违反自愿地去做这项工作。我这样做是因为我真正相信它会有益于少数民族,我至今仍然相信我们那时候的工作解决了一些问题。他们处于什么阶段? 好,甚至那个问题也具有实用的目的。决定每个民族的发展水平事实上是重要的。我们必须对他们的发展水平得到某种概念,阶段理论提供了有效的尺度。因此，我们把民族分类从而可以按照他们的实际情况对他们实施不同的政策。

巴博德：你觉得那样做是好主意吗？

费孝通：是个好主意。那时候我们只有那样做才能对少数民族有所了解。少数民族研究是一项很困难、很复杂的工作。困难的原因同"民族"的意义有关系。我们中国人所谓的"民族"的真正性质是什么？它不同于西方"Nation"这个概念。Nation 是从西方历史特别是欧洲历史发展中形成的概念。不是美国历史，而是欧洲历史。美国是不同的。美国把不同的民族集团混合在一个熔炉中，但并没有真正融化成一体。他们生活在同一个社会里。欧洲的情况不同。各个民族想的是成立民族国家。而我们的情形又不同。我们的少数民族的定义和地位构成一个尚未解决的问题。我仍然没有真正了解其答案。但我们必须从某处开始，所以我们用了西方的概念，并尝试按发展阶段来安排这些人。

巴博德：必须用摩尔根的阶段吗？

费孝通：不一定。由于马克思主义，那些阶段最容易被接受，但无论如何我们必须按不同阶段去思考。我还不明确知道这些阶段应该怎样精确地规定。

巴博德：那时候你对马克思主义了解些什么？你读过马克思或恩格斯的任何著作吗？

费孝通：当我在英国做一个学生时，已经读过一些。我读过《资本论》。

巴博德：那么你在伦敦经济学院时就知道马克思的一些东西？

费孝通：是的，我读过《资本论》，但我不想说我真正懂得很清楚。

巴博德：50 年代早期怎么样，当你混乱的时候？

费孝通：那时我读过恩格斯的著作。他提出了家庭起源的问题。但是我在《生育制度》（1947 年）一书中相当早地表达过对固定阶段的看法不满意。我对此事的见解在解放前曾明确地陈述过。显然各民族存在不同的发展水平，但是我们能不能肯定地说存在一条单一的发展路线？那是必须研究的一个不同的问题。我不清楚这个答案，虽然我倾向于怀疑有这样一条单一的路线。但这还是一个相当困难未明确答复的问题。

巴博德：让我们回到传记的思路。从 1957 年反右派运动你发觉自己被孤立，不能全神贯注地读书，也不能写作。

费孝通：还不能发表我的文章。要不然我倒是能做些我喜欢做的事情而不受干扰。

巴博德：那么你做了什么呢？

费孝通：我翻译了几本书，主要是历史的。那些稿子，后来在"文化大革命"期间被抄走了。我只能够挽救一本译稿，塞利格曼（Seligman）写的《非洲的种族》。

巴博德：是某些人选书给你译还是你自己选书？

费孝通：我从书局建议的西方名著的长长的书单中挑选。我作了相当多的翻译，特别是"文化大革命"期间。这对我有益，回顾历史有好处。

巴博德：但你不教书吗？潘光旦也不？你们谁也不教书？

费孝通：不，不，不。潘光旦读完了全部二十四史，摘录他所能发现的任何关于少数民族的内容。他把资料抄在卡片上，这些资料仍然保存着。

巴博德：那么你们呆在家里每天做这些？

费孝通：我们也出去，团体行动。全国政协组织到各省去旅行。

巴博德：那是在 1957 年？

费孝通：从 1959 年到 1962 年。1962 年我们整个夏天在内蒙古。我实在不能说我们受到苛待。虽则我们同一般社会隔绝，我们有自己的社会。

巴博德：你们在各个地方做些什么？

费孝通：我们可以参观访问农村、工厂，用以改造思想、教育自己。

巴博德：政府支付所有这些旅行的费用？

费孝通：是的，由政府支付，供给很好。但对年轻的右派不是这样，他们过得很困难。我不能说在 1957 年以后我过着艰苦的生活。但在"文化大革命"期间就不同了。

巴博德：大跃进时期怎么样？那对你的生活有大影响吗？

费孝通：没有多大变动，我已经孤立了。可是，像其他政协委员一样，我们有特殊的供应卡片，它使我们能买到东西，比普通人有较好的供应。

巴博德：那么虽然你个人处境没有真正改善，也没变坏。情况就那样稳定了？

费孝通：我依然在正常社会之外，但不是严格地按敌人对待。然而，我损失了 20 年。我像是做梦！好似某种噩梦。

巴博德：你可以读书吗？

费孝通：当然。我可以看书！但是没有新出版的人类学和社会学的书。我读历史书和翻译老书。我的智能不可能有大的进步。相反，我内心十分混乱。我缺乏自信。那是我思想的真实状态。最后我只有放弃希望，没有奋斗的目标。我不相信自己。我不相信自己还能做什么事。

巴博德：你不相信你过去做过的事的价值？

费孝通：我怀疑它。

巴博德：你怀疑它？

费孝通：是的，是的。我不能忍受回顾，也没有未来。没有未来，又不想回顾，而还活着，那是太坏了。然后来了"文化大革命"。那是严重的。那是真的灾难，身体上的。人身受折磨。

巴博德：你也受？

费孝通：当然！可是，不像其他人那么残酷。这一切像是命运注定的，因为我既不明白为什么会发生这样的事情，也不知道会怎样发展下去。那是在 1966 年 9 月 1 日。那天一切改变了。我们突然被当作"人民的敌人"，叫"牛鬼蛇神"。

巴博德：谁告诉你要这样做？有人来告诉你这事吗？

费孝通：他们张贴大字布告，我们在一夜之间变成了犯罪分子。所以我对我妻子说："行，你最好走，我还能照顾自己。"

巴博德：你把妻子和女儿送回去……

费孝通：我女儿不在这里，她在东北吉林。所以第二天我送妻子回苏州。碰运气我们买了一张火车票。这纯粹是巧遇。有人要退票，问我们要不要票！我们就买了那张票，我安排妻子上了火车。原来，只有那天，才可能让犯罪分子、"敌人"的家属离开北京。第二天就不可能了。我妻子去到我父亲家中。"犯罪分子的媳妇"回来了！我父亲的处境受到影响，厄运是传染的。我们原有的社会关系这时变成传染的渠道。我不愿给别人特别是自己人造成麻烦。但幸而我的妻子离开了我，所以她活了下来。

巴博德： 那是 9 月 2 日。

费孝通： 9 月 2 日我剩下独自一人。然后袭击来了。他们来拿走我家里的全部东西，这叫抄家。我是幸运的，他们留一间屋子给我，潘光旦完全没有留下东西。卧房也封了，封条是撕不得的，撕了后果会十分严重。他不得不睡在洋灰地上。我的门没有全被红卫兵加封。所以我能取出我的床垫铺在地上给潘光旦睡。那时只有我俩人和一位老保姆和潘光旦的外孙女，一共四人，住两间小屋，包括厨房。其他房间全被关闭。他们关掉了我所有的房间，除了厨房和厨房前的小屋。还留下一张床和一张书桌。其后的一年我们反复被拉出去斗争。后来潘光旦去世了。他们让他用手拔草。他只有一条腿，而他们又不让他坐在小凳上劳动，他患前列腺炎，因为在潮地上坐久了，发展成尿毒症。他们不给他治疗，他死时我在他的身旁。

巴博德： 这个时期你是否受到体罚？

费孝通： 我们必须参加体力劳动。我主要是打扫卫生，但也有别种劳动，我负责打扫厕所。当时我对校园中的全部厕所都相当熟悉。那算是轻劳动。还要用手拔草，劳动是强迫的，劳动不积极会受到很严的惩罚。

有时我们被带出去游斗和展览，头上戴一顶高帽子，身上挂块牌，写明我是"牛鬼蛇神"。小孩们都嘲弄我们。我们被带到人群之前，他们呼口号，我自己也得喊，"打倒费孝通！打倒费孝通！"有时我们要给来京串联的红卫兵观看。我们不得不站在那里背诵我们的罪行。就我来说我不得不反复地承认我是一个反党、反社会主义的右派分子。

巴博德： 他们那样做多长时间，多少次数？

费孝通： 那样持续了大约一年！最后他们把我们"黑帮分子"搬住在一起。那时候我们的处境稍微有点改善，因为他们逐渐控制了局势。军队进来管理这件事情。在那以前我们完全没有保障。任何人可以在任何时候进来做任何事情。

我自己没受到身体上的虐待，没有人对我有那样大的个人仇恨。没有人想要杀我。有些人被斗死或者被迫自杀，但他们没有对我那样做。这是可怕的！对巴金就斗得很凶，老舍自杀了。许多人自杀。这样我活了下来。

巴博德： 你是否相信这个时期会结束？

费孝通：我们想会的，潘光旦和我谈过这点。比较起其他人来我们已经享受了特殊待遇，由于我们可以住在一起和谈话，没有任何人来打扰。因为在他们看来，我们已没有多大作用值得他们注意。他们叫我们是"死老虎"，因为他们认为我们不可能对他们做任何反抗了。

我们谈到正在发生的事情。那时候我们仍不相信这一切来自毛泽东。那时候我们仍信任他。真的！不知怎么地这一切看起来不像是他的主意。大概司令部出了毛病！因为我们有这信念，所以觉得这不会持续太长时间，以后我们逐渐看到事情还在继续发展。许多人没有看到结尾就死去了。

巴博德：这持续了……

费孝通：10 年，初期处境最恶劣。后来整个学院被送往五七干校劳动。在那里我成为一个相当好的劳动者！我学会了怎样盖房、种棉花、烧饭。但是我没有目的地生活着。在劳动中可以不展望，不回顾，可以随时强自取乐。当你累的时候休息一会儿，抽一支香烟，那时会觉得很舒服。但是没有希望。我们和外界隔绝，一点也不知道会发生什么事。

巴博德：所以那时候你不再那么肯定它会结束？

费孝通：我们知道会有变化，但不知道会怎样变化，不知道我们会变成什么样。我们知道形势必须改变，不可能像那样继续下去。整个国家不能那样持续下去。那就是我们所能想的。我们没有外面的消息，我们被隔绝，我们和外界没有交往，我们无能为力。

在五七干校里我们的生活条件实际上改善了，但我们的智力衰退了。在那里智力有什么用处？一天接一天就那样过去。突然林彪死了。我们回到北京。那时我哥哥还活着。我们民主同盟的人很多都划成过右派，变得很亲近，常常互相往来。在北京我们的私人生活是自由的。那是 1972 年。就在那时候我见到费正清（J. K. Fairbank）和其他外国人。

巴博德：你最初去干校是什么时候？

费孝通：林彪的 1 号命令是……甚至这点我也记得不太清楚。我知道我在干校过 60 岁生日。因此 1970 年 12 月我一定是在干校。1972 年回到北京。1976 年整个形势改变。我在干校一共呆了两年半。

巴博德：当你回到北京时做些什么？

费孝通：我接待外国客人！搞翻译。我和吴文藻、他的妻子等人组织成一个翻译组，用了一年多时间把两部世界史翻译成中文。我们做这件事是为了使自己忙碌、用脑筋，继续写些东西。

巴博德：那时候许多外国人来看你吗？

费孝通：不少。

巴博德：当他们访问你时有没有别人在场？

费孝通：当然！不允许我和费慰梅说英语！在场的领导人听不懂英语。他们知道我和她的关系，因此觉得不应让我们讲英语。费慰梅显然惊讶了。

巴博德：她是否了解……

费孝通：仍然存在某些问题？当然！但是我的处境实际上比以前好得多了，我显然还相当健康。

巴博德：你是否认为所有这些外国访问者了解你的处境，或者你是否认为他们有些人了解？

费孝通：所有的人都了解部分的处境，但他们没有可能全部地理解这种处境。这是不合于外国头脑的情况，他们不可能理解，而我们不知怎样去表达它。甚至现在也很难表达、解释那一时期的心情和实际生活。那是很不容易，非常特殊。那是最不寻常的生活。

巴博德：费教授，那时你对自己仍然感到思想混乱吗？当所有这些人来看你和你还在翻译历史的时候，对你曾经做过的事的价值和对你自己仍然感觉到混乱吗？

费孝通：我想是这样。我不自信，我仍然混乱，我茫然。理解这一切有什么用呢？我在思想中尽力避免回想这些，我试图在头脑中毁灭这些印象。

巴博德：那时候你和一些人说了些话否定你过去做过的事情。

费孝通：嗯，我不得不那样做。

巴博德：你是因为不得不做而做的呢，还是因为你混乱了？

费孝通：我真的混乱了。那是复杂的动机，而不是不诚实。那时我仍然不知道答案。我一定有某些错误，但确切地说是哪些，我不明白。这是阶级问题，我认为新社会里不会有我的地位。

巴博德：嗯。吉恩·库珀（Gene Cooper）的访问怎么样，你记得吗？

费孝通：我记得。那大体上代表我那时的看法。甚至现在我也不能真正地说我对他说的一切完全错了。对甚至"文化大革命"本身是不是完全错了，是不是还有些更深的东西……我不知道。中国在激变中……新中国从旧中国里脱胎出来。在这巨大转变的过程中情形变得这样复杂。真的，我仍不认为毛泽东发动"文化大革命"没有某种确定的、真正的远见。他企图做某种很深的事情，但是失去了控制。他想要解决的问题并未解决，反而引起国家的重大损失。

巴博德：从1957年反右派运动的时候经过"文化大革命"，你经历了严重的个人孤立。这对你显然是主要的损失。这种孤立是在什么时候、什么地方、怎样结束的？

费孝通：它是逐渐结束的。起初，送走了我的妻子以后，我自己住在校园中，和潘先生在一起。潘光旦死后（1967年），有某种变化。他们把我们放进简陋的营房，被称为"牛棚"。这是他们聚集那些"牛鬼蛇神"的地方。我们在那里过集体生活，睡在一间屋里，一个挨一个。每天早上我们有体操。然后有集体学习和群众批判。还要劳动。

巴博德：谁参加这些批判？

费孝通：任何人都可以参加，甚至农村居民。事实上这些都是安排好的。例如，他们可以从牛棚里挑出一"黑帮"带到群众集会上去批判。我们中的另一些人会被一起带去陪伴当天的重要批判目标。这些受害者不得不站在那里，弯着腰站好几个小时。有时候我是这种批判的焦点，但另外的时候我可能是陪斗。每一次斗争持续一个上午或一个下午。比如说，我是那个被斗的目标，人们一个接一个上前发言批判，揭露我的罪行。陪斗者只要站在那里，弯着腰，不说话。批判发言之后所有人要喊"打倒费孝通"。我们不得不深弯腰站立几小时。那是很难受的，可怕的。保持那种姿势这样长的时间是一种折磨。就我来说，每周要被斗一两次，持续了有一年。

巴博德：总是同样的听众？

费孝通：噢，不，他们是改变的。有时候我们走出去，甚至到农村去。他们安排一个日程以使群众经常在激动中。这种斗争是富于戏剧性的。如果一个人唯命是听就不致发生严重的事情。如果一个人变得筋疲力竭而移动，那么就会有人踢你。除开这些群众批判会，我们这些犯罪分子被带出去劳动。我的工作是拔草或打扫厕所。我每天早晨做这些事。如果有任何需要劳动力的事，他们可以从牛棚抽调工人。

如我所说，那种情况持续约一年。然后情况又变了。军队开进来接任工作。第一个时期是红卫兵时期。他们互相打仗，不得不派工人进来维持秩序，叫"工宣队"。后来由军队接管，就在那个时候，我们离开北京搬到汉口地区。我们学院的教职工都被送到同一所五七干校，在那里我们按军队体制编组。我们在一个先前的劳动教养农场住了下来。

逐渐地我们的处境改善了。虽然我们这些"牛鬼蛇神"和普通人地位不同。我们可以混合在同一干校里。我们吃他们所吃的，没有受到太严重的歧视。干校须建造自己的许多房屋，所以建筑是我们早期的主要活动。我甚至学会了怎样砌砖墙，我们在新鲜空气中劳动，那是有益的。然后我在棉田里劳动了有一年多。最后到食堂里做伙夫。在我们回到北京之前不久，我被提升去用机器轧面条。那被认为表示对我的信任。通常"右派"不允许去做煮饭一类的工作的，怕我们放毒害人，所以，允许我去轧面条可被视为对我的地位有所改善的迹象，表示我在某种程度上已改造了自己。我不再是太危险的人物。我在干校两年半左右，然后被召回北京。我完全恢复名誉是在 1980 年。

巴博德：你知道它的来临吗？

费孝通：当然！我知道它会来临，但具体到我来说，它费了很长时间，因为在毛泽东的著作中我的姓名几次被特别提到。这使我的案子更为敏感。使事情进一步复杂的是，关于怎样解释 1957 年反右派运动的意义，它是错了还是对了？当然那次运动是我的困难的来源。在这个问题上最终出现的主张是反右派运动是必要的和正确的。可是错误在于过多的人被牵入、被错误地谴责，这叫扩大化。但是谁是真的"右派分子"呢？一个接一个错划的人被改正了，而到目前只有很少，很个别的原来受谴责的人，仍然戴着右派的帽子。

巴博德：从 1957 年到 1976 年的时期对你是特别痛苦的。有没有任何东西弥补它？在智力方面是否发生过你认为有些价值的事情？

费孝通：智力上完全停滞。那时候这段历史的意义在我头脑中仍是一个问题，但那是一个当时不可能回答的问题。逐渐地这个问号才收缩，现实变得更清楚些。我对这个问题的看法现在才比较清楚些。我相信这个运动完全是一个悲剧。唯一可能的正面结果是大多数中国人从此有决心防止那种事件和时代的重演。

巴博德：那是对国家。但对你个人呢？

费孝通：对我没有多少正面的东西，主要是损害。我失去了一生中最可宝贵的20年，47岁到67岁。然而，这段经历的确使我逐渐更好地了解人，逐渐了解真正的人。当我和你谈话的时候我不能了解你真正在想什么，因为人们之间有个社会帷幕。你是我的朋友，但是我不能看出你心里对我怎样看法。在那个时期我在社会上是个打入另册的人，人们不必再对我装腔作势，他们不必对我弄虚作假，他们不必把我放在眼里，所以我可以容易看到他们的真相。我不怪他们斗我，他们不得不做他们所做的事。我们都是戏剧中的演员，我们都在扮演角色。有些人比其他人是更好的演员，但是我们都扮演角色。有时我也扮演批判别人的坏角色，谴责和写大字报反对别人！我们不得不演这样的角色，但是这些角色不一定和真正的人相一致。真人可以和角色不同。有时候你可以看出其间的区别。有的人虽则在会上斗我，但是我明白他们继续对我同情和理解。有的人就不然，幸灾乐祸，甚至还要投井下石。他们对我表现了真正的面目。我变成了个旁观者，那是很有意思的，因为在观察别人的过程中也有机会观察自己。你理解吗？我想经过那些年我的确懂得做人应当超脱些，境界要高一些。

巴博德：你能否在这种体会上再发挥一下？

费孝通：现在我想要用那种态度写下一些有价值的东西给未来几代人去阅读和了解。那就是我今后想做的工作。人不过是宇宙发展过程中的一个小小的环节。个人总是要死的。但是用它来实现发展过程的那股宇宙间的活力是不会死的。我们个人可以消失，但是我们的社会影响继续存在。我要求我留给后世一些积极的影响。我们必须意识到我们是一个社会实体。人类通过这个社会实体变得自觉，我们要了解自己。人类只是宇宙、自然的一部分。所以可以说自然通过人类变得有意识。那是宇宙的全部运动，就是我所说的宇宙的活力。从未知到自觉是宇宙发展的一个阶段。在那个意义上，我们正在做的事是有重大价值的。它不只是对人类。虽然我们不可能知道下一阶段将是什么样，我们的确知道宇宙通过人使自己有意识，变得自觉。这意味着什么，我们还说不清楚，真是天晓得。也许这就是宗教的开端。

巴博德：1976 年以后是不是形势有了改变了？

费孝通：那时候我们进入了一个新的情况。我们对发生在幕后的事了解得多了些。我们知道了幕后存在着卑鄙丑恶的活动。这时不能再有幻想……这一发现对人们很重要。人们一直在崇拜这一个偶像，它消失了，这一发现激起了各种各样的反应。有些人简直失去了对现实的掌握。他们不知道还能依靠什么。至今仍然有许多青年人不知道什么是对的和什么是错的。逐渐地我自己有了这种看法，所发生的一切，是中国的种种历史条件综合形成的必然会发生的过程，不能归罪于任何一个人。我不知道这种看法是对还是错。

巴博德：必然会发生的过程？

费孝通：在这个巨大的变迁中这是难免的。对一个具有几千年历史的农业的中国来说，要想全部以现代技术装备起来，能够作为现代世界的一个先进的成员站起来，是要一个艰苦的历程。

巴博德：你是不是说没有这种痛苦它不可能成功？

费孝通：也许可以少痛苦一些，但是它不可能轻易地完成。这是农民革命！毛泽东代表了我们长期以来依靠的农民。但是现在农民正在改造自己。我仍然持有这种看法：我们一直是一个农民的国家，我们的农民遵循那条传统路线有几千年。他们找到一切办法来适应他们生活的环境，在很长的时间里积累和继承下来，最后突然发现这个系统不适应于现代的世界。它必须改变，但是不知道怎样改变。这条新的路子必定使农民不再是农民，这意味着我们必须发展不同形式的产业。我仍然接受马克思主义的这个观点，那就是生产力决定社会的一切。物质生产是人们的基本活动，它决定人们的观念。回顾起来，那种观念一直是我所有著作的基础，甚至在我知道马克思以前。

现在我努力为中国的这一重要转变出一份力。虽然我并没有特殊的权力或力量来做重大的事，但我的确想要跟踪正在发生的变化，去理解它，并把它记录下来。中国人显然在做某些新的事情。在最近和匈牙利官员的谈话中，邓小平很坦白地说，乡镇工业的发展是异军突起，没有想到的。这是说这一段时期的农村工业化并不是出于国家的计划，是广大农民自己搞起来的，出乎很多人的预料。但它是过去 10 年经济发展中最大的成绩。我们目睹农村生产力的惊人增长。今年我国已有 1/5 农民成了农村工业的工人。在有些地方，如江苏，比例更高。中国正在工业化，人们并没有大量向城市迁徙。

我们必须抛弃农民思想。我的看法是除非 80% 在小农经营中的农民改变他们的职业，并离开在土地上劳作的老路，否则，中国将继续颠簸难行。我们从过去全部受苦的过程中真正得到的理解是，我们除掉了剥削和压迫中国的势力，我们获得了独立。那是真的。可是现在我们仍然在小农经济里，一起分享，吃大锅饭，那是小农思想。公平意味着平均。

巴博德：你认为农民现在的思想和以前不同了吗？

费孝通：还没有。要等到农民改变了他们的职业才会起变化。我们必须走的第一步是把农民变成一个能离开土地的生产者。那意味着我们必须改变产业的结构。那时人们的思想和生活条件才会改变。这是我当前的观点。

巴博德：我不太理解农民是怎么想的？

费孝通：对他们来说，优先的不是要民主，而是要保障。

巴博德：经济保障？

费孝通：各种各样的保障。小农生活是不稳定的，因此他们不得不依靠别人，要有某种"皇帝"来保护自己，所以毛泽东变成了"万岁"，而且不只是他，到处有小皇帝。如我在《乡土中国》一书中指出的，家长也是一种皇帝。按子女为着安全保障依靠他的程度而言，他也是一个小国王。处处有小当权者。那么我们怎能发展民主国家？在这种情况下，亲属关系变得极其重要。我们没有团体而有社会关系网。一个个人的关系网是重重叠叠的，渠道四通八达。一切事多多少少通过那些社会关系网做的。那是来自建筑在小农基础上的千年传统。我们依靠我们的社会关系网得到生活保障，并通过它抵住敌对的势力，调适我们的生活来保护我们自己。我们不梦想更好的生活。我们只要够吃够穿。我们只要传种……继续，生育，新陈代谢。家族制度成了社会的骨干。

我意识到这个"乡土中国"。我自己的许多特点源出于那种类型的思想。我们从诗词，非常优雅的诗词中得到乐趣。乐趣不来自物质世界。我们寻求和平的心境。关于这些怎么办呢？首先我们必须把人们从这种乡土束缚状态中解放出来。究竟会出现什么结果我并不真正知道。没有人能真正知道这点。我只知道中国将要改变。

巴博德：那么什么使你这样确信新思想会更好？

费孝通：我们将改变，我们将接近现代世界，但是将采取不同于西方世界所采取过的路线。这个转变的结果不一定完全更好，但是我们对此实在没有别的选择。让我十分坦白地说，如果我能选择，我有理由宁可回到旧日，回到一个富有的又平均的农民的世界。那时我会享受和平的心境、稳定的生活和友好的环境。我会生活在一个熟悉的世界里，享受有人情的生活。但是我明白那简直是不可能的了。这种宁静的环境，在熟悉的人中找到和平和安全，也许只存在于诗境中，现实世界里也许从来没有过。即使有过，我们也无法保持它了。这种思想反映了陈旧的现实。在现代世界中完全不合时宜的、是落后的。

情况既然是那样，我们能怎样创新呢？我们将为自己形成哪种社会？我们不能简单地模仿西方。我相信中国人民是有创造力的。我们有悠久的历史。一旦我们从这种束缚中解放出来，我们就会找到某种道路。我们将怎样获得解放？通过经济发展。在这一点上，我认为中国农村发展小工业的意义比简单的经济增长多得多。这是新中国的开端。我看到它正在成形，但尚未成功，我们还只能看到些轮廓。现在已经能看到的是，在我们国家那些发展最快的地方，人们已经开始改变他们的思想和做人的态度。这些就是我有兴趣跟踪的对象，这种还看不清楚的转变正在发展，它正在改变着我们社会的传统性质和结构。那个转变的基础是工业的发展。那是唯一的道路。现代文明来自工业，不是来自农业。

巴博德：你说的"工业"是指什么意思？

费孝通：我的意思是指对物质原材料的加工，而不是耕作土地。我的意思是冲破我们依赖耕种土地谋生的旧框框。当然，最终我们还是依赖于土地。但是当我们制作东西，按照我们的构思去改造物质的东西，当我们把思想具体化为物质时，我们的劳动变得更有价值。

巴博德：在这一切方面，你怎样看你自己的任务？

费孝通：我的任务，首先是指出正在发生中的乡镇企业的重要性。我必须说服人们这是一个极其重要的和根本的变迁，我们必须支持它。它将缓和人口问题，它将使中国大城市不致过分膨胀，它将使我们的乡村生产力大大提高，它将使我们的人民能够享受前所未有的繁荣。最初有人担心，因为它看来和计划经济的观念相反。有些人担忧它会破坏我们的社会主义经济。但是在这个问题上，邓小平同志采取坚定的立场。他说这一发展是积极的，因为它正在提高我们的社会生产力。因此我们必须容纳市场经济。

说到我的任务可说是一个宣传员，高级宣传员。我摆事实讲道理，描述和分析新生事物，并向掌握政策的人提出建议。实际上这是个非常重要和建设性的角色。关于乡镇企业的发展、关于它们的成就和问题，我所写的东西传播很广。这些著作事实上给实际做这些事情的人，给直接卷入小工业的农民，提供了一种支持。当他们读到我所写的关于他们正在做的事情时，他们体会到他们正在做着某种从全面来看是非常重要的事情。他们逐渐认识到他们正在做的事情超过简单地为自己赚钱，实际上他们正在建设新的中国。

巴博德：这一切对费孝通的思想起什么作用？你说你有了新的思想方法，但我听见的是熟悉的费孝通。

费孝通：确实如此！我不是真的突然提出某种完全新的东西，而是发挥、提炼、传播原有的思想。它仍然是老的理论，老的方法，可以追溯到我的学士和硕士论文。我的基本分析方法都在那里确定类型，比较它们，虽然我的工作更密切联系了当前的发展。那是新的。我努力去识辨这个发展阶段里的关键问题。我观察小城镇的发展，我谈到扩大农业的规模和更多地利用机器。我谈到解放农村劳动力和同时把它吸收进农村工业。

逐渐地我们将使农村劳动力专业化，分别从事工业和农业，但是这需要工业的支持，它将投资于农业装备。农村工业必须支持农业，因为单靠农业不可能积累足够的资金来改造自己。为使农业现代化，我们必须依靠农村工业。实际上我们已经那样做了。农村工业和农业的关系有如母子关系。农村工业是农业的儿子。它现在已经在供养母亲。我正在观察它、描写它。

巴博德：我不确切了解那是怎么进行的。是否因为家庭有成员在农场和工厂工作，因此在农村工业赚的工资能应用于农场？

费孝通：那是一个途径，通过家庭补助农业。但是还有另一个途径，农村工厂里组成专为农业服务的部门。例如工厂可以买联合收割机供当地农民使用，只付使用费。逐渐地这些机器把劳动力从土地上解放出来，使当地工业继续发展并吸收这种劳动力。

我个人参与关于这类项目的咨询，我为他们出主意。例如，我参与拟订一个办法以增加甘肃一些地区人的收入。我试图找到做这件事的方法和手段。我所做的是根据我自己在那里的实地调查，根据我在那里了解到的地方特点，正是在这种信息的基础上，我一直在考虑我们怎样能有效地增加农民收入、提高生产力和效率。我发现甘肃农业地区和畜牧经济为主的青藏高原之间的那个走廊地带非常有意思。这是两个巨大而又很不同的经济地区之间的历史性的结合部。我认为那个地区畜牧业的提高和商品化有希望。我愿看到整个青藏高原繁荣起来。

巴博德： 你能不能再讲一讲你当前的研究兴趣？

费孝通： 我的第一个兴趣是江苏乡镇企业的发展和推广。第二个主要兴趣是在中国的边区。具体地说问题是我们能不能改进这里的畜牧业并使之现代化？我们怎样能通过增加和改进商业来引导牧民改变他们的自给经济。农民和牧民之间一直有商品流通。过去我们称它为"茶马贸易"，农业产品和畜牧业产品之间的交换。事实上这个地区早已有商人。回民在那里已有很长时间，至少从成吉思汗的军队把他们带到那里时起。然而他们从未很好地适应农业经济，所以他们依然没有被汉族融化。事实上这种疏远有助于他们自身的团结。他们和汉人一样讲汉语和做别的事情，但他们不是能干的农民。他们曾努力去做农民，但不太成功。他们也不是牧民。但他们是很好的商人。现在我们必须发现各民族的特殊优势和潜力，使他们能在现代环境中发挥他们的那些才干。为什么我们不能帮助那个地区的回民提高他们的经商才能和能力，使他们能帮助改进这两大经济地区之间的经济联系？

我有一个设想，给那个地区的回民商人提供新的、现代的运输用的卡车并训练他们如何使用和维修。他们必须有在两个地区间来回运输商品的更有效的工具。这些异常坚强耐苦的人能高度努力工作。让我们给他们提供进行现代商业的手段。让我们依赖他们已经表现出来的本领去帮助他们致富。他们已经有近千辆卡车用于运输货物，远达拉萨。但这些机器大部分很旧很粗劣，实际上相当危险。所以我们应该供给他们新的、更好的装备以及使用、维修这些装备所需的知识。这些是我通过调查研究提出的设想，也可以说是应用人类学的实践。

到处都有这种有趣的问题。我曾到内蒙古去为研究工作开路，去寻找经济发展的突破口。那里的要害问题是如何发展牧业经济。在恢复牧场和草原上，他们已经有了某些成绩。他们正在种草，恢复草地，同时他们正在逐渐改变饲养牲畜的方式。现在他们已经不是全年放牧牲口，而是在冬天把牲口带回来用农产品饲养它们。以前死亡率很高，但由于夏天放牧，冬天喂饲料，死亡率下降了。以前农民占牧人的地，结果在蒙古族和汉族之间发生冲突。现在农业可以为牲畜服务，农民为牧民种饲料，矛盾也可以消除。

请理解这种安排不是我们的发明而是当地人民自己的创造。我们社会科学工作者只在观察人们的实践。我们的工作是研究那些实践社会经济效益高，并用这些成就作为改善其他地方的建议。那样我们可以帮助当地人民解决问题。例如在内蒙古，就可以帮助引进肉品和奶制品的工业。我们必须想方设法引进各种适合这地方的农村工业，提供当地人民去采用。

巴博德：你的兴趣现在很明显是应用性质的。

费孝通：我确实对应用感兴趣，但应用就意味着我们要了解各地方的实际情况，对这地方的社会经济如何运行有明确的概念。换句话说，应用需要科学调查。仍然是两个步骤。首先必须知道一个系统是怎样配合和运行的，然后才能谈怎样去改善它。

巴博德：这样我们又回到费的功能观点了。前面你提到你在跟马林诺斯基学习以前，已经用功能观点来研究人们的行为。那么你为什么觉得他的影响对你那么重要。他给了你什么，一种风格，一种分析方法？

费孝通：那是很难说的，不能那样清楚地划分一个连续过程。我在去伦敦之前有了功能观点，但我在他的指导下逐渐成熟。我在和他的接触中学习他怎样工作。我也读他的著作，那是非常重要的。他使我对功能观点更明白了。什么是功能？功能是指一个系统的整体之内各部分之间的关系。在汉语中"功能"通常包含"实用"的意味。但那实在是一个不恰当的翻译。功能关系是指各部分间的相互作用的关系和各部分对整体的关系。社会及它的文化是一个整体，它的组成部分是各个社会制度。马林诺斯基的观点是从整体和系统出发的。当我在他指导下工作时，逐步明白怎样对待整体和部分的关系。

巴博德：当你在伦敦经济学院的时候你是否陷入拉德克利夫－布朗（Radcliffe-Brown）和马林诺斯基的争论之中？

费孝通：不，我向他们两人学习。实际上我从不认为他们之间有多大差别。

巴博德：你跟拉德克利夫－布朗工作过吗？

费孝通：不，不是直接地来往，但我的确读过他的书。他把功能主义的性质讲得更清楚。马林诺斯基着重文化的生物基础，他把一切文化和人的基本需要相联系，但除了那点之外他的思想接近于拉德克利夫－布朗的思想。我的功能观点不完全和马林诺斯基相同，因为我不愿过分强调基本需要，在这一点上更近于拉德克利夫－布朗，或者涂尔干。我不得不说我曾受到涂尔干的强烈影响，因为我一直接受这种观点。即社会构成一种和生物性质不同的实体，它不仅仅是个人的联合，也等于说，一加一不等于二，而多于二。然而，当我特别被涂尔干的"集体意识"概念吸引的时候，作为一个中国人我发觉有必要把他的概念转成垂直的。他的概念像是一个平面的人际关系；而中国的整合观念是垂直的，是代际关系。在我们的传统观点里，个人只是构成过去的人和未来的人之间的一个环节。当前是过去和未来之间的环节。中国人的心目中总是上有祖先下有子孙，因此一个人的责任是光宗耀祖，香火绵绵，那是社会成员的正当职责。那是代际的整合。在那个意义上我们看到社会整体是垂直的而不是平面的。

像涂尔干和拉德克利夫－布朗一样，我把社会而不是把个人的需要看做起点。所以按我的看法婚姻不是为了解决性的问题。婚姻的作用在于维持社会的新陈代谢。我们必须设法通过各种规定使社会进行新陈代谢，来维持社会的完整。为了那个目的我们才有婚姻，才有性行为的禁忌，防止社会新陈代谢发生混乱。

巴博德：是否为了这个系统而要放弃个人的需要？

费孝通：他们被引导进入为满足生物需要的社会渠道，但为了社会目的和利益，对生物需要也有限制和遏制。那就是性行为的禁忌和规则背后的东西。那就是婚姻背后的东西。首要的考虑是社会的新陈代谢，通过社会渠道去进行人类的生育。我在《生育制度》一书中阐述了这个理论：个人一旦进入社会，他就得牺牲一定程度的性的满足，以便他能在社会里生活。他必须依靠社会完整而存在。

巴博德：是社会实体的客观再生产通过个人呢，还是个人的再生产通过社会实体？

费孝通：这取决于你怎样看这个问题，两种说法都可以。社会实体的再生产使个人变成社会实体的工具。社会实体不像马林诺斯基所认为的那样是人的工具。它有它自身完整的要求，但个人确是通过社会实体来满足他们的生物需要的。

巴博德：社会实体是基本稳定的、平衡的，因而变迁通常来自外部，这是否是你过去的看法，抑或你现在的看法？

费孝通：我不认为马林诺斯基真正那样想，但在某种意义上这样看法是正确的。"系统"一词包含有部分之间相互作用的趋向均衡，这个概念假定系统是趋向于均衡的，虽然对任何系统永远有外来因素的干扰。那是我的看法，也可能就是马林诺斯基的看法。

巴博德：那种看法常常被批判为不能说明变迁或解释为什么发生变迁。此外，它假定变迁发源于外部影响。

费孝通：如果不忽略发生于社会实体内部的变迁，我们可以强调外部影响，它们是变迁的主要来源。以中国历史目前这个时期来说，在过去3000年里，中国文化相对稳定。然后不寻常的外部影响来了，我们投入了一个新的全球一体的世界。按我的看法来讲，当前的变迁主要发生于适应外部势力，所以，我觉得强调外部势力的强烈影响很重要。我假定传统的系统或多或少是稳定的。事实上我仍然相信这是对的。当我们讲到"社会主义的初级阶段"这个提法含有承认传统的基础，是我们要进行改革的底子。

巴博德：在这样的系统中社会冲突处于什么位置？

费孝通：一个相对稳定的社会里发生社会冲突，主要是由外部影响引起的。它激化了内部的矛盾，系统的常态运行被这样的势力所扰乱。比如阶级是原来系统的结构，阶级斗争激化是外来因素引起的。

巴博德：你认为系统争取稳定的思想和进步从阶级冲突中发展的思想之间没有不相容性吗？

费孝通：我承认过去和现在的社会里有阶级矛盾，但阶级冲突是由外部压力而激化的，以前有阶级和有剥削，但剥削有一个限度，否则系统便不能运转。必定有一种协调的关系使系统稳定化。在中国我们历史上改朝换代而不改变基本的系统。

巴博德：可能有既不起维持个人的作用又不起维持系统的作用的制度，事实上却起相反的作用，不适应或功能失调的制度，这是否是你的观点，或是马林诺斯基的观点？

费孝通：那不是马林诺斯基的观点。他认为凡是在运行中的社会制度必定有某种积极的功能。但同时可能有另一方面，即消极的作用，但不能是主导的。消极作用如果成为主导，它即将起变化。涂尔干关心测量这样的功能失调，但我不认为马林诺斯基很关心它。

巴博德：人们可以由自己的行为毁灭自己，这是否可能？

费孝通：文化自杀？按马林诺斯基的观点那是不可能的。

巴博德：费孝通的看法是什么？

费孝通：我的意见是……让我具体地说。在中国，这个传统系统运行了很长的时间。但现在我们必须改变，因为我们进入了新的世界环境。有强大的外部因素促成内部的斗争，并加剧了这种斗争，当然在系统内部一定先有了矛盾冲突才能加剧，冲突不可能从零开始，但是一个运行的系统中具有控制冲突的机能。我对中国解放前政治结构和中国士绅的分析说明了这一点。在帝王制度下老百姓是无权的，他们存在着被专制权力吞食的危险，于是出现士绅这一层阶层。士绅力图为了自己的利益来调整帝王权力和农民的利益。那就是中国士绅的角色。他们起中间人的作用。那就是平衡人民和皇权的中国传统方式。绝对专制的政治权力不可能长期持续。一旦中间人停止起作用，农民革命就会发生，改朝换代恢复这个旧系统的运行。但是这个基本系统直到最近的时期才真正在起变化，真正的变迁正在发生。

巴博德：让我把问题抓紧一点。你是否认为，面临外部来的严重挑战，一度有助于稳定的行为可能有助于自我毁灭？

费孝通：在任何系统中都有潜在的矛盾，但它们总是以某种方式被调整使系统继续运行。那是我的看法。当某种外来力量冲击进来，现存系统必须作出反应。一种方式是对外部势力的直接反抗。另一种方式是陷入内部冲突，导致各部分之间的关系的重新组合。在重新组合的过程中可能出现破坏性的局面，如"文化大革命"，也可能是建设性的改革。如果内部冲突不能很好地处理，它也会变成破坏性的，甚至导致灭亡，也就是你所说的自我毁灭。当然外来力量也可以说是变动的条件，内部矛盾是变动的内因。引起变动最重要的因素是来自外部的力量。

巴博德：对功能观点的另一个批评是它出现于世界希望稳定和减弱冲突的时候。在那种意义上，功能观点是为一定的保守政治利益服务的。

费孝通：功能观点过去是对你所说的那种事态的一种理论上的表达方式。我同意这种批评。在那个时期西方社会对那种理论有需要。但它不是一种具有这种观点的人自觉的行为，只是社会事态本身的表现。这是当时历史条件下产生的思想。

中国当前也注意稳定，注意避免内部冲突。为了改革要求安定团结是我们时代很强的历史要求。我不认为理论的发展能和社会的发展分离，它们是社会现象的一部分。当你说"系统"，它就意味着连续性。那就是稳定性动态稳定的含义。否则为什么讲系统？倒不如说它是停滞。所以改革可以和稳定结合。系统是动态的，向一定的目标发展。虽然我们不知道人类最终的结局是什么，但显然社会在发展。我们经过无生命到生命，从采集经济到工业社会。我们还在向前发展，究竟向什么最终目标发展，还没有人知道。

巴博德：说到中国的变迁，从你过去的著作看来，你一直担心从西方发动的改革和变迁。看起来你的看法是变迁应植根于中国现存的制度。

费孝通：我不是担心和西方接触会引起变迁。我知道引进西方事物的必要性，但我认为存在着这种危险，那就是我们硬搬西方的方式而扰乱系统的平稳发展。西方的办法从来不可能完全适合于中国的情况，因此我们应该把它们中国化。我们可以引进我们所需要的一台机器，但我们应该能够学会制造这台机器，那是实际的。如你所知，我的人类学一直是很实际的。

巴博德：在那一点上让我引用费孝通的话，这是阿古什写你的书中引用的：

"什么是社会研究的作用？我的回答是它提供一种实际的手段来控制社会

变迁……然而，这个控制的基础不是'主义'，而是事实的知识……'为研究而研究'是书生之见；我不同情'我只知道重视真正的学问，即有用的知识。'"

费孝通： 我仍然维持那个意见！根本之点是我不把自己和社会分开。作为学者我还是社会的一个成员。人类开始意识到自己，中国人开始意识到他们自己是中国人。那就是我的看法，我对世界的看法。在那种意义上，我们不能对自己的社会、国家袖手旁观。我们必须意识到我们自己在看自己。我们有不同的观点，不同的认识水平。如我回答阿古什说的"我看人看我"。在那一点上我们和其他动物十分不同。我们发展了自觉性和控制力。我们解释环境。用马林诺斯基的话，事物是客观存在，但我们人类、我们科学家要去认识它，使它概念化。一旦概念化，它就成为我们的自觉，我们开始能对它加以控制。那意味着我们能指导它和使它成为我们生活的条件，为我们的目的服务。我们能创造我们的世界，我认为世界正在发展，是无可怀疑的。可是也不能不承认，我们还不知道它将怎样发展下去。我们只能施加近期控制。比如我们必须在近期建造一个强大的、独立的、繁荣的中国。为了这种短期的目标我们必须按照我们所知道的实际情况行事。

巴博德： 现在让我转到你关于方法论的思想。我从先前跟你的谈话中得到一个印象，你对问卷式的社会调查不十分重视。

费孝通： 我怀疑它们，我不能相信它们中大部分所根据的原始数据的可靠性，因为使用的指标常常不是从所研究的地方得来的。我们使用家庭、亲属关系等的调查项目，但这些项目的定义来自什么地方？它们常常是根据其他地方的资料提出的，然后简单地应用在这里。那可能导致严重误解。请注意，我并不反对定量分析的价值。我一生使用了定量方法以加强我论据的精确性。但定量分析应该在定性研究之后。正是有了定性研究之后，我们才想要知道我们的研究结果在多大程度上适用，覆盖面有多少。那是定量调查的适当用处。我使用了并继续使用这种问卷调查方法。在我们进行的小城镇研究中，我们曾用问卷做了一个九县调查。调查结果已经出版。我把这个调查叫做"卷地毯"，它的目的是对一定地区进行全面的认识，就是由点到面的认识。但是我们的问卷中包括的项目是在已经做了定性工作之后特别设计来应用于我们这个地区的。

定量工作提供精确性数据，但它应该放在定性研究之后进行。

我刚才所说的话当中含有我的另一个重要观点。我相信我们应该从自己的土地中生长。我们应该从实际开始，就是在自己熟悉的地方做起的研究方法。然后可以从点向面扩展，最终全世界是一个社区，一个领域。但我们必须通过层层开拓，进行比较研究，去扩大研究领域。比较研究是辨别异同以校正一般性的概念。但那是第二阶段的工作。首先我们要从较小的地区研究开始。我可以用目前正在做的小城镇研究为实例来说明我刚才所说的话。我们从一个县的几个镇开始，然后扩展我们的研究范围，从一省到几省以及全国。我们鉴别不同的类型。我们不能简单地任意选择事例。我们必须首先发现类型。在这里你可以看到我过去对体质类型的研究的影响。

巴博德：你认为人们必须首先在他们自己所属一部分的文化和社会中进行研究吗？

费孝通：那会是有益的。另一方面，马林诺斯基是研究特罗布里恩德群岛的权威。他不是特罗布里恩德人，但他努力通过他们的眼睛，按照本地的概念去理解。

巴博德：那是否合适或你是否认为一个美国人应该研究美国社会，一个中国人应该研究中国社会？

费孝通：首先我们应该从自己的社会开始，然后我们可以比较的目的研究别的文化。对你的社会我是外人，但通过这种比较我可以明白你的社会和我的社会有何异同，我们可以做类型比较。

巴博德：但费孝通从不感到有必要在中国以外的任何别的国家做长期的、广泛的实地调查。那是为什么？

费孝通：你的意思是指长期的实地调查？我要直截了当地回答你。我确实没有在自己国家之外进行过长期实地调查。一则我一直对自己的国家很关心，再则实地调查需要我们花许多时间适应当地社会。我们必须学习语言，建立社会关系。那需要相当长的时间。特别是建立社会关系。几个月是不够的，它需要一个长时期。但我们在自己的社会里进行调查具备这种必要的基础。

巴博德：你选择中国为研究对象是不是一个方便问题？

费孝通：不，不仅是为方便，而是因为我觉得对中国有责任。另一方面的确证明是方便。老实说，我集中精力在中国的理由是我一直想要看到一个更好的中国。

巴博德：中国社会学的主要方向应该是解决这样的具体问题。而不是讲更理论性的问题，这是你的看法吗？

费孝通：是，也不是。我们的学科应该致力于解决中国的具体的紧迫的问题。但为什么把这种研究和"理论的"研究区别开？我们同样是在进行理论的研究。

巴博德：马林诺斯基解决问题吗？

费孝通：他把应用他的思想的任务留给了我们。

巴博德：假定我们有中国的马林诺斯基。

费孝通：马林诺斯基能为特罗布里恩德做些什么？但事实上他是应用人类学的支持者！如果你读了他为我的书写的序，你会看到在那里反映出对他自己的工作缺少实际用途的某种失望。

巴博德：知识的用处是什么？

费孝通：知识是有价值的，但它的价值必须通过实践来实现。检验我们的理论是否正确，最终取决于我们是否真正能改善人民的生活。在我看，社会学和人类学的最终目标正是改善人民的生活。我一直这样说。几代以后我们可能有不同的看法，但当前大部分世界是贫困的，我们有责任用知识去改变这种世界。

巴博德：你一度写到为知识而知识是没有用处的。你仍然那样看吗？

费孝通：为知识而知识是游戏。这种智力活动提供有趣的娱乐。但是它们不影响世界。在一个富裕的社会，在一个富有的国家，他们可以供养得起一群人过那样的生活。那不是一件坏事。就好像玩麻将。那很好！事实上，那比赌博好。不过在当前世界环境下作为世界的公民，我们真的应该用我们的精力和才智做些建设性的事情。我们必须那样做，否则我们的这个世界会崩溃。所以我们必须引导我们的人民做建设性的工作。

巴博德：提出个与训练相联系的问题，当年轻人从国外训练回来时，你预期中国的老的同年轻的人类学者、社会学者之间会有抵触、有竞争吗？

费孝通：我对此的看法是相当复杂的。一个问题是近年来在西方训练的中国社会学者和人类学者不是都已具备在中国做研究的心理准备。他们许多人实际上对中国了解很少。他们离开中国时不具有这种背景，在国外花大量时间只获得用外语的某种能力。假定在开始时语言障碍没有克服，我真不知道他们中多少人能听课并很好地跟上讲授的内容。我不那么确信他们能够吸收授给他们的知识。所以接着当他们回国时，常常会发现他们具有的训练基本上是表面的。他们带着新的行话，新的术语，并把这些传给自己的学生。这些看起来很深奥，也可能吸引学生，因为这些对没有机会和外界接触过的人是新颖的。

但是以我个人的看法，我认为这些年轻的学者如果真的学得了社会学或人类学的基本概念和方法，他们回到中国之后，应该首先在中国的土壤上进行调查研究，把他们在国外所学得的东西在中国环境中应用和检验。我们有些年轻学者在出国以前曾经在中国农村锻炼过，但许多人没有。照我的看法，送那些没有这样背景的人直接到外国课室里去听课是一个错误。如果我们这样做，那么如我们中国人所说，结果会是"洋货充斥，良莠莫辨"，就是许多外国货在市场上出现。表面上都很吸引人，但很少人能按照货真价实的标准来辨别它们。当这些年轻学者回到中国时，我们可以预料会引起一段混乱的时期，但我自己的看法是我们对此没有什么可怕的。让我们不辞辛劳地在中国的实验室里锻炼他们，使他们能把从国外得到的学科训练和中国的实际以某种有用的、有效的方式结合起来。西方的训练本身并没有什么过错。我自己享受了这样的训练。但是重复我自己的这个看法，也许是偏见，我真的认为他们在出国之前应当在中国社会里有结实的锻炼，熟悉中国老百姓的生活方式和存在的问题，这些知识对他们在国外的学习将是最有效的、最有用的。让我们以那种方式准备他们以便更好地接受国外专业训练。

巴博德：你不鼓励在美国学习社会学或人类学的中国留学博士生研究美国吗？

费孝通：一般说来，他们不可能！他们怎么能？他们只能使用计算机和现成的数据！在美国只住了两三年的中国学生怎能收集可靠的、深入的社会资料？他们还没有进入这个陌生的社会。那是很重要的。那是我根本的看法。你只有在被这个社会接受之后才能了解这个社会，而进入一个外国社会是异常困难的。我从我自己的经验了解这一点。努力解决怎样才能进入英国社会，对我曾是很大的问题。马林诺斯基对我的第一句话是，"你搬个家。不要住在普通的出租房间的人家。我要你住到我的一个朋友的家里去。"那次搬家使我能接触英国的上层社会，使我能有和英国学术界来往的机会。即使如此，我进入英国社会的程度还是很浅。熟悉外国社会的性质和特点不是一件随便能做到的事情。

巴博德：所以你认为那会很费时间？

费孝通：我会这么说。我们能够期待于中国去外国留学的学生的，是他们将对中国社会不同于其他社会这一点能有一些深刻的认识。单就这一点说也是值得努力的。但就是按照这种比较节制的目标来要求中国留学生的问题也是复杂的。你会发现我们的大多数留学生吃住在一起。他们实际上相当孤立于当地的社会。那么他们怎么能回到中国时声称他们已经完全体验了外国的社会呢？

巴博德：那么中国人是不是不能研究美国人了？

费孝通：美国出生的华裔或那些能像美国人一样讲英语的人可以做到这一点。他们知道全部通俗口语，并且具有一定的专门知识，使他能参与社会，进行社会学的观察。例如杨庆堃，他能那样做，但他在美国已住了许多年了。我怀疑他现在还能像 50 多年前一样进行实地调查工作。他老了。另一方面，我们会发觉在美国农村进行研究很困难。我可以是一个观察者或旅游者，也能写些印象性的文章，但是我不可能真正地进行系统的研究。

我所说的研究工作不是指那种根据某些理论加以议论或阐述，也不是用某些公式计算一些已有的数据。社会学和人类学要求研究者对所研究的人们有深刻的、详细的、实在的知识。从这个要求说，甚至中国人研究中国人还不是容易的。我一直说没有异常的努力、系统的锻炼和专心就不可能真正理解中国社会的运转。我自己也不除外。说真的，我仍然不认为我真正能讲明白我的国家和人民。我所能做的不过是给读者提供一些有关中国农民有限但较为可靠的印象。我不能说我已深入理解我们农民的心。我对我自己的学生的忠告，一直是他们必须观察生活在社会里的人，并且通过他们去理解这个社会。去观察活生生的人，因为他们才是构成那个社会的成员，他们是我们观察那个社会的窗口。

我非常遗憾我从未达到真正充分理解中国社会的水平。也许我太懒惰，我原可以有更好的成绩。我不愿为自己辩护，去指出我的限制是出于我不可避免的遭遇。我失去了 20 年的专业生命，最好的年份，否则我可能做得好一些。不论怎样说，事实上我并没有真正完成马林诺斯基要求他的学生应当做到的事。我应当充分熟悉我自己的人民，那是他希望于我的。所以我常说我已得到的评分不可能很高。那是我自己的结论。但也许在最后的评分发布之前我还能把我的分数提高一点。

另一方面，我的成就有一个方面令我满意。我清楚地看到通过我的著作，人们逐渐了解社会学和人类学的知识对国家、对人民是有用的，可以帮助我们解决重要的、紧迫的问题。那不是小的成就。现在有许多人认识到社会学和人类学可以帮助他们更清楚地理解周围发生的事情。能提供一种更公正、客观的观点。

巴博德：今天早些时候你用了"信心"这个词。我想那时你心里有不同的意思。我认为你是在谈对当前政治气氛和对未来的可能性的信心。但你好像也在另一方面有信心。你似乎对你自己的工作的价值不那么混乱了。

费孝通：通过社会对我的反应，我恢复了我自己的价值感。社会这面镜子是非常重要的。当全社会反对一个人，当一个人所接触的人们都和自己的价值观念不同时，很容易失去信心。信心来自社会，来自社会影响。我有了信心，我的写作也改进了。我自己觉得常有新的思想，很实际的思想。我受到他人、包括负责任的人的鼓励。他们正确评价我们社会学者有能力指出社会各因素之间的重要关系，描述互动的机制，这些是容易被其他人所忽略的。

那就是我的作用。非专业人员听了我的讲话说，"噢，我明白了，你把事物联搭起来了。"对了！我把它们之间的联系说明白了。其实我是在揭露某些更深的东西，那就是说客观世界的运转是有系统的。系统是客观存在的，不是我们发明的，我们只是把它弄清楚，用语言描述出来。这样做，我们能转过来影响这个系统的运转，这是因为社会系统是通过人们的头脑和行为运转的，如果我们的思想改变，那么社会系统将改变。如果我们理解系统，那么在这系统里生活的人将变得自觉。

巴博德：你是在讲述你的社会学理论了。

费孝通：是的。让我回到功能研究的方法，它基本上是提出了"整体"

观点。我们必须把社区看做是整体来研究，考虑这整体中各部分之间的关系，包括环境。我们必须记住整体还有层次，没有和周围隔绝的系统，也没有真正自给自足的社区。在现实中社区的最高层应包含整个世界。一切概念上的整体是更大的整体的一部分。现在全世界是一个经常在变化中的系统。我相信变化是有目的的。全部历史表明有某种目的、某种方向，但我们人类还不知道那目的和方向是什么。我们真的不知道我们人类最后的结局，也许根本说不上什么结局，一个无穷的发展，它会超过人类这个阶段。

说得近一些，今后两年半期间我希望能走遍全中国，跟踪沿海地区、内地、少数民族地区的新发展。那是有趣的、迷人的！可是我老了，我感觉到这点。我容易忘记人的姓名和数字，应做的工作在我的桌上停留的时间越来越长。以前我从不这样，我一向能每天完成每天的工作，不使迟延。我的文章从开头到结尾喜欢一口气写成。可是现在不行了。有太多的干扰。这使我烦恼。但是我在某种意义上认为自己很幸运。我活着看到许多梦想的实现。我失去了20年，但它也不完全浪费。那些日子当然是不容易过的，但幸而我过过来了。我应该死过三次，我到现在还是活着，只能说是事出意外。第一次我应该死在瑶山，那次极少有机会活着出来，碰巧有人发现了我，背我离开绝境。我应该死而没死。第二次在昆明，国民党打算杀害我，想不到有位朋友来把我从特务的枪口救了出来。有人要我死而我没有死。然后，"文化大革命"期间我不认为我应再活下去。我考虑过自杀但是没有去做。我们相信中国最后会回到正确的路线上来，而我确是活着看到这场大风大浪的结束。我的许多朋友没有看到这些变化就去世了。中国仍有困难，但我真正相信我们会走上正确的道路的，尽管一路上不可避免的会有不少干扰。

巴博德：学生的抗议（1987年春）使你心烦吗？那些干扰会构成发展的中断吗？

费孝通：我不认为这种风潮会构成严重的威胁，虽然有些人为自己的政治目的可以加以利用。我公开地表达过我的看法，学生上街不是对社会秩序的严重威胁，应该允许学生表达他们自己的意见。我始终相信形势最后会平静，因为这几年国民经济在很快地增长。

那么我能为下一代做些什么？我可以让他们知道，在我这一代，我们的自我认识、自觉性达到了什么水平。我将通过我的头脑留下一些东西给后来的人们。那就是文化。文化是寄寓在个人的头脑里的。个人的头脑会死亡，但是通过社会，个人头脑里的东西会积累起来，成为公共的财富。每一个人必须有助于文化的绵续和增积。因此文化可以通过社会而不死的。我作为自然界在这一段时期里出生的一个人，应当用目前这个躯体，完成我应做的事。那是我对自己的主观要求，也是我的自我评判的标准。那就是我对过去自我存在的反思。

我不知道我努力的结果会是什么，我不可能真正知道在中国的发展过程中，我所做的事有什么意义。那些还在我的自觉之外，正像我不能预见你读了我的书会促使你到中国来。那时我不可能知道这件事。所以现在我只能按我自己自觉到的目的而工作，从今以后我写的东西会有什么结果，让后世去评论。主观上说我希望只要还活着，我一定要力争把历史对我的评分能够提高一些。

我们的谈话够长了，让我们到此结束，谢谢你的访问和对话。

1987 年 10 月

潘乃穆译

二、文化的自觉与反思

文化自觉是指生活在一定文化中的人对其文化有"自知之明"，明白它的来历、形成过程、所具有的特色和它的发展趋向，不带任何"文化回归"的意思，不是要"复旧"，同时也不主张"全盘西化"或"全盘他化"。自知之明是为了加强对文化转型的自主能力，取得决定适应新环境、新时代对文化选择的自主地位。文化自觉是一个艰巨的过程，首先要认识自己的文化，理解所接触到的多种文化，才有条件在这个正在形成中的多元文化的世界里确立自己的位置，经过自主的适应，和其他文化一起，取长补短，共同建立一个有共同认可的基本秩序和一套与各种文化能和平共处、各抒所长、联手发展的条件。

开创学术新风气

首先谢谢北大领导给我在这次汇报会上一个旁听的机会。我所以来参加这个会，是一个感情问题，想看看自己培养出来的孩子（北大社会学系和社会学人类学研究所）长得怎么样了。

我最近看了一本书，书名是《北大校长和中国文化》（三联书店出版），从京师大学堂的校长讲起，讲到了蔡元培、胡适、马寅初等，很受感动。同时也想到了北大当前的定位问题。怎样去认识北京大学在改革开放的新形势下的文化任务。看来到这时候北大又要再开创一代学术的新风气了。

当今世界各种文化如欧美文化、伊斯兰文化、印度文化、中国文化等，都在接触、在碰头。世界正在进入一个地球村，形成一个全球多元文化的时代。这是北京大学应当能够开创一代新风气的时机。

开创什么新风气呢？我想用"文化自觉"四个字来表达。我意识到中国正走上了小平同志所指出的有中国特色的社会主义道路，通过四个现代化，开创出一个新的精神文明。北大应抓准这个机会。历史发展到一定时期就需要找到一个地方和一群人来发扬一种新风气。我想当前的新风气就是文化自觉，各民族开始要求自己认识自己的文化，提出一系列的问题：为什么我们这样生活？这样生活有什么意义？怎样发展下去？人文科学负有答复这一系列问题的重大责任。现在自然科学发展很快，人对人类本身生物学的研究已进入到了绘制基因图谱，科技研究的空间发展已从地球扩大到了太空。以人文科学来说，就要看我们如何跟上时代，认真地各自认识自己的文化了。

在中国开创学术风气，北大一直是带头的，五四时代北大出了个蔡元培。

北大和清华作为一个学术中心，在马克思主义新的发展中，理应出现一个相适应的文化自觉，也就是认识文化的自觉行动。我感觉到这个风气不仅限于中国，而且正在许多先进国家中酝酿和展开。我们中国要抓住这个机遇，参与和推动这个学术的新风气。19 世纪在西方出现了文艺复兴"人的自觉"，看来21世纪将开始出现"人类文化的自觉"了，人类开始要求认识自己的文化了。

社会学是研究人在集体中的生活。社会人类学就是研究人在集体生活中所创制的文化。文化在哪里？就在集体生活的人的行为和意识中。文化是代代相传的，是有子有孙的，它靠一个个人在他们生活中表现、改变和发展着，日新不已。我们作为一个中国人就应当深入到中国的文化中和中国人的生活中去认识自己文化的历史和现状。人们往往生活在自己的文化中，而没有用科学的态度去体会、去认识、去解释，那是不自觉的文化。我们需要懂得各国、各地区的文化为什么不同，只有抓住了比较研究，才能谈得到自觉。以中国来说，开展这方面的学术研究工作的希望在北大。因为北大有这方面的传统，也有成就。现在要的是善于继承和发扬这个传统，取得更大的成就。

我一向在名片上不印任何公职，只写某某大学教授，这说明了我自己对于学术工作的重视和偏爱。大家知道我已辞去民盟主席的职务，明年人大副委员长的工作也到届了。如果我还能多活几年，我想用我一生中最后的那段时间继续做我的学术工作。我想到了北大应当开创学术新风的问题，也愿意有机会参与。

去年在我家乡召开的学术活动 60 周年的欢聚会上，我发表了《重读〈江村经济〉序言》的论文。60 年后重温当年老师给我这篇论文出版时写的序言，我理解到他当时已看到了人类学这门学科在发展中存在的问题。我的几位人类学导师都教我要直接去观察人的生活，从人的实际生活中去理解社会和文化。科学资料必须从实际中来。早期的人类学大多主张到异文化中去认识人如何生活。而我的论文却采用了从本乡人的生活中去做人类学研究的方法，在人类学这门学科开了一个新风气，把这门学科推进了一步，就是把原来只研究所谓"野蛮人"的人类学推进到用人类学的田野工作方法来研究自己熟悉的本乡"文明人"的生活。我当时还是刚刚踏进这门学科的年轻学生，并不是有意识地跨过这限制西方人类学发展的那条"文野之别"的门槛。所以我说这是我

"无心插柳柳成荫"。60 年后重读老师的序言，才有豁然贯通之感，明白了马老师为什么说这本书是人类学发展中的"里程碑"。他赞扬的是我开始自觉地认识自己的文化了。我把中国一个农村中农民如何生活、生产、分配的过程按我自己直接观察中得到的理解写了出来。这种研究本土文化的尝试，对这门学科来说，是前进了一步。

我们中国用文字来描述人们的生活方式早已有之。《红楼梦》是一个例子，可是它采取的是用小说来表达的方式，写出的是作家个人的体会。人类学却要在观察人的生活实践中，用实事求是的科学态度有系统地去表达人们的人文世界，也就是用实证主义的科学方法去认识人的文化。所以我认为人类学所起的作用就是在促进人的文化自觉。

人类依靠文化而得到生存和生活。文化是一个民族祖祖辈辈积累下来经过不断改革的集体生活经验。我们每一个人无时无刻不能离开自己从小学得的文化。正如《西游记》里的孙行者自以为本领大，翻一个筋斗十万八千里，但终于发现翻来翻去还是在如来佛的手掌里。人同样跳不出文化，但人有智力可以认识它，有能力去改造它。人类学就是想用现代科学方法来认识人类文化的学科。以中国来说，最先把人类学从西方介绍过来的就是早年的北大校长蔡元培先生。

以我本人来说，60 多年前就在这未名湖畔接触到社会学和人类学。当时在这里办学的燕京大学请来几位国外的访问学者。一位是美国社会学芝加哥大学学派的奠基人 R. Park 教授。他引导我们直接到北京市民的生活中去学习社会学。另一位是英国人类学功能学派创始人之一 A. R. Radcliffe-Brown 教授，他鼓励我们下乡去实地调查中国农民。我有幸碰到当时开拓这两门学科的前沿学者。在他们的影响下，我接受在燕京时的老师吴文藻先生提倡的"社会学中国化"的主张和"社区研究"的方法；又由他介绍我去师从清华的史禄国教授和伦敦的 B. Malinowski 教授学人类学。在这条学术道路上我走了 60 多年，直到现在还没有停止。

通过我这 60 多年的经历，我深深体会到我们生活在有悠久历史的中国文化中，而对中国文化本身至今还缺乏实事求是的系统知识。我们的社会生活还处于"由之"的状态而还没有达到"知之"的境界。而同时我们的生活本身却已进入一个世界性的文化转型期，难免使人们陷入困惑的境地，其实不仅我们中国人是这样，这是面临 21 世纪的世界人类共同的危机。在多元文化中生活的人们还未能寻找到一个和平共处的共同秩序。

正因为我是个以研究社会和文化为职志的人文学科的学者，对当前人类的困惑特别敏感，对这种新形势所提出急迫的问题特别感到严重。所以我到了耄耋之年，还是忍不住要呼吁人文学科的同行们及时集中智力，首先在我们学术范围里开创这个适应当前局势的新风气，就是致力于我们中国社会和文化的科学反思，用实证主义的态度，也就是用实事求是精神来认识我们有悠久历史的中国社会和文化。

这是件艰巨而伟大的工程，需要多种学科的共同努力。包括哲学、伦理学、政治学、经济学、生物学、心理学、美学、社会学和人类学的学者们共同从各自已有学术基础上向这个"文化自觉"的目标进军，合力形成一个新学风。在我们国内有这个条件的看来只有北京大学，所以我今天不愿放弃这个和北大领导会晤的机会，不自量力，提出这个"文化自觉"的设想，请予批评指正。

最后让我表示对各位校长的同情，我深知现在当校长很不容易，事务上的工作已使他成了一个公司的经理，天天忙着创收。怎样能把校长们解放出来，多多在学术本身的发展上打算打算，为中国的精神文明多动动脑筋。校长的责任确实不小，不能辜负我们国家的这个伟大的改革开放时期。我衷心希望北大的校长们站出来，带头在学术上树立一个"文化自觉"的新风气。

言有不尽，不当之处请多多批评指正。谢谢北大的各位领导同志。

以上是潘乃谷同志在汇报会上现场的记录稿，我只在文字上略加修改。自己重读一遍，觉得对"文化自觉"这个概念还应加一些注释。文化自觉只是指生活在一定文化中的人对其文化的"自知之明"，明白它的来历，形成过程，在生活各方面所起的作用，也就是它的意义和所受其他文化的影响及发展的方向，不带有任何"文化回归"的意思，不是要"复旧"，但同时也不主张"西化"或"全面他化"。自知之明是为了加强对文化发展的自主能力，取得决定适应新环境时文化选择的自主地位。

文化自觉是一个艰巨的过程：首先要认识自己的文化，根据其对新环境的适应力决定取舍。其次是理解所接触的文化，取其精华，去其糟粕，加以吸收。各种文化都自觉之后，这个文化多元的世界才能在相互融合中出现一个具有共同认可的基本秩序和形成一套各种文化和平共处、各抒所长、联手发展的共同守则。7 年前在我 80 岁生日在东京和老朋友欢叙会上的答谢词中，我瞻望人类学的前途时所说的"各美其美，美人之美，美美与共，天下大同"这一句话，其实就是今天我提出的文化自觉历程的概括。

1997 年 1 月 4 日

人文价值再思考

一、引言

我十分高兴能到香港来参与关于第五届"中国文化与现代化"的研讨会的开幕式。这是中国大陆、香港、台湾社会学和人类学同仁学术定期交流的第五次会议，上一次是 1993 年在我的故乡苏州举行的。当时我提出的论文，已经用"年近谢幕"这句话开头，转瞬间又是四年，我们大家都增添了四岁。我自己已经到了 87 岁，应当是从社会活动中退休的年龄了。但是还是舍不得这个和各位老朋友再一次交谈切磋的机会，违背了家人的劝阻，做此旅行。我这种心情，深盼朋友们能体会，如果我在发言中有什么不能达意或不妥之处，请多体谅。

在座的不少朋友都知道，我曾在一些场合中提到，这几年我想做的一件事就是"反思反思"自己 60 多年来的学术道路，对自己耗费过的笔墨"结结账"。几次聚会虽没有特地安排与老朋友们讲述我的过去，却在客观上为我的自述和反思提供了机会。

这次研讨会的主题是"社会科学的应用与中国现代化"。这个主题隐含一种程序，即把我们这些从事人与社会研究的人所得出的结论运用到实际生活当中去取得具体效果的一个过程。然而，对我这样一个已经在 60 多年的时间距离之间行走过来的老人来说，它却使我想到更加复杂的问题。稍微知情的人都了解，我曾经在国际上获得过"应用人类学马林诺斯基奖"。我获得这个奖，自然是因为我在一生中写出不少文章，其中有许多早已被称为"应用研究"了，而我也曾指出自己的研究形成了以了解中国和推动中国进步为目的的中国式应用人类学。想起来大家也必定知道，对于我的研究及其"应用价值"以及关于中国现代化的看法，60 年来海外一直存在不同的评论。

去年 9 月在吴江与朋友们聚会时，一位来自英伦的友人提起我的同窗 Edmund Leach 教授在人类学的价值问题上与我形成的差异。我与 Edmund 可以说是 Malinowski 门下的同门弟子，可是 Edmund 坚持认为人类学是纯粹的智慧演习，而我则觉得人类学如果不从实际出发，没有真正参与到所研究的人民的生活中去，没有具有一定的实践雄心，就难以获得自身应有的价值。Edmund 已先我而去世，我与他无法进行面对面的论辩，只能在他"缺席"的条件下"自言自语"了。在《人的研究在中国》（1993）这一讲演稿中，我不仅对 Edmund 对中国人类学者的评论作出理论回应，而且还承认了中国知识分子的传统烙印对我的"应用研究"的影响，承认了儒家"学以致用"价值观对我的潜移默化。不过，我能相信，Edmund 在世时一定知道我们之间的差异不全是学术传统之间的民族差异，而可能也是对社会科学体系的不同理解，甚至推得更远一点，可能是对社会科学价值观当中 Max Weber 的论点的不同看法。

Weber 曾经用"valueless sociology"来形容社会科学，并用"vocation"一词来形容学者的追求与学术的定位。所谓"valueless sociology"就是要求社会科学研究者在其研究中不要带着个人和社会的价值观来观察社会事实，干预社会的客观存在，如果一定要翻译出来的话，这个词的意思就是"与价值判定无涉的社会学"。"vocation"一词，我现在还找不到一个对应的中文词汇，实际上它既指一种才能又指一种具有感召力、超离社会实际的智慧，也许相当于中文中的"天职"一词。Edmund 的看法，大致说来是社会科学老祖宗之一Weber 的理论的人类学延伸。我们之间的差异，不是单独、偶然的现象，而是社会科学中的一个共同的问题，Edmund 怀疑我的学术实践的价值观，我则常想"valueless sociology"是否有存在的可能性。

问题何在？在这里我不想再继续重复学术传统差异的溯源工作，倒是想提提学者的平常事。就我个人而言，在写文章和拿出去发表时，我并没有想到这并不是个人的行为，而是会对别人发生一定作用的，所发生的是好作用还是坏作用，过去一直不曾感觉到是我自己的问题。今年年初在北京高级研讨班上我提到，童年时我看到过我祖母把每一张有字的纸都要拾起来，聚在炉子里焚烧，并教育我们说要"敬惜字纸"。我长大了一些，还笑老祖母真是个老迷信。我长到了老祖母的年纪时才明白"敬惜字纸"的文化意义。纸上写了字，就成了一件能为众人带来祸福的东西，不应轻视。我一旦理解了祖母的行为和教训，我心头相当郑重，因为我一生对字纸太不敬惜了，想写就写，还要发表在报章杂志上，甚至还编成了书，毫不经意地在国内外社会上流行。如果我确是发表了一些有害于人的文章，不能不说是贻害了人。因此近来常想到祖母的遗教，觉得应当自己回头看看我过去的文章和著作。当然不是像托尔斯泰那样想把自己一生的著作付之一炬。已经行世的著作，火是烧不尽的。同时也明白我写下这么多字纸，并不仅仅是我个人的作品，而是反映了当时中国知识分子的心态。是非祸福自有历史去公断，不必由我去审定，要我审定我也无此能力。

我不知道 Edmund 在老年时是否也发生过同样的问题，但我相信他能够意识到我的老祖母的"敬惜字纸"的意义，也是能够理解到不存在不产生社会影响的学术作品，影响只有好、坏、大、小程度以及社会空间范围之别，因而谈 "valueless sociology" 我认为是不切实际的。走过 60 年的学术道路，我回过头来反思一番，深感不妨多耗费些字纸进行一些自我批评。我原来只是埋头走我的路，到了近些年来才回过头来问一问、想一想有关学术价值与社会价值的关系问题。我不久以前想到了一个词汇叫做"文化自觉"。在今天这个"社会科学的应用与中国现代化"学术讨论会上，我愿意把这个类似于号召的词汇赋予一个学术的说法，我认为这四个字可以代表我对人文价值的再思考。

二、我对自己学术的反思

回顾我一生的学术生命可以从 1936 年的江村调查算起，到去年已有 60 年，用老话说就是一个花甲了。现在就让我从这本《江村经济》说起吧。我曾经一再声明，这本书可以说是一棵我无心插下的杨柳。Malinowski 老师在序言中对它的评语，说这本书可以说是社会人类学里的里程碑，我当时不仅没有预料到，甚至没有完全理解。也就是说我在江村调查时并不是有意识地要用此把人类学这门学科推进一步。当时我还是个初入门的年轻小伙子，既没有这眼光，也没有这雄心，甚至我在江村调查时也没有想到会写成一本书。我是在我姐姐的好意安排下到江村去养伤的。从插在这本书里的相片上还可以看出我当时扶着手杖，病容满面，一副未老先衰的样子。我是凭着从当时留我寄宿的农民合作丝厂给我的深刻印象和启发中想为这"工业下乡"的苗子留下一点记录而开始做江村调查的。

这棵无心插下的树苗，得到了泥土和雨水的滋养居然成活并长大了。论文写成，又印成了书出版，Malinowski 老师还为它写了序。序里写些什么，我只是在伦敦回国前从出版这本书的书局送来该书的校样上粗粗地看了一遍，说实话印象并不深。当时占据我心头的是国内抗日战争。我记得船过印度停泊时才知道汉口和广州已经沦陷，当时我和同伴们正忙着办越南起岸和过境的签证手续。我和《江村经济》英文本初次见面是在 1948 年清华胜因院的书房里，离这本书问世已有 10 年之隔。

我从西贡上岸经河内回归祖国。到达云南的昆明后，接着我就遵循 Malinowski 老师的主意，在滇池边上继续搞农村调查。其后，抗日战争结束后，内战发生，我开始投身民主运动。在这段时间里，我在学术工作上只完成了《云南三村》的中英文稿，英文本的名称还是用了和 Malinowski 老师同桌吃饭时他建议的 *Earthbound China*。中文本《云南三村》直到 1990 年才正式出版。总之我对这本《江村经济》的认识是逐步形成的。我现在的想法，认为 Malinowski 老师写这篇序的目的，似乎并不完全在评论我这本书，而是想借这篇序吐露他自己心头蓄积着的旧感新愁。

当时，Malinowski 正面对第二次世界大战的严峻形势，心头十分沉重，所以说"我们的现代文明，目前可能正面临着最终的毁灭"。他介绍我时强调我是个"年轻爱国者"，他对我能有机会成为一个"研究自己民族"的人类学者，用自己的研究成果真正"为人类服务"，竟流露出"时感令人嫉妒"，甚至他表白对"自己的工作感到不耐烦"，他用了"好古、猎奇和不切实际"来贬责当时的许多人类学者。他还自责"人类学至少对我来说是对我们过分标准化的文化的一种罗曼蒂克式的逃避"。这些话我现在看来正是一个寄寓和依托在拥有广大殖民地的帝国权力下失去了祖国的学者的气愤之词。但是为了表达他的信心，他紧接着又说："我认为那面向人类社会、人类行为和人类本性的真正有效的科学分析的人类学，它的进程是不可阻挡的。为达到这个目的，研究人的科学必须首先离开对所谓未开化状态的研究，而应该进入对世界上为数众多的，在经济和政治上占重要地位的民族较先进文化的研究。"

我重复这些话是要指出 Malinowski 老师在把现代人类学者从书斋里拉进充满着新鲜空气的"田野"之后，接着他很明白地表示要把人类学的研究从野蛮人的田野拉进文明人的社区里去。在人类学的发展过程中第一步从书斋到田野的转变上他是立了功的，但从野蛮到文明的第二步，他在一生中并没有实现。他希望他的下一代去完成他的任务。"文野之别"这条鸿沟从目前看来一时还难以跨越。这是我体会到 Malinowski 老师内心的新愁。

我自问自己怎么会似乎毫不经心地跨过了这个"文野之别"的呢？Malinowski 老师的这篇序又替我回答了这个问题，他在序末的一段话里说："作者的一切观察所具有的特征是，态度尊严、超脱、没有偏见。当今一个中国人对西方文明和西方国家的政治有反感，是可以理解的。但本书中没有显示出这种迹象。事实上通过我个人同作者和他的中国同事们的交往，我不得不羡慕他们不持民族偏见和民族仇恨——我们欧洲人能够从这样一种道德态度上学到大量的东西。"他替我所做的答复是归根于中国和欧洲在文化上的差别，即他所说的道德态度上的基本差别。Malinowski 老师认为中国人并不像欧洲人那样心存民族偏见和仇恨。这个概括是否正确还有待实证。我常自己审察自己总觉得我们传统文化中对异民族的偏见不能说没有，但是和欧美相比是有差别的。我在研讨班的讲稿里已提到过欧美人类学里反映出来的"文野之别"历来被认为是人的本质之别，甚至在 30 年代还有人怀疑土著民族的头脑是否具备欧美白种人所认为人之所以为人的理性。西方人类学的学者中否认"野蛮人"有逻辑思想的为数不少。这个问题到了 Malinowski 的时代还要由他挺身而出极力争辩，巫术并不是出于缺乏实证的逻辑思想。

在我们的传统文化里也有夷夏之别，但孔子一向主张"有教无类"。教就是可以学习得到的文化，类是本质上的区别。孔子看到他不能在中原行其道，曾想乘桴浮于海，甚至表示愿意移居九夷之中，这就表明他认为夷夏只是文化上有些差别，有教则夷即入华，人的本质是一致的，并没有不能改变的本质上的区别。

通过我的行为和思想，在 Malinowski 老师眼中看出了我们中国人和欧美人在道德素质上的不同，也许就是这种不同，使我在进入人类学的领域时，很自然地闯过了"文野"这一关。所以也可以说我是靠我的文化素质过了关的。

同时，我在这里还必须指出，作为一个中国学者，我之所以能够超越文化的偏见，大概与我的国家所处的世界文化格局有密切的关系。近代以来，西方文化一直处于上升的阶段，通过它的力量延伸，数百年来为自身造成了世界经济文化的"霸主"地位。在这样一个居高临下的地位上看自己、看别人，不见得能够采用"虚心求教"的态度。这一点直到 Malinowski 老师逝世 30 年以后，才逐步为西方学者意识到。

1978 年出版的一本叫《东方学》的书的作者 Said 教授说了如下一段值得警醒的话："现代东方学者对自己的定义是，他们是与别人有所不同，是把东方从迷惑、异化和怪诞中挽救出来的英雄。他们的研究重构了东方已消失的语言、习俗甚至精神。他们的角色，类似于占坡里安，是他把古埃及的象形文字从罗萨塔石堆里发掘出来的。在东方学者看来，东方学的技巧如词典学、语法学、翻译学、文化阐述学等，服务于古代的、古典东方的文化价值的复原和弘扬，同时对哲学、历史、修辞学、学术流派具有贡献。但是在历史的过程中，东方和东方学者的学科必然发生变化。'东方'的意义已从'古典'的东方变成'现代化'的东方，而东方学也从传统学科变成了当代文化的一部分。不过，东方和东方学不管如何变化，都难以避免带有权力的痕迹，这种权力就是改造或再造东方的力量，也是把东方学塑造成哲学和人类学研究的方法。总之，把东方转变为现代世界的一分子之后，东方学者便可以对自己的成就和地位加以庆贺，为自己作为世俗化的创造者感到骄傲，他们的骄傲来自他们把自己当作新世界的创造者，这样的骄傲与神创造旧世界时的感觉是一样的。"[①]

Said 也指出，19 世纪以来，东方学经历了两次大步伐的"进步"。第一次是 19 世纪中期至第一次世界大战结束。此时期，英国和法国在世界上获得大片的殖民地，对殖民地的研究成为殖民地行政的必需品。同时，大片殖民地的获得也为东方学研究提供了调查和搜集材料的机会，因此东方学在巴黎、牛津等大学出现了一个"黄金时代",许多资料直接来自住在殖民地的语言学家、历史学家、人类学家、考古学家。东方学的第二次大步伐"进步"发生在第二次世界大战及其后。此时期,世界格局再次发生很大的变化,二战之后许多东方社会的殖民地地位获得了解放,西方的霸主地位从英、法手中转移到新兴的美国手中。旧的霸主(英国和法国)自然还是力图保持它们的传统地位,东方学研究在它们手中仍然被"保护"为"国宝"。不过,新兴的霸主美国支持更大量的战略性区域研究,使东方学研究扩大到整个太平洋圈和亚洲的所有地区。这些区域研究大多以"跨文化理解"为口号,但是对维护美国在世界格局里的霸主地位有不可忽略的"贡献"。在这两个时期,东方学不可避免地出现了不少变化,但是它的叙述、言论、研究制度的深层结构并没有脱离传统。

《东方学》一书指出的东西不仅对西方的东方学有效,而且对西方现代社会科学也同样有效。在西方现代社会科学中,广泛存在一个具有两面性的"二元一体"概念。这个二元一体的概念里有一条分割世界的界线,它把世界划分为两个部分:西方和东方。而且认为,西方是强大的本土,而亚洲是被打败和遥远的"异邦"。又认为,亚洲代表一种潜在的危险,它的神秘文化在西方科学的体系里面无法解释和操作,而且可能在未来对西方造成挑战。在东方学的作品中,这种二元论一直被描绘为互补的对立。

Said教授为我们指出,东方学与16世纪以来逐步成长起来的西方资本主义世界体系有密切的关系。实际上,资本主义世界体系所创造的东、西关系在社会学和经济学中被当成是"传统"与"现代化"的关系,在社会学和经济学的研究中东方常被当成是传统的、古老的,西方才是现代的、新兴的。这使19世纪东方作为"白种人的负担"的理论进一步"合理化"。"白种人的负担"的理论把东方传统看成西方人的负担或西方应该对之实施教育的异教徒。产生于西方的一系列"现代化"理论与这种东方观有着直接的渊源关系。

我自己的一生处在文化接触过程中被欺凌的文化一方,因而较为能够避开占支配地位文化对别人文化的偏见,我在许多著作中确实能够广泛参考、评论西方观点,甚至能够在中国文化内部格局中强调弱小的"草根文化"或"小传统"的动力,在文化价值观上与把世界格局中弱小民族的文化当成与"先进文化"格格不入的观点形成很大差别，这也就是我能够做到不排斥外来文化、拒绝复制"文野之别"的根本原因。

务必指出的是，提出文化的兼容并蓄观点，并非是为了一味好古、守旧，也并非为了实现 Wallace 教授讲到的"revitalization"[②]在受到外来支配文化冲击的状况下，站在被欺凌的弱小文化的立场上看，一时的复旧意识是值得同情的态度。但是，当这种态度发展到排斥外来文化的地步，成为与西方中心主义相对的另一种民族中心主义，那就可能忽略世界文化关系中"适者生存"的无情现实。我近来正在思考一个令我烦恼的问题。在北京召开的高级研讨班上，针对民族生存的危机，有人提出了"保留文化"与"保留人"的矛盾问题。这个问题在国内人口极少的民族当中特别突出，但在我看来它并非只是这些少数民族特有的问题，而是个现代人或后工业化人类的共同问题，是一个值得我们研究文化的人重视和深思的难题。"保留文化"与"保留人"本来不该是一个严重的问题，因为人的生活与文化是分不开的，我的老师就认为文化就是满足人生活需要的器具。但是，到了西方中心的世界体系形成之后，非西方文化的确产生了很大危机，这些文化类型在外来强有力的文化冲击下，是否还能满足人们的需要？在社会科学里面，"现代化"这个概念的提出，大概就是为了解答这个本来与文化价值相关的问题。

西方首先发展出来的现代化理论说法多端，很难加以概括，而它们所采取的路线却是一致的。法国社会学先驱 Emile Durkheim 认为，世界上存在两种类型的社会。其中，一类是"传统社会"，另一类是"现代社会"。前者以社会内部群体组织的稳固性为特征，后者以多元的社会分工为特征。"现代化"指前者向后者的转型。德国的 Max Weber 认为，"现代化"意味着工业化、科层化，工业化和科层化又意味着理性化，即资本利用的有效化过程、减低投入增加产出的过程、击败竞争对手的过程及满足消费者需求的过程。对此类过程，韦伯统称为"the capitalist spirit。[③]虽然 Durkheim 与 Weber 在许多方面截然不同，但是二者所强调的实质是一样的。"现代化"就是"西方化"，或"东方"将向"西方"社会形态转型。从 Said 的角度看，诸如此类的"现代化"构想都是以单线性的阶段式的演化论为基础的，而把所谓"现代社会"（实质上即"西方社会"）视为"传统社会"（实质上即"东方社会"）的未来图景的看法，这些看法都是旧时代的遗留，说明过去东方学偏见在西方学术界所起的作用。不过，一旦东方社会拒绝接受现代化过程中的文化转型，它们又如何可以使自己的人民生存在这个"物竞天择"的世界？

这不是一个新问题，在我的一生中，我们国内从"器用之争"到"中西文化论辩"，甚至到目前海内外儒家文化、小传统与现代化关系的争论，文化传统与现代化的问题一直没有间断地影响着学术思考。许多人想把自己的社会建设成为与原来不同，同时能与西方社会相匹配的社会。在这个前提下，东方社会出现了对现代化和现代特性的追求。充满"东方学"偏见的西方现代化理论，常成为非西方政治的指导思想，使作为东方"异文化"的西方，成为想象中东方文化发展的前景，因而跌入了以欧美为中心的文化霸权主义的陷阱。然而，怎样"医治"这一文化心理危机，怎样避免上述的陷阱，在学术表述上应当采用什么理论？

三、跨文化的"席明纳"

我在这里的叙述，目的不在为上述一系列"考题"提供应试的答卷，我相信问题的提出与思考、理论的反思，本身就具有自身的价值，而我今天的讲述及近来的几篇讲稿，都可以归入我所说的反思性质的文章中去，也就是回过头来，多读几遍自己过去发表的文章，把自己新的体会写下来。这类文章我是从 1993 年在苏州召开的两岸三地社会人类学座谈会上开始的，当时我在会上宣读了《个人·群体·社会》一文，是我重读《生育制度》一书时的新体会。这几年又写了好几篇这类文章，已收集在《学术自述与反思》（1996）这本新近出版的文集里。

学术反思并不是我发明的，拿我个人来说就是从 Malinowski 老师那里学来的，是从他在伦敦经济政治学院讲课时所采用的"席明纳"方式中推衍出来的。"席明纳"是 seminar 的音译，其实就是学者之间的对话。最近我们在北大又开办社会文化人类学高级研讨班，着重导师和学员之间的对话，使学术讨论超越了单向信息传播的模式。我正在试写的学术反思文章其实就是自我讨论或称自我对话，针对我自己过去的学术成果，通过自己的重新思考，实行自我反思。对话增多了，大家放言无忌，可以开创一种学术新风。

学术对话如此，文化之间的对话亦当如此。我在这里讲述我的思考时，世界离21世纪不到三年了，在跨入21世纪之前，一些西方学者已经开始自觉到应当清楚一下自己的过去，认清自己的真实面貌，明确生活的目的和意义，这也正是我这一段时间里所想到的"文化自觉"的含义。西方人文社会科学界的这种表现，正表示他们已经感觉到当前文化的危机，引起了许多学者的苦恼，并且有人已开始为其寻找新的出路。一些人类学家认为，由于对"异文化"（实质上即非西方或东方文化）的研究不可能达到完全客观，因此人类学者就应该主动地把它当成"自我文化评论"的工具，利用对非西方社会的了解，来揭示西方文明的弱点。④在关于现代化理论的讨论中，自六七十年代开始世界系统论者采取了进一步的看法，他们指出，"东方"社会的低度发展，并不是因为这些社会没有足够的"工业化"和"西方化"，而是因为近代以来西方的殖民扩张造成了"东方世界的依赖性和从属性"。这种看法是对西方中心主义的反映，无论怎样都表明对当前世界文化走向的思考。

看来文化自觉是当今世界共同的时代要求，并不是哪一个人的主观空想。有志于研究人类学的学者，对当前人类的困惑自然也会特别敏感，对当前新形势提出的急迫问题自然会特别关注。所以我到了耄耋之年，还要呼吁文化自觉，希望大家能致力于我们中国社会和文化的反思，用实证主义的态度、实事求是的精神来认识我们有悠久历史的文化。

文化自觉只是指生活在一定文化中的人对其文化有"自知之明"，明白它的来历、形成过程、所具的特色和它发展的趋向，不带任何"文化回归"的意思，不是要"复旧"，同时也不主张"全盘西化"或"全盘他化"。自知之明是为了加强对文化转型的自主能力，取得决定适应新环境、新时代时文化选择的自主地位。文化自觉是一个艰巨的过程，首先要认识自己的文化，理解所接触到的多种文化，才有条件在这个正在形成中的多元文化的世界里确立自己的位置，经过自主的适应，和其他文化一起，取长补短，共同建立一个有共同认可的基本秩序和一套与各种文化能和平共处、各抒所长，联手发展的共处守则。

7年前在我80岁生日那天在东京和老朋友欢叙会上，曾瞻望人类学的前途，说了下面一句话："各美其美，美人之美，美美与共，天下大同。"这句话我想也就是今天我提出的文化自觉历程的概括。"各美其美"就是不同文化中的不同人群对自己传统的欣赏。这是处于分散、孤立状态中的人群所必然具有的心理状态。"美人之美"就是要求我们了解别人文化的优势和美感。这是不同人群接触中要求合和共存时必须具备的对不同文化的相互态度。"美美与共"就是在"天下大同"的世界里，不同人群在人文价值上取得共识以促使不同的人文类型和平共处。总而言之，这一文化价值的动态观念就是力图创造出一个跨越文化界限的"席明纳"，让不同文化在对话、沟通中取长补短。

人类的历史是分散、孤立的人群逐步由分而合的过程。我曾经用"战国时期"来形容20世纪。20世纪里发生过两次世界大战，世界列强争雄了100年。第二次大战后殖民地民族纷纷独立，在世界舞台上出现了政治和经济上的多元局面。但由于交通和信息的发达，已出现向一体发展的势头。当前这个世界性的"战国时代"与古代中国的"战国"有类似之处，是一个由分到合的过程，所以两次"世界大战"的发生，可以说已经预示了"世界一体"（one world）格局的生成。当前国家与国家、民族与民族、种族与种族、宗教与宗教等之间的相互接触越来越频繁，使原来分立的人文世界逐步向一个"地球村"转变。社会学者把这个世界一体化的现象称为"globalization"（全球化），我也认为全球一体化是历史的前景。

与此同时，尽管在全球的交往过程中，人类满怀着一个良好的愿望，希冀我们之间逐步能够通过沟通、宽容、互补，获得对利益和价值的共识，但以权力格局为背景的社会文化界限却尚未消除，民族—国家的现实使我所说的统一的"文化场"目前还是一种理想。

全球一体化固然可以认为是历史的前景，但是如果不解决如何一体化的过程，在这过程中不解决一系列的矛盾，这一体化的结果是不容易出现的。现在看来在多种文化接触中，最难以多元取得一体的是文化的价值观念。正是因为这个原因我才特别提出"美美与共"的问题，这是一个人文价值怎样取得共识的问题。所以我想在这次研讨会上着重提出人文价值的再思考的题目。

其实，社会人类学既以研究人文世界为对象，人文价值自应是它研究的主要对象。上面提到的关于"现代化"的观点，其实就是在多元的人文价值的状态下怎样进入全球一体化的问题上提出的各种观点。这些观点中，如我在上文的分析，有些是想采用由一种优势文化来取代各种不同于这种文化价值观的文化，取代方法可以是强制的或是自愿的。隐藏在"现代化"背后的西方中心主义就是要以欧美的价值观念来取代其他文化的不同观点。这种看法我认为是不符合我上面所说的达到"美美与共"的路子。为了探索这一条全球一体化的路子，我们以研究人类学为天职的人，应当认真地展开讨论并通过对话来取得共识。如果能对人文价值实事求是进行再思考，不仅可以推动社会人类学前进一步，而且还可以为人类的发展前途做出贡献。

从英国功能主义的社会人类学和美国历史主义的文化人类学的理论来说，我体会到它们都承认各民族文化是各具合理性的，所以首先要承认各人群的"各美其美"，然后要使具有不同价值观点的人群去互相理解别人的价值观点，首先要以容忍的态度来尊重别人与自己不同的观点。在共同合作和思想交流中逐步地认同于相同的价值观点。这个过程中，必然要有一个时期使不同的价值观点在相互的容忍中共同存在，不相排斥。我相信在有利于各方的和平共处和共同合作中，不同的观点是可以相互接近和融合的。

进入人类学领地，正是因为受到这种跨文化的人文价值观的激励。正如 Edmund Leach 教授指出的，我的人类学的确是从理解中国本土文化开始的。但是，我关注本土文化并非为了把自己的视野局限在本土文化的界限之内，而是为了在了解自己的前提下，寻求不同人文类型和平共处的途径，因而我的不同时期的作品，既体现出一种对本土观念和不同文化价值观念的尊重，又力图展示文化之间互译和沟通的可能性。强调世界全球化过程中不同民族文化在同一时间里并存的格局对实现"天下大同"也许是必要的。

现在想起来，这确是一种异文化与本文化兼容并包的探索。Edmund 认为，社会人类学应该研究"异文化"，因为只有在别的社会中人类学者的观察才能充分地客观化，避免由于社会制约造成的偏见。[⑤]针对中国本土人类学者，Edmund 认为，除了功能论色彩有可取之处外，其他均未能超脱本土人类学者本身从小习得的司空见惯的文化，因而无法提出有说服力的人类学解释。对此，我愿意加以两点反驳：第一，无论人类学者如何能够旁观他人的社会，最终他们还首先是自己社会的一员，受他们从小习得的本文化观念的影响，在他们的写作活动中，他们更需要在家乡文化的体验下叙述他们对异文化的认识，因此他们的"旁观"与本土人类学一样不可能达到完全客观；第二，本土人类学者的工作实际上不只是在一个单一的参考系下面展开的，在像我所做的那一类研究中，有两种"异文化"作为我的参考体系，这两种"异文化"便是在国内外其他民族中我自己亲身的阅历以及从社会人类学和其他社会科学的学习中获得的关于世界各国和各民族的知识。

Edmund 的看法现在看来在西方也只是一种保守的观点。实际上，70 年代以来，西方也出现了大量本土人类学作品，它们指出了西方的"非西方研究"所存在的问题。由于人类学者过于信仰西方人的分析能力，因此他们在探讨"非西方"文化时就可能把产生于本文化的观念强加在异文化之上。这个问题的根源，不仅在于人类学者对本土社会及其人类学意义不够关注，而且也在于人类学者与"他人社会"的文化距离。具体地说，人类学者本身所处的社会场域以及他们与研究对象之间的距离，可能导致他们对其他文化的误解。通过本土社会与文化的关照以及通过缩短文化距离，本土人类学有着消除文化误解的潜能，因为本土人类学者生活在本土社会之中，他们对当地的社会与文化有着切身的感受。

在人类学中，与"异文化"相提并论的常是"参与观察"一语。传统人类学主张，人类学者不仅要研究异文化，以便避开自己社会的偏见，而且还要参与到别的社会中去深入理解他人的生活。用我自己的话来讲，异文化容易使人类学者能"出得来"，而参与观察则是要求人类学者能"进得去"。主张以异文化研究为己任的人类学者认为，人类学者在本文化中容易犯"出不来"的毛病，因而认为本土人类学者往往无法从自己所处的社会地位和文化偏见中超脱出来做出"客观的观察和判断"。不过，"异文化"的研究往往也存在"进不去"的缺点，也就是说，研究他人社会的人类学者通常可能因为本身的文化偏见而无法真正进行参与观察。对于从事中国社会研究的外国人类学者来说，这一点是十分明显的。Freedman、Skinner 等西方优秀的汉学人类学者可以说是一群被西方承认的"中国通"的人，但是他们从研究中得出的结论在西方也常被认为代表"外国人对中国的看法"。对于致力于中国本土人类学研究的学者来说，问题可能是与此相反。中国本土人类学者面临的是"出得来"

的问题，也就是说，作为研究本土社会的人类学者，重要的是要从我们所处的社会地位和司空见惯的观念中超脱出来，以便对本土社会加以客观的理解。本土人类学的要务在于使自身与社会形成一定的距离，而形成这种距离的可行途径是对一般人类学理论方法和海外汉学人类学研究的深入了解。通过这种了解，我们可以在一定程度上把自己的社会和文化"陌生化"（defamiliarization）。

不过，我对参与观察的反思不只是考虑如何"出得来"的问题。Edmund等西方人类学者认为，参与到异文化中去的目的在于让人类学者获得一种个人的涵养，使之有能力从自己的社会中分化出来，客观地认识人的生活。我的人类学研究，则强调田野工作和理论对社会产生应用的作用，同时强调使之回到本土社会去推进文化发展的必要性。

我反复强调"参与"，目的不在于要"推广"一种自我文化封闭的研究类型。当前西方和中国的人类学思考不少是在批评西方殖民主义和文化霸权的前提下展开的。对于第三世界的人类学者来说，批判西方文化的支配作用固然重要，但是，从一种文化偏见落入另一种偏见的可能性也是存在的。学者应当如何克服自己社会身份和权力格局导致的偏见？为了解决这个问题，对不同文化加以交叉比较和反思，对学术价值观加以定位将是十分重要的。我们在超越西方文化支配性制约的同时，也要超越自身社会对我们的局限。我曾强调把研究者和被研究者联系起来，人类学者不仅要了解"别人"还要了解"自己"。这也就是为什么我这个长期位居中国"大传统"的人，会如此执著地在"小传统"民间社会中追求理解的缘故。

人总是生活在希望里，对未来的瞩望和期待决定他当前的行为与忧乐。今天会议的主题是"社会科学的应用与中国现代化"，它无非要求与会者把自己置身于"现代化"过程当中去思考我们的理论，看看我们自己的希望何在。现代化理论的创始人之一 Max Weber 把文化的转型当成是现代化的前提，他所讲的符合现代化的思想意识是欧洲的"新教伦理"。我不能不承认 Weber 是一位学识渊博的学者，他不缺乏文化比较的功夫，事实上他的现代化理论恰好就是在宗教文化的比较观察中提出来的，他的研究方法与我今天在这里讲的"跨文化"研究没有多大差异。令我惊讶的是，这位值得尊敬的德国学者在隐喻的层面上否定了其他人文类型在现代世界的生存权利，没能在跨文化的关怀中获得人文价值的自我反思和宽容，所以难免会在步入老年时逐渐变成一个厌世的悲观论者。

如果大家能同意现代化是当代世界中人际关系的新发展，那么也当可以认为现代化应当是一个"文化自觉"的过程，即人类（包括学术人）从相互交往中获得对自己和"异己"的认识，创造文化上兼容并蓄、和平共处局面的过程。从这个角度来理解现代化，为的是在跨入 21 世纪之前，对 20 世纪世界"战国争雄"局面应有一个透彻的反思；为的是避免在未来的日子里"现代化"的口号继续成为人与人、文化与文化、族与族、国家与国家之间利益争夺的借口；为的是让我们自身拥有一个理智的情怀，来拥抱人类创造的各种人文类型的价值，克服文化隔阂给人类生存带来的威胁。对于不同的人来说，社会科学可以有不同的"应用价值"，在跨入下个世纪之前，我看到的是另一种价值的需要，那就是在社会科学中出现一次人文价值的重新思考，这种思考如果可以被称为"文化自觉"的话，那它的"用处"就远胜于以往我们从事的明显可见的"应用社会科学"了。我也寄希望大家在听完我这篇发言之后能够看到人文价值再思考的重要，看到这是人类美好前景所依托的基础。

1997 年 3 月 20 日于北京北太平庄

注释

①转引自王铭铭：《文化想像的力量：读萨伊德著〈东方学〉》，《中国书评》，香港，第 6 卷。

②Anthony Wallace："Revitalization movements"，American Anthropologist，1956 年，第 58 期。

③Max Weber："Protestant Ethics and the Capitalist Spirit，"New York，1958.

④George Marcus and Michael Fischer：Anthropology as Cultural Critique，Chicago，1986.

⑤Edmund Leach：Social Anthropology，London，1983，第 122~148 页。

反思·对话·文化自觉

下面是根据我在北大社会学人类学研究所开办的第二届社会文化人类学高级研讨班上多次发言的录音整理编成的记录。我历来不喜欢在讲课时照本宣读我已写出的讲稿，而喜欢随稿补充一些即席的思考，这也可名之为"讲课旁白"。

一

上届研讨班上我们大家约定：回去后都到田野去做一次调查研究，对中国社会和中国文化思考思考，过一段时间大家再聚在一起互相汇报心得。一年过去了，今天能在这里召开第二届研讨班，实现了这个约定，我感到十分高兴。同时李亦园教授主张，这样的研讨会不仅要有第二届，还要有第三届、第四届，每年召开一次，继续开下去，我十分赞成。在这里我也得表示一下决心，只要我还活着，不论哪一届，我一定参加。当然有一个前提，决定权不在我手上，要看老天还打算让我在这个世界上再活多少年。我是属狗的，依传统算法，已经88岁了。俗话说"八十不留宿"，是指像我这样年纪的人到人家去做客，主人不愿再留我在他家过夜了，为的是谁也保不住第二天我是否还能起得来。我这样长的寿命，已超过了我的几位老师，包括吴文藻、潘光旦、史禄国、马林诺斯基。但在学术成就上实在无法相比，我对几位老师，只有惭愧二字可说。从《花篮瑶社会组织》和《江村经济》的两次实地调查算起，到去年已过了60年，老话是一个花甲了。如果不是在1980年我又获得第二次学术生命，我这一生就留不下多少对后代也许还会有用的遗产了。也正是这种

"岁月春水逝"的生命短促感，促使我这 10 多年来不停地"行行重行行"，力求此生能对得住祖祖辈辈的培育和期待。

最近这几年，我在外地跑得少了一些，原因不尽是由于年老力衰，而是因为我打算用这最后的一段生命，把自己一生中已经写下的东西多看看，结结账，写一套反思性质的文章，这不能不占去我一部分时间。我曾利用上一届的研讨班推出了我重读马老师文化论的体会一文，作为我在这个研讨班上的第一讲。同时我也为这届研讨会上的第二讲预定了内容，打算发表我对《江村经济》一书的反思。讲稿是写了出来，却花了有好几个月。今秋定稿时正好许多亲友建议利用我江村调查 60 周年的机会，大家到我家乡去欢叙一番，顺便去看看今天的江村。我就把那篇刚写好的文章送交《北京大学学报》（1996 年第 4 期）印发，供大家讨论之用。

北大社会学人类学研究所决定召开这届研讨班时，又把这篇讲稿编入《社区研究与社会发展》一书中，在讲课前分发给参加这届研讨班的学员们。一稿两用，不得已也。但因此大家能在听讲之前，看到这篇讲稿，思想上有些准备便于听得明白我这个南腔北调的口音。这篇讲稿题目是《重读〈江村经济〉序言》。讲稿既然预先发给你们了，由你们自己去念好了。我将利用这两个小时，随心所欲地讲些有关这篇讲义的旁白。

这篇讲稿也是我正在写的一系列反思文章中的一篇，和在上一届研讨班上所讲的是相连续的。现在电视不是时兴连续剧么？我写连续性的文章，固然有点赶时髦的味道，其实这也是我在抗战时期养成的习惯。《乡土中国》、《生育制度》等都是先写连续性的文章，然后合编成的。我这一系列反思文章还刚开始，打算还要写下去。我这样说不是又在作预约，而是想说，各位最好把我的那几篇反思文章连起来念，一个人的思想是不断发展的，前后有个继承性、连贯性，不掌握其中的思路，也就难以理解作者想在所写的文章中表达的论点。

我今天提供大家的那篇讲稿，不仅是想为我写的那本《江村经济》在人类学这门学科里定个位，而且也想借此说明这篇序言的作者，马老师，对这门学科发展上的贡献。我想把我今天的讲稿和 60 年前开始动笔的那本《江村经济》和马老师为这本书写的序言，三者连结起来，来说明第二次世界大战前这门学科发展的一段经过。用以引出人类学在当前的处境和可能出现的新突破。

我在这篇讲稿里一开始就声明，我这本《江村经济》是一棵我无心插下的杨柳。马老师在序言里对它的评语，我当时不仅没有预料到，甚至没有完全理解。也就是说我在江村调查时并不是有意识地要用此把人类学这门学科推进一步。当时我还是个初入门的年轻小伙子，既没有这眼光，也没有这雄心，甚至我在江村调查时并没有想到会写成一本书。我是在我姊姊的好意安排下到江村去养伤的。从插在这本书里的相片上还可以看出我当时扶着手杖，病容满面，一副未老先衰的样子。我是凭着从当时留我寄宿的农民合作丝厂给我的深刻印象和启发中想为这"工业下乡"的苗子留下一点记录而开始做江村调查的。

这棵无心插下的树苗，得到了泥土和雨水的滋养居然成活并长大了。论文写成，又印成了书出版，马老师还为它写了序。序里写些什么，我只是在伦敦回国前从出版这本书的书局送来该书的校样上粗粗地看了一遍，说实话印象并不深。当时占着我心头的是国内抗日战争。我记得船过印度停泊时才知道汉口和广州已经沦陷，当时我和同伴们正忙着办越南起岸和过境的签证手续。我和《江村经济》英文本初次见面是在 1948 年清华胜因院的书房里，离开这本书问世已有 10 年之隔。

我从西贡上岸经河内回归祖国。到达云南的昆明后，接着我就遵循马老师的主意，在滇池边上继续搞农村调查。其后，抗日战争结束后，内战发生，我开始投身民主运动。在这段时间里，我在学术工作上只完成了《云南三村》的中英文稿，英文本的名称还是用了和马老师同桌吃饭时他建议的 *Earthbound China*。中文本《云南三村》直到 1990 年才正式出版。闲话不说了，总之我对这本《江村经济》的认识是逐步形成的。这次为了要准备这届研讨班的讲稿，才用心细读此序，似乎开了窍。我现在的想法，认为马老师写这篇序的目的，似乎并不完全在评论我这本书，而是想借这篇序吐露他自己心头蓄积着的旧感新愁。

我在讲稿里已说出了我这一点体会，不必在此重复。他当时正面对第二次世界大战的严峻形势，心头十分沉重，所以说"我们的现代文明，目前可能正面临着最终的毁灭"。他介绍我时强调我是个"年轻爱国者",他对我能有机会成为一个"研究自己民族"的人类学者,用自己的研究成果真正"为人类服务",竟流露出"时感令人嫉妒",甚至他表白对"自己的工作感到不耐烦",他用了"好古、猎奇和不切实际"来贬责当时的许多人类学者。他还自责"人类学至少对我来说是对我们过分标准化的文化的一种罗曼蒂克式的逃避"。这些话我现在看来正是一个寄寓和依托在拥有广大殖民地的帝国权力下失去了祖国的学者的气愤之词。但是为了表达他的信心,他紧接着又说:"我认为那面向人类社会、人类行为和人类本性的真正有效的科学分析的人类学,它的进程是不可阻挡的。为达到这个目的,研究人的科学必须首先离开对所谓未开化状态的研究,而应该进入对世界上为数众多的,在经济和政治上占重要地位的民族较先进文化的研究。"

我重复这些话是要指出马老师在把现代人类学者从书斋里拉进充满着新鲜空气的"田野"之后,接着他很明白地表示要把人类学的研究从野蛮人的田野拉进文明人的社区里去。在人类学的发展过程中第一步从书斋到田野的转变上他是立了功的,但从野蛮到文明的第二步,他在一生中并没有实现。目前那些以"文化领导人"、"掌握着优势文化"自居的人还坚持着先进和落后之分,实质就是上一代的"文野之别"。这条鸿沟看来一时还难于跨越。这是我体会到马老师的内心的新愁。

我自问自己怎么会似乎毫不经心地跨过了这个"文野之别"的呢?马老师的这篇序又替我回答了这个问题,他在序末的一段话里说:"作者的一切观察所具有的特征是,态度尊严、超脱、没有偏见。当今一个中国人对西方文明和西方国家的政治有反感,是可以理解的。但本书中没有显示出这种迹象。事实上通过我个人同作者和他的中国同事们的交往,我不得不羡慕他们不持民族偏见和民族仇恨——我们欧洲人能够从这样一种道德态度上学到大量的东西。"他替我所作的答复是归根于中国和欧洲在文化上的差别,即他所说的道德态度上的基本差别。中国人在马老师看来并不像欧洲人那样心存民族偏见和仇恨。马老师这个概括是否正确还有待实证。我常自己审察自己总觉得我们传统文化中对异民族的偏见不能说没有,但是和欧美相比是有差别的。我在讲稿里已提到过欧美人类学里反映出来的"文野之别"历来被认为是文化本质之别，甚至在 30 年代还有人怀疑土著民族的头脑是否具备欧美白种人所认为人之所以为人的理性。西方人类学的学者中否认"野蛮人"有逻辑思想的为数不少。这个问题到了马老师的时代还要由他挺身而出极力争辩，巫术并不是出于缺乏实证的逻辑思想。

在我们的传统文化里也有夷夏之别，但孔子一向主张"有教无类"。教就是可以学习得到文化，类是本质上的区别。孔子看到他不能在中原行其道，曾想乘桴浮于海，甚至表示愿意移居九夷之中，就表明他认为夷夏只是文化上有些差别，有教则夷即入华，人的本质是一致的，并没有不能改变的本质上的区别。

通过我的行为和思想，在马老师眼中看出了我们中国人和欧美人在道德素质上的不同，也许就是这种不同，使我在进入人类学的领域时，很自然地闯过了"文野"这一关。这一点认识使我更感觉到要理解一门学科的发展绝不能离开学者所有的文化素质。我们中国人要认真地去研究人和文化，就不能不警惕各种理论的历史背景和从事这门学科的人的文化修养。

二

我在这个高级研讨班上的两次讲稿，都可以归入我所说的反思性质的文章中，就是回过头来，多读几遍自己过去发表的文章，把自己新的体会写下来。这类文章我是从 1993 年在苏州召开的两岸三地社会人类学座谈会上开始的，当时我在会上宣读了《个人·群体·社会》一文，是我重读《生育制度》一书时的新体会。1994～1995 年又写了两篇关于怀念我在清华研究院的史禄国老师的文章，和一篇对我《小城镇 大问题》那篇文章的 10 年回顾，以及去年在第一届高级研讨班上所讲的关于马老师《文化论》的体会。以上几篇已收集在《学术自述与反思》这本新近出版的文集里。现在还可以在市面上买得到。这一系列文章是我这几年开辟的一条推进我学术思想的新路子。希望这个研讨班能帮助我对我过去写的文章、出版的文集，多提意见。我受到了启发之后，可以在班上一次一次地写我的讲稿，作为答谢。

学术反思并不是我发明的，拿我个人来说就是从马老师那里学来的，是从他在 LSE 讲课时所采用的"席明纳"方式中推衍出来的。"席明纳"是 seminar 的音译，其实就是有一位教授主持的学术研讨班。采用这种方式来改变过去"先生讲，学生听"的教育方法。采取了由学生讲，通过师生平等的对话和先生与学生一起讨论，最后由先生总结的教育法。我正在试验的学术反思其实就是自我讨论或称自我对话，针对我自己过去的学术成果，通过自己的重新思考，进行自我反思。我把这些反思文章作为讲稿，请参加研讨会的同行们一起用对话方式进行研讨，性质上是一样的。同行们一起对话，比一个人自己对话自然高出了一个层次，接近于我在 30 年代参加的马老师的"席明纳"。

鼓励对话，使这一届研讨班比上一届研讨班前进了一步。上一届主要是请了几位在人类学这门学科里已有一定学术地位的各国学者作主讲，各人讲各人的，参加研讨班的学员只是到会听讲，很少像这届大家进行对话，因之多少还偏向于传统的"先生讲，学生听"的一般上课方式。这一届研讨班上有了改变，学员间的对话增多了，大家放言无忌，真是一个大改进。可以说是开创了一种学术新风。这不仅得到学员们的积极支持，而且在对话中，我确实得到很多启发，充实了我今后继续"反思"的内容。

举几个实例来说，在这届研讨班上有一位学员对我所说的"文化没有界线"这句话提出质疑。这位学员是出生在新疆多民族地区的汉族移民，现在北京工作。她说从她本人的生活体验中感觉到到处都碰着文化的界线。我听了之后发觉她感到的"文化界线"很值得深入思考。我初步想到的是她是个生活在不同文化相互接触地区的人，文化间的差别是她生活中日常可以感觉到的活生生的事实。她在新疆生活时，带着外来文化的底子，在本地人看来她还没有完全融合在本地文化里；当她回到原籍，又因为在外地生长过，留有外地文化痕迹，有点异味。这种人在社会学里有人用"边际人"来形容他。边际和边界不同。边界是地域上用来划分两个不同单位的界线，在界线两边分属于不同的单位，一过界就属于另一个单位。两方不相重叠。边际是对中心而言的。从一个中心向四周扩张出来的影响，离中心越远，受到的影响就越小，成一种波浪形状。这相当于力学里"场"的概念，适用于声、光、电、磁。场就是一种能量从中心向四周辐射所构成的覆盖面。在这一片面积里，所受强度只有程度上的差别，深浅、浓淡等。但是划不出一条有和无的界线。行政区域是属于前一种状态，在地图上可以用一条线划定边界。而文化属于后一种状态，有中心和扩散的范围，远离中心的可以称为边际。边际是不能用界线来划定的。两个文化中心可以向同一地域扩散，所以常出现互相重叠的边际。这种受到不同文化波及的人，可以称作"边际人"，是文化接触中出现的现象。我回想到早年在《乡土中国》中用"差序格局"来表达亲属关系的结构形态，意义并不十分明白。经过这次对话，遇到了文化有没有边界这个问题，我才进一步想到用"场"的概念来补充"差序格局"的意思。这是我从这次对话中得到的启发。

由于提出文化是否有边界的问题，促使我联想到我们当前正生活在其中的这个世界上，若干主要文化正处在大规模的接触、冲突、嫁接，一直到融合的过程中。我在考虑是否应当引进"场"这个概念来认识这个过程。我注意到现在西方的欧美国家里出现了一种把文化和国家这个制度挂钩的倾向。把国家的领土概念引申到文化领域中来，把不同文化划出界线，以强调文化冲突论。我意识到这种看法是有很大危险的。如果把边界的概念改成"场"的概念，也许可以纠正这个倾向。"场"就是由中心向四周扩大，一层层逐渐淡化的波浪，层层之间只有差别而没有界线，而且不同中心所扩散的文化场在同一空间互相重叠。也就是在人的感受上可以有不同的生活方式、不同的规范，可以自主地选择。把冲突变成嫁接、互补导向融合。

在扩大对话的范围中，这次研讨班从文化是否有界线这个问题，引起了一位鄂伦春族的学员提出的文化存亡问题。鄂伦春是个长期在森林中生存的民族。世世代代传下了一套适合于林区环境的文化，以从事狩猎和饲鹿为生。近百年来由于森林的日益衰败，威胁到这个现在只有几千人的小民族的生存。提出的问题是，从鄂伦春的立场看，要生存下去应当怎么办？其实这不仅是鄂伦春人特有的问题。在我看来这是个现代人或后工业化人类的共同问题，是一个人类文化前途问题，值得我们研究文化的人重视和深思。

我这样说是因为我想到这是个人和文化的关系问题。人利用自然资源，创造、维持和发展了自己的人文世界。文化是人为的，也是为人的。从这方面看去，鄂伦春人碰到的是人创造的利用自然来为自己服务的狩猎文化因森林的破坏而受到了威胁。如果坚持原有的文化，就会导致人的灭亡。现在正面对一个严酷的选择，保存文化呢还是保存人？如果依照我的文化是为人的认识，选择是明显的，就是要保持的是人而不是文化。这就是说鄂伦春人只有从文化转型上求生路。问题是怎样转，转向何处？

我记得我在访问大兴安岭鄂伦春人时曾建议他们能不能发展饲鹿业来代替狩猎，又因他们提出了鹿种退化问题，我曾向农业部申请向当时的苏联引入鹿种。后来听说这件事办成了。但是我没有去追踪调查，不知道鄂伦春人是否发展了饲鹿业。我当时的建议是想到文化转型不大可能是个急转弯。从狩猎文化要转到农业或工业文化是有困难的，其中不妨用已有传统的饲畜文化作为过渡台阶。这个想法看来是可行的。我又在这个思路上，后来提出善于发挥原有文化的特长去发展少数民族经济的主张，其实这个思路和我提倡乡镇工业和庭院经济的主张是一脉相通的。

我认为文化转型是当前人类的共同问题，因为现代工业文明已经走上自身毁灭的绝路，我们对地球上的资源，不惜竭泽而渔地消耗下去，不仅森林已遭难以恢复的破坏，提供能源的煤炭和石油不是也已在告急了么。后工业时期势必发生一个文化大转型，人类能否继续生存下去已经是个现实问题了。

以上我举的两个例子，说明了我在这次研讨会上从对话中得到的收获。我相信为了在班上讲课我在准备讲稿时所进行的反思和在班上与同仁们的对话，确实已成为推进我学术生命的动力。我希望这样的研讨班能继续下去。反思和对话这两个法宝能继续发挥作用。

三

反思和对话是我们这届研讨班采用的行之有效的方法。但是目的是什么呢，我们当前的社会人类学走向何处？也就是我们从四面八方、五湖四海来到这里参加这个研讨班，所为何事？在这个班刚开始时，我自己也回答不了这个问题，但经过了实践，我开始觉得逐渐有点明白了。我们大家一起回顾了几代人对人类文化的研究经过，大家都亲自参加了"田野工作"，对我们切身参与的社会生活进行了观察和思考，总结了个人的心得，又在这班上互相对话、讨论。到最后一刻，我想总结一下，问一句：我们大家在搞什么？心头冒出四个字"文化自觉"。这四个字也许正表达了当前思想界对经济全球化的反应，是世界各地多种文化接触中引起人类心态的迫切要求，要求知道：我们为什么这样生活？这样生活有什么意义？这样生活会为我们带来什么结果？也就是人类发展到现在已有开始要知道我们的文化是哪里来的？怎样形成的？它的实质是什么？它将把人类带到哪里去？这些冒出来的问题不就是要求文化自觉么，我们这届研讨班上大家的发言和对话不是都环绕这几个问题在动脑筋么？我提出"文化自觉"来作为我们这个研讨班的目的是否恰当和适合，还得请大家思考，体会和讨论。

我提出这四个字"文化自觉"来标明这个研讨班上的目的，确实是我在为这个班作闭幕发言中冒出来的。但是这个概念的形成也有一个经过，不妨在这里对它作一点跟踪追忆。

上面已说过，我想到要对自己过去的学术思想进行反思可以推到1993年在苏州举行的两岸三地社会学人类学座谈会，那时我已83岁，心头在盘算我如果还要在这个世界上活几年的话，我应当做些什么事？还有哪些未了的心愿？我又自问这一生做了些什么事？立德、立功当然都说不上，可是从14岁开始在《少年》杂志上发表文章起，确实写了不少文章。这些文章大多都在各种刊物上发表了，也就是说通过文字曾对社会发生过影响。这是不是可以说"立言"？

在写文章和拿出去发表时，我并没有想到这并不是个人的行为，而是会对别人发生一定作用的，所发生的是好作用还是坏作用，过去一直未曾感觉到是自己的问题。童年时我看到过我祖母把每一张有字的纸都要拾起来，聚在炉子里焚烧，并教育我们说要"敬惜字纸"。我长大了一些，还笑老祖母真是个老迷信。我长到了老祖母的年纪时我才明白"敬惜字纸"的文化意义。纸上写了字，就成了一件能为众人带来祸福的东西，不应轻视。我一旦理解了祖母的行为和教训，我心头相当郑重，因为我一生对字纸太不敬惜了，想写就写，还要发表在报章杂志上，甚至还编成了书，毫不经意地在国内外社会上流行。"文化大革命"时期，大字报上攻击我到处放毒，罪该万死。事后想来，不无道理。如果我确是发表了一些有害于人民的文章，不能不说是贻害了人。"文革"结束了，别人不再批判我了，我却想到了祖母的遗教，应当自己回头看看我过去的文章和著作。当然不是想像托尔斯泰那样自己把一生的著作付之一炬。已经行世的著作，火是烧不尽的，但这样想至少表白了他个人的心迹。我也明白我写下这么多字纸，并不是我个人的作品，而是反映当时中国知识分子的心态。是非祸福自有历史去公断，不必由我去审定，我要审定也无此能力。但是我至少应当回头把这些旧著作为客观存在的东西，凭老来的眼光，反思一下，再花点字纸，写点反思文章，聊尽作为历史载体的责任。同时我也解决了怎样打点我余生的问题。这是我这几年下笔写反思文章的衷曲。

反思实际上是文化自觉的尝试。如果不停留在个人的"衷曲"上，再前进一层，我所以会发生这些"衷曲"，还是反映了客观的社会现实。我的处境和上节里提到那位出生于新疆移民家庭的我称之为"边际人"的学员，实在是大同小异，我们都是在不同文化的接触、矛盾中求安身立命的人。我当时曾用"上不着天，下不着地"来形容这种人的尴尬状态。旧的文化已不能给我们心安理得的生活方式，新的文化还正处在形成的过程中。我同情鄂伦春族学员的处境，要在保存文化还是保存人中做出选择。概括地说，我们都是生存在文化转型过程中的人物。

在这种心理状态中，我进行反思，重读马老师给《江村经济》写的序言，我就很敏感地联系上了英国人类学在 20 世纪上半世纪的变化，看到马老师自己越过了"从书斋到田野"这个关。但在面临"文野之别"的那一道关时，只能叩关而未能夺关了。我又看到在我面前关山重重，我在"微型到宏观"的关上观望，在"传说到历史"的关前犹豫，在"生态到心态"的关口缩手缩脚。环视左右，人类学将何去何从至今还没有人能站出来说"俱往矣，数风流人物，还看今朝"。20 世纪一转眼就将过去了，新时代的呼唤已在耳边。

这个声音最近由于巧合又在新近译成中文的美国畅销书中听到了。从这个声音里我仿佛又听出了"文化自觉"四个字。

在这次研讨班开始前十几天里，完全是由于偶然的机会，我接触到这一本小说。书名是《塞莱斯廷预言》。这几年，小说对我并不具吸引力。但由于这本小说作者的名字，引起了我的注意。他是不是就是在北京解放前几天回美国的我熟悉的那位当时和我在小学里的女儿差不多同年的小朋友 James Redfield？天下同名同姓多得很。这本小说的作者如果确是我过去的小朋友，那就太有意思了。所以我就在百忙中抽出两天时间把这本小说读了一遍。

这是一本寓言性的小说，虚构的奇遇。作者假托一个美国青年听说秘鲁的塞莱斯廷地方发现了一本古代传下的关于人类过去和未来的预言文本，有点像我在童年时看到过的刘伯温的《推背图》。由于这本预言对当前当局不利，被列入禁读禁传之列。这位青年却偏偏要去寻觅，于是构成了一本探险记。这故事其实并没有惊险场面，不能和美国流行的这类电影相比。但是经过逐段探索到的预言内容却激动了当前美国的读者。这书一出版，1995 年到 1996 年两年间畅销了 600 万册。流传之广成了雄踞榜首的奇书。反映了当前美国群众的精神状态。这却不是件小事，一叶知秋深。

在我看来这本书实际上是一本西方文化的反思录。它假托"预言"，总结了西欧人在公历纪元后第一个"千年"中走过的道路，道出了当今欧美文化的来龙去脉，当前遇到的危机和今后的出路。这是一本可说是用小说体裁编写的一篇人类学论文。

虽则本书的译者有意或无意地没有在本书前后介绍作者的简历，但从这些问题的提出就不能不使我怀疑我早年的小朋友和这同名同姓的作者是一人。我的这位小朋友是美国社会学和人类学的世家子弟。他的外祖父就是我在燕京大学读书时，教我到人们生活中去学社会学的那位访问教授，他的妈妈又是在我初访美国时帮我翻译《云南三村》和《中国的士绅》的得力助手。在临近解放时她和她丈夫老两口带了个小儿子全家应邀来华，曾在清华的胜因院和燕京的临湖轩落脚。我就是在这时认识了这位我们都叫他作詹曼的小朋友。转瞬间已过了半个世纪。后来我知道詹曼在芝加哥大学继承了祖业，而且曾当过现在知名的华人学者林毓生的博士导师。这就使我怀疑这本小说的作者有可能就是我早年相识的小名叫詹曼的小朋友。如果我猜中了，也算是一回巧合吧。

撇开小说里的奇遇不说，只就它作为西方文化的反思那一部分来说，也是值得我们注意的。作者从第一个千年的西方文化说起，前半个 500 年里欧洲正处在所谓"中世纪"，人们在"原罪意识"控制下把自己一生命运统统交给了一位全能的上帝去支配，这样浑浑噩噩地过了半个"千年"。后来经过一场宗教革命，推倒了神的权威，接着又被世俗的追求所控制。人们既不再想在死后进入天堂，眼前只有现世的需求。个人的生活关切把人带进了物质享受的小天地里，只求舒适地生活，不再问为什么活着。一生追求感觉上的刺激，到头来落得个心理上的空虚和焦急。在这500年里人类的科技大为发达，使人利用资源的力量大增，配合上但求享受的人生观，对地球上有限的资源，肆意开发和浪费，导致那一部分有权有势可以控制资源的人无餍地挥霍、掠夺。于是这个世界出现了贫富的两极化。如是过者又500年。到目前快要进入第二个千年之前，也就是当前的时候，众生所依赖的大地，因为经不起这样的糟踏而亏损到了日暮途穷的地步，甚至整个地球都已变色。人们出现了"千年忧患"的情结。以上就是我所说的对西方文化的反思。下个千年还是这样在老路上盲目前进，自毁所赖以生存的生态系统么？秘鲁塞莱斯廷地方所隐藏的那本预言，到此结束了反思，进入了"前瞻"。预言说是人类到了第一千年的结束前那一刻，出了个大转变。这个转变出于强烈的危机感，认识到了人与人之间的争夺物资，必然会导致匮乏。人类到这时才"迷途知返"，才开始打算走出这个匮乏—争夺—更匮乏的怪圈。怎样走出来呢？作者并没能跳出基督教的影响，提出了一个"爱他人、爱自然"的观念作为救命圈，但是人类这条命怎样救得过来？这本《塞莱斯廷预言》似乎没有给出答案。但对于人类最后达到的境界却作了预言：一是计划生育，人口取得控制；二是用机器人代工人劳动；三是物资充沛后实行各尽所能，各取所需。看来这个作者对我们中国现在所走的社会主义道路是赞同的。

读完这本小说，我觉得作者主张在跨入21世纪之前，西方文化应当清理一下自己的过去，认清自己的真实面貌，明确生活的目的和意义，这不也正是我这一段时间里所想到的"文化自觉"么？看来文化自觉是当今世界共同的时代要求，并非哪一个人的主观空想。

在座的都是有志于研究人类学的学者，对当前人类的困惑自然会特别敏感，对当前新形势提出的急迫问题自然会特别关注。所以我到了耄耋之年，还要在这个班上呼吁文化自觉，希望大家能致力于我们中国社会和文化的科学反思，用实证主义的态度，实事求是的精神来认识我们有悠久历史的中国社会和文化。

文化自觉只是指生活在一定文化中的人对其文化有"自知之明"，明白它的来历，形成过程，所具的特色和它发展的趋向，不带任何"文化回归"的意思。不是要"复旧",同时也不主张"全盘西化"或"全盘他化"。自知之明是为了加强对文化转型的自主能力,取得决定适应新环境、新时代时文化选择的自主地位。

文化自觉是一个艰巨的过程,只有在认识自己的文化、理解所接触到的多种文化的基础上,才有条件在这个正在形成中的多元文化的世界里确立自己的位置,然后经过自主的适应,和其他文化一起,取长补短,共同建立一个有共同认可的基本秩序和一套各种文化都能和平共处、各抒所长、联手发展的共处守则。

7 年前我在 80 岁生日那天在东京和老朋友欢叙会上,曾瞻望人类学的前途,说了下面这一句话:"各美其美,美人之美,美美与共,天下大同。"这句话我想也就是对我今天提出的文化自觉历程的概括。

1997 年春节于北京北太平庄

附记

上文定稿后接到詹曼的姊姊丽莎复我的信,告我《塞莱斯廷预言》的作者不是她的弟弟,这两个人是同名同姓。

复信如下:

Feb. 20 1997

Unfortunarely, the James Redfield who is author of the *Celestine Prophecies* is not the James Redfield who is my brother; indeed, we have so far been unable to find any kinship relation.

Regards to you all.

Lisa Peattie.

丽莎 Lisa Peattie 是 Robert Redfield 之女,Robert Park 的外孙女,系 MIT 退休教授。去年 9 月曾应邀来吴江参加纪念我江村调查 60 年的聚叙。该书中译本未介绍作家简历,致有此误,但也可视为一次巧合,所以上文可按原稿发表,未加修改。

个人·群体·社会
——一生学术历程的自我思考

年近谢幕，时时回首反思多年来在学术园地里走过的道路，迂回曲折；留下的脚印，偏缪杂呈；究其轨迹，颇有所悟。趁这次老友会聚，略作自述，切盼指引，犹望在此生最后的尾程中勉图有所补益。

一

对"社会"历来有两种基本上不同的看法。一是把社会看做众多个人集合生活的群体。严复翻译 sociology 作"群学"。众人为群，一个个人为了生活的需要而聚集在一起形成群体，通过分工合作来经营共同生活，满足各人的生活需要。人原是动物中的一类，衣食男女，七情六欲等生活需要，来源于自然界的演化，得之于个人的生物遗传。在这些方面人和其他动物基本上是一致的，只是生物界演化到了人这个阶段出现了超过其他动物的智力。人被生物学者称之为 homo sapiens，sapiens 就是智力的意思。凭此特点人在其满足需要上具备了超过其他动物的能力。人和人能通过共识和会意建立起分工合作的体系，形成了聚居在一起的群体。

严复把 sociology 译作群学，以我的体会说，是肯定活生生的生物人是构成群体的实体，一切群体所创制的行为规范，以及其他所谓文化等一切人为的东西都是服务于人的手段。

另一种看法却认为群体固然是由一个个人聚合而成，没有一个个人也就没有群体，这是简单易明的。但是形成了群体的个人，已经不仅是一个个生物体，他们已超出了自然演化中的生物界，进入了另一个层次，这个层次就是社会界。在这个层次里一个人不仅是生物界中的一个个生物体，或称生物人，而是一个有组织的群体里的社会成员，或称社会人。社会是经过人加工的群体。不仅不像其他动物群体那样依从生物的繁育机制吸收新的成员，也不像其他动物一样，每个人可以依他生物遗传的本能在群体里进行生活。在人的社会里，孩子须按社会规定的手续出生入世，生下来就得按社会规定相互对待的程式过日子；在不同时间，不同场合，对待不同的对象，都得按其所处的角色，照着应有的行为模式行事。各个社会都为其成员的生活方式规定着一个谱法。为了方便作个不太完全恰当的比喻，像是一个演员在戏台上都得按指定了的角色照剧本规定的程序进行表演，每一个歌手都得按谱演唱。社会上为其成员规定的行为模式，普通称为规矩，书本上也称礼制或法度。它确是人为的，不是由本能决定的；是经世世代代不断积累和修改传袭下来的成规。通过上一代对下一代的教育，每个人"学而时习之"获得了他所处社会中生活的权利和生活的方式。不仅如此，如果一个社会成员不按这些规矩行事，就会受到社会的干涉、制裁，甚至剥夺掉在这个社会里继续生存下去的机会，真是生死所系。

社会在自然的演化中是继生物世界而出现的一个新的但同样是实在的世界。这个世界是以生物体为基础的，正如生物体是以无生的有机体为基础一样。生命的开始，出现了生物界，生物群体的发展，出现了社会界。人还是动物，但已不是一般的动物，人的群体已不是一般的群体，上升成为社会。从这个角度来看，社会本身是个实体，生物人不能认为是社会的实体，而只是社会的载体。没有生物人，社会实体无法存在，等于说没有有机物质，生物实体无法存在一样。有机物质是生命的载体，生物人是社会的载体。实体和载体不同，实体有自己发展的规律，它可以在载体的新陈代谢中继续存在和发展。正如一个生物人是由无数细胞组成，个别细胞的生死，不决定整个人的寿命。个人的生命正是靠其机体细胞的不断更新而得以延续。同样的社会里的个别成员，因其尚属生物体，还是受生物规律的支配，有生有死，但并不决定社会群体兴衰存亡。因之，生物实体和社会实体是属于自然演化过程中的两个层次。

人有两个属性：生物人和社会人。

这一种把社会看成比生物群体高一层次的实体和把社会只看成是人的群体的生活手段，从理论上说是两种不同的看法。

二

我初学社会学时，并没有从理论入手去钻研社会究竟是什么的根本问题。我早年自己提出的学习要求是了解中国人是怎样生活的，了解的目的是改善中国人的生活。为此我选择了社会学。现在回头看来，我是受上述第一种看法的引导而进入这门学科的。把社会学看做是一门研究人们群体生活的行为学科，很符合严复翻译的意思，社会就是人类的群体。更符合我的主观倾向的是社会所规定的一切成规和制度都是人造出来，满足人的生活需要的手段，如果不能满足就得改造，手段自应服从人的主观要求。中国人民在我这一生中正处在社会巨大变动之世。如果社会制度不是人类的手段，那就好像谈不上人为的改革了。

我第一本翻译的社会学著作是乌格朋（Ogburn）的《社会变迁》。那时我还刚刚和社会学接触。这本书给我的印象很深，因为我很同意他的科技进步引起社会变迁的理论。科技变迁了，社会的其他制度也得相应地变迁，不然就出现社会脱节和失调。科技的进步是人为的，是人用来取得生活资源的手段，其他部门向科技适应也得出于人的努力改造已有的制度。这个理论对我很有吸引力。我把这本书翻译成中文，在商务印书馆出版，也可算是我进入社会学这个学科的入门标记。今天提到这件事是想说，我是无意地从上述的对社会第一种看法进入这个学科的，我说无意地因为我当时还没有领会到还有第二种看法，所以并非有意的选择。

接着我在燕京大学学习的最后一年，适逢美国芝加哥大学的派克教授来华讲学。我被他从实地观察来进行社会研究的主张所吸住了，据说这种方法来自人类学，我就决心去学人类学，虽然我当时对人类学还一无所知。我从燕京大学社会系毕业后，由吴文藻先生介绍考入清华大学研究院跟史禄国教授学习人类学。史禄国原是帝俄时代国家科学院里的人类学研究员。十月革命时他正在西伯利亚和我国东北考察，研究通古斯人。当时俄国发生了革命，他不愿回国而留在中国进入了当时的中央研究院，后来又和同事们合不来，转入清华大学教书和著书。人类学在中国当时还少为人知，我投入他的门下，成了他所指导的唯一的研究生。

他依据欧洲大陆的传统，认为人类学所包括的范围很广，主要有人类体质、语言、考古、社会和文化。可说是人和人文的总体研究。他为我定下了一个6年的基础学习计划，包括体质人类学、语言学和社会人类学三个部分，规定我以两年为一期，三期完成。我从1933年先修体质人类学，同时补习动物学，作为第一期。按清华大学的章程，研究生学习只规定至少两年，没有限期。我就准备按他的学习计划进行，预备修完三期。到1935年暑假我结束了第一期，学会了人体测量和体质类型分析，写出了两篇论文，经过考试委员口试及格，按清华的章程，两年后考试成绩优秀可以取得清华公费留学的资格。1935年正逢史禄国的休假期，而且他自己又另有打算，决定休假后不再继续在清华任教。所以他为我做出了新的安排，1935年暑假后到国内少数民族地区进行调查一年，然后1936年由清华公费出国进修，他不再亲自指导我第二和第三期的学习计划了。

我按他的意见，1935年暑假到广西大瑶山，现在的金秀瑶族自治县去进行实地调查。我携带了人体测量仪器以进行体质调查，并有前妻王同惠同行，共同进行社会调查。该年12月结束了大瑶山里的花篮瑶地区的调查后，准备转入附近坳瑶地区时，在路上迷失方向，遭遇不幸事故，我自己负伤，前妻单独离我觅援，溺水身亡。我在医伤和休养期间按和王同惠一起搜集的资料写成《花篮瑶社会组织》。这是我第一个社会实地调查的成果。

按史禄国所设计的学习进程，这是我超前的行动，因为社会人类学这一部分是安排在第三期学习计划里的。在编写这本书之前我只阅读过史禄国关于满族和通古斯族的社会调查，印象并不深，而且我对社会学理论也并没有系统的学习过。回想起来，从史禄国老师学到的也许就是比较严格的科学态度和对各个民族在社会结构上各具特点、自成系统的认识。所谓各有特点、自成系统就是指社会生活的各部门是互相配合而发生作用的，作为一个整体就有它特独的个性。我通过瑶族的调查，对社会生活各部门之间的密切相关性看得更清楚和具体了。这种体会就贯串在我编写的这本《花篮瑶社会组织》里。我从花篮瑶的基本社会细胞家庭为出发点，把他们的政治、经济各方面生活作为一个系统进行了叙述。

瑶山里所取得的体质测量资料我没有条件整理，一直携带在行李里，最后在昆明发生李、闻事件后仓促离滇全部遗失，花篮瑶的体质报告也就永远写不出来了。但这并不是说我这两年体质人类学的学习对我的学术工作没有留下影响。除了我对人类的生物基础有了较深的印象外，在分析类型进行比较的科学方法也为我以后的社会学调查开出了一个新的路子。

我原有的学习计划既然发生了改变，1936 年暑假我就准备出国，并由吴文藻先生安排，决定到英国 LSE 跟马林诺斯基学习社会人类学。比史禄国给我预定的计划，免去了语言学的一节。

从瑶山回到家乡我有一段时间在国内等候办理出国入学手续，我姐姐就利用这段时间为我安排到她正在试办农村生丝精制产销合作社的基地去参观和休息，这是一个离我家不远的太湖边上的一个名叫开弦弓的村子。我利用在村里和农民的往来，进行了一次有类于在瑶山里的社会调查。我带了这份在这村子里收集到的有关农民生活的调查资料一起到了伦敦。

我根据这批开弦弓的调查资料写出的提纲，首先得到了当时我在伦敦的导师 Firth 的肯定，随后又得到 Malinowski 的注意，当即决定他亲自指导我编写以中国农民生活为主题的博士论文。当时我并不明白为什么我能获得这样顺利的学习机会。后来在有人看到我的论文后，向我提出了个问题：你怎么会在没有和 LSE 接触之前，就走上了功能学派的路子？那时我才明白我从史禄国那里学来的这些东西，着重人的生物基础和社会结构的整体论和系统论，原来就是马氏的功能论的组成部分。我当时只觉得马氏所讲的人类学是我熟悉的道理。我们相见以前，已有了共同的语言。

回到我第一节里提出对社会的两种看法，我在这个阶段还没有做出明确的选择。原因也许在我当时并没有意识到除了第一种看法之外，还有第二种看法，和两种不同看法的区别。这表明我在理论上不够敏感，也就是功底不深。

我对史、马两位老师理论上的特点直到现在也不敢说已经了然。我听说史禄国后来看到了我那本《江村经济》时曾经表示过不满意的评论。我模糊地感觉到在他的理论框框里，我这本书是找不到重要地位的。但由于我没有吃透他的理论，我还不敢说哪些方面引起了他不满意的反应。

对马氏的理论我多少有一些捉摸。按他已经写出来的有关文化功能的理论，按我所理解的程度来说，基本是属于我上述的第一种看法。马氏的功能论的出发点是包括社会结构在内的，文化体系都属于人用来满足其基本生物需要及由生物需要派生的各种需要的手段。这一点他一直坚持的，同时他也承认文化的整体性，就是说人为了满足其需要而创造出来的文化是完整的。说是完整就是就完备而整体的。它必须满足人作为生物体所有全部需要，本身形成一个整体，其各部分是相互联系和配合的一个体系。简单说是整体论和系统论。

他提出这一套理论是有其历史背景的，他是个人类学中主张实地调查的先行者。他长时间住在 Trobriand 岛的土人中间，学会土语，直接参与土人的集体生活。他深深觉得要理解一个群体的生活必须从整体上去观察他们怎样分工合作，通过有系统的活动来维持他们的生活，也就是满足他们的需要，而人的一切需求都是从人作为一个生物体而发生的。食色性也，是从人是动物的这个属性上带来的。从这个基本的生物需要出发，逐次发生高层次的需要，如维持分工合作体系的社会性的需要等。他用这个理论来批判当时在人类学界盛行的文化传播论、历史重构论等，因为这些理论都是把文化要素孤立起来，脱离了人而独立处理的。比如当时就有些学者把图腾信仰脱离他所发生的具体群体而研究其起源、流动和在人类整个历史发展中的地位等。他以当时盛行在欧洲的人类学作为靶子，针锋相对地提出功能论、整体论和系统论。这在人类学学科史上是一次革命性的行动，使人类学的研究回归到科学的行列。

三

马氏自己称他的人类学理论是功能学派。他的所谓功能，就是文化是人为了满足其需要而产生的，所以都是有用的手段，文化中各个要素，从器物到信仰对人的生活来说都是有功能的，功能就是满足需要的能力，简单说就是有用的。功能这一词是英文 function 的译文。这词在英文中原有两个意义，一是普通指达到目的所起的作用，二是在数学里的函数，如果说甲是乙的函数，甲变乙也随着要变。马氏称自己是功能学派实际上是一语两义都兼有的。但在叙述他的理论时却常强调第一个意义，比如他在论巫术时就强调它在支持实际农作活动的节奏和权威的作用，用来批判过去认为巫术是未开化的人思想上缺乏理性的表现，是一种前科学或假科学思想的产物。19世纪在欧洲人类学充满着当时通行的民族优越感，把殖民地上的土人看成是未开化的野蛮人，把土人的生活方式看做是一堆不合理的行为。功能论是针对这种思想的批判，但是这种理论走到极端，认为文化中一切要素都是有用的，又会给人以存在就是合理的印象。这个命题在哲学上常受到批判，在常识上也和社会的传统中颇多对人无益而有害的事实不能协调。至于把满足生物需要作为功能的基础更是不易为普通人所接受。因之当马氏的功能论在人类学中盛极一时之际，就有不同的看法出现。而且就出现在也自称是功能学派的阵营里。最突出的是曾到过燕京大学讲学的Radcliffe Brown。

布朗也是主张实地调查而且主张文化整体论和系统论的人类学者。但是他认为功能的意义不必挂上有用无用的鉴别上，更不应当和生物需要挂钩，他把功能意义做数学中的函数来讲，那就是把功能的含义去掉了马氏所强调的一半。当时我们这些年轻的学生，经常把他们两个看成是在唱对台戏的主角。对我这个对理论缺乏敏感的人来说，在这场争论中除了看热闹之外，并没有认真思考加以辨别，而实际上却被这个争论带进了我在本文开始时所述对社会的两种看法的迷阵里。当我接触了功能派的先锋法国涂尔干的著作之后，对第二种看法发生了兴趣。他比较明确地把社会看成本身是有其自身存在的实体，和生物界的人体脱了钩。

我在医预科和在体质人类学课上受到的基础训练和社会文化和生物挂钩原是比较顺理成章容易接受的。但是我对社会的看法却被马、布的争论所动摇了，特别是联系到在瑶山和在开弦弓的实地调查的经历，使我逐渐倒向布氏的一面。我在初步进入社区的实地调查中所得到的感受值得在这里回忆一下。

当我踏入一个社区时，我接触到的是一群不相识的人。我直接看到的是各个人在不同场合的行动举止。这一片似乎纷乱杂呈的场面里，我怎样从中理出个理解的头绪呢？这时我就想到了社会行为是发生在社会所规定的各种社会角色之间，不是无序的而是有序的。如果我从这个角度去看在我面前展开的各个人的活动，就有了一个井然的秩序。不论哪一家，我们如果用父母、子女、亲戚、邻居等社会角色去观察这些似乎是杂乱的个人行为，就可以看到在不同人身上出现重复的行为模式，比如不论哪一家，母亲对儿子之间相互的行为都是类似的，成为一种模式，而这套行为模式却不同于妻子对丈夫，甚至不完全相同于母亲对女儿之间的相互行为。我在实地调查中才理解到一个社区中初看时似乎是纷杂的众人活动，事实上都按着一套相关的各种社会角色的行为模式的表演。再看各种社会角色又是相互配合，关关节节构成一个网络般的结构。从这个结构去看这社区众人的行为就会觉得有条有理，一点不乱。而且这个有条有理的结构并不是当时当地的众人临时规定的，而是先于这些人的存在，就是说这些人从小在生活中向一个已存在的社会结构里逐步学习来的。这就是个人社会化的过程。这个结构里规定的各种角色间的相互行为模式也是个人在社会中生活时不能超出的规范，一旦越出就有人出来干涉，甚至加以制裁。也因之在一个外来的调查者所能看到经常都是些按照社会模式而行为的行为，有时也可以见到一些正在或将会受到制裁的超规行为。作为一个人类学者在实地调查时，通常所观察到的就是这些有规定的各种社会角色的行为模式。至于角色背后的个人的内在活动对一般的人类学者来说就是很难接触到的。

我的社区调查不论在瑶山或在江村，现在回头来看，是不够深入的，还是满足于社会角色的行为模式，因而影响了我对社会的看法，把它看成了自成格局的实体，表达得最清楚的是我根据讲课内容编出的《生育制度》。

我本人的具体经历也影响了我学术观点的形成。所以在这里得补充几句。我是1938年离开伦敦的。那时，我国的抗日战争已进行了一年，我的家乡已经沦陷，原在沿海的各大学都已迁入内地。所以我只能取道越南回国，到达昆明，在当时的云南大学和由清华、北大、南开联合的西南联大工作。实际上，我到了云南，立即继续我的社会调查，接着以罗氏基金对燕京大学的社会学系的资助在云南大学成立了一个社会学研究中心，由于避免轰炸，设立在昆明附近呈贡的魁星阁，普通就称魁阁。从这时起，我的学术环境是相当偏僻和孤立的，除了少数原来的师友外，和外地及国外的社会学界几乎隔绝。不仅我们在当时和自己这个小圈子之外的思想很少接触，而且没有收集和储藏过去社会学书籍和资料的图书馆，我们对国内外过去的社会学遗产也得不到运用。这种缺乏消息交流对学术思想的发展确是一个很大的限制。现在回想起来，就能看到这种特殊环境的确对我自己学术思想有很大的影响。影响之深不仅是当时孤陋寡闻，而且造成了自力更生，独树一帜，一切靠自己来的心理，一直发展成为我后来不善于接受新的社会学流派的习惯。

1943 年我虽则有由美国国务院的邀请参加了当时所谓"十教授访美讲学"的机会在美国住了一年，但是我却利用这时期，忙着编写魁阁的调查成果。在美国几个大学的同行协助下写出 *Earthbound China* 和 *China Enters the Machine Age* 两书。说实话我并没有用心去吸收当时国外人类学和社会学的新思潮。比如我在哥伦比亚见过 Linton，在芝加哥见到 Redfield，在哈佛商学院见到 Elton Mayo，我在编写上述两书时都得到了他们的关切和具体协助，但是我对他们的著作却没有深入地钻研。除了我回国后翻译过 Mayo 的一本著作外，对其他几位老师的著作并未认真阅读。至多是吸收了一些皮毛，为我已在胸中长成的竹子添些枝叶。

我在老朋友面前无需掩饰，从 40 年代后期起，直到 70 年代结束前一年，我在国际的社会学圈子里除了两次简短的接触之外是个遗世独立的人物。

四

回到我在昆明这一时期，我们在魁阁研究工作是按照《江村经济》所走出的这条路前进的。这条路我们称之为社区研究。社区这个名词是我这一代学生在学时所新创的。其由来是 1933 年燕京大学社会学的毕业班为了纪念派克教授来华讲学要出一本纪念文集，我记得其中有一篇是派克自己写的文章需要翻译，其中有一句话 "community is not society"，这把我们卡住了。原来这两个名词都翻成"社会"的，如果直译成"社会不是社会"就不成话了。这样逼着我们去澄清派克词汇里两者的不同涵义。依我们当时的理解，社区是具体的，在一个地区上形成的群体，而社会是指这个群体中人与人相互配合的行为关系，所以挖空心思把"社"字和"区"字相结合起来成了"社区"。

社区这个概念一搞清楚，我们研究的对象也就明确了，就是生活在一个地区的一群有社会关系的人，社区可大可小，一个学校，一个村子，一个城市，甚至一个民族，一个国家，以至可以是团结在一个地球上的整个人类。只要其中的人都由社会关系结合起来，都是一个社区。有了这个概念我们实地观察的对象也有了一定范围。我当时就提出可以在瑶山进行民族集团的社区研究，也可以在各地农村里进行社区研究。在 1933 年这种社区研究就在燕京大学学生里流行了起来。我到了昆明还是继续走这条路子。

还应当提到的是魁阁研究工作标榜的特点是比较方法与理论和实际结合。在接受派克社区研究的概念和方法时，同时是由吴文藻先生为首提出的社会学中国化的努力方向。燕京大学的学生就是想通过社区研究达到社会学的中国化。社会学中国化其实就是社会学的主要任务，目的是在讲清楚中国社会是个什么样的一个社会。通过社区研究能不能达到这个目的呢？当然我们要说明中国社会是个什么样的社会，科学的方法只有实地观察，那就是社会调查。但是有人就质问我们，我们的研究对象如是一个具体的社区，那也只能是中国的一部分，你们能把全国所有的农村城市都观察到么？社区研究只能了解局部的情况，汪洋大海里的一滴水，怎能不落入以偏概全的弊病呢？我们对此提出了比较方法与理论和实际结合的对策。我在这里不能详细加以说明，好在我前年在东京的一个讨论会上发表的《人的研究在中国》的发言中已经答复了这个问题，这里不再重复了。

这里我想说的是社区研究的理论基础是直接和 1935 年到燕京大学讲学的布朗有关的。他在美国芝加哥大学开讲的人类学课程，就称作为比较社会学。社区研究接纳了布朗对社区的系统论和整体论的看法。我想只有从每个社区根据它特有的具体条件而形成的社会结构出发，不同社区才能互相比较。在互相比较中才能看出同类社区的差别，而从各社区具体条件去找出差别的原因，进一步才能看到社区发展和变动的规律，进入理论的领域。

魁阁的社区研究从 1938 年到 1946 年，一共只有 8 年，而且后来的三年由于教课任务的加重和政局的紧张，我自己的实地调查已经无法进行。所以魁阁的工作只能说是社区研究的试验阶段。这种工作一直到 80 年代才得到继续。

魁阁时期的社区研究基本上是瑶山和江村调查的继续。如果把这两期比照看看，这一期除了继承整体性和系统性之外，加强了比较研究同理论挂钩的尝试。先说比较研究。如果要从我本人的经历中寻找比较研究的根源，还应当推溯于我在清华研究院里补读比较解剖学和跟史禄国学习的人体类型分析。我们既然已由内地看到了和沿海不同农村在社会结构上存在着差异，我们更有意识地在昆明滇池周围寻找条件不同的农村进行研究，用以求证我们认为凡是受到城市影响的程度不同的农村会发生不同的社会结构的设想。这种方法上的尝试，我在 *Earthbound China* 一书的最后一章里作了系统的申说。这不能不说是魁阁的《云南三村》比瑶山和江村的研究在方法及理论上提高了一步。

比较研究的尝试在另一方面更使我偏向于本文开始时提出的对社会的第二种看法，就是把社会作为一个本身具有其发展的过程的实体，这种思路难免导致"只见社会不见人"的倾向，也进一步脱离马氏的以生物需要为出发点的功能论，而靠近了布朗对重视社会结构的功能论了。

五

魁阁后期，由于兼任云大和联大两校的教职以及当时政治局势的紧张，我不便直接参与实地调查，所以有更多时间从事讲课和写作。也可以提到，当时直线上升的通货膨胀使个人的实际收入不断下降，而我又在 1940 年成了一个孩子的父亲。我们在呈贡的农村里赁屋而居，楼底下就是猪圈，生活十分艰苦。因之，我不能不在固定的薪金之外，另谋收入，我这个书生能找到的生活补贴，只有靠写作来换取稿费。我在当时竟成了一个著名的多产作家。大后方的各大报纸杂志上经常发表我的文章，我几乎每天都要写，现货现卖，所得稿费要占我收入之半。写作的内容，不拘一格，主要是我课堂上的讲稿和对时事的评论，以及出国访问的杂记。这段时间里所发表的文章后来编成小册子发行，其中比较畅销的有《初访美国》、《美国人的性格》、《重访英伦》、《内地的农村》、《乡土中国》、《乡土重建》、《生育制度》、《民主·人权·宪法》等。

这许多为了补贴生活而写下的文章里，其实更直接暴露我的思想，而我的思想也密切和我的学术思路相联系的。现在回头翻阅一看，其中很明显地贯串着我在上面所说的向社会实体的倾斜。我的三本访外杂写，实际上是把英、美的社会分别作为各具个性的实体即所谓民族性格来描述的。尽管其中我常用具体看到的人和事作为资料，我心目中一直在和中国社会做比较。比如我把住处经常迁移的美国城市居民和中国传统的市镇和乡村的居民相比较而以"没有鬼的世界"来表明美国社会的特点。文内尽管有人有事，而实际是把它们做文化的载体来处理的。

我在美国时特别欣赏 R. Benedict 的《文化模式》和 M. Mead 的《美国人的性格》，我根据 Mead 这本书，用我自己的语言和所见的事实写出了《美国人的性格》一系列文章，并编成一册。这里所说的社会性格都是超于个人而存在和塑型个人的社会模式。这不是把社会看成了超人的实体的思路么？我又写出了《乡土中国》一系列文章，也许可以说和《美国人的性格》是姐妹篇，现在看来，这种涂尔干式的社会观已成了我这一段时间的主要学术倾向。

上面已提到这种倾向在理论上表明得最清楚的是在 1946 年完成那一系列《生育制度》的文章。我明确地否定家庭、婚姻、亲属等生育制度是人们用来满足生物基础上性的需要的社会手段。相反地，社会通过这些制度来限制人们满足生物需要的方式。这些制度起着社会新陈代谢的作用，甚至可以说，是为了解决生物界中人的生命有生有死的特点和社会实体自身具有长期绵续、积累和发展的必要所发生的矛盾，而产生的社会制度。我说如果从以满足两性结合的生物需要作为出发点，其发展顺序应当是说由于要满足两性结合的需要而结婚生孩子，接着不得不抚育孩子而构成家庭，又由子孙增殖而形成亲戚，这种一环扣一环可说是"将错就错"形成的社会结构。如果反过来看由于社会需要维持其结构的完整以完成其维持群体的生存的作用，必须解决其内部成员的新陈代谢的问题，而规定下产生、抚养新成员办法，而形成了"生育制度"。这个制度并不是用来使个人满足其生物上性的需要，而是用婚姻和家庭等规定的制度来确定夫妻、亲子及亲属的社会角色，使人人能按部就班地过日子。这两种对"生育制度"的不同理解正好说明功能派里两派的区别。

我这本《生育制度》是在 1946 年和潘光旦先生一起住在乡间时完成的，他最先看到我的稿纸，而且看出了我这个社会学的思路，和他所主张的优生强种的生物观点格格不入。当我请他写序时，他下笔千言，写了一篇《派与汇》的长文，认为我这书固然不失一家之言，但忽视了生物个人对社会文化的作用，所以偏而不全，未能允执其中。

他从社会学理论发展上提出了新人文思想，把生物人和社会人结合了起来，回到人是本位，文化是手段的根本观点。这种观点我们当时并没有会通。而且我们当时的处境并没有条件和心情展开学术上的理论辩论。我把全书连着这篇长序交给商务印书馆出版后，自己就去伦敦访问。1947 年回国，我和潘先生虽则同住一院，但却无心继续在这个社会学的根本观点上进一步切磋琢磨，这场辩论并没有展开，一直被搁置在一旁。经过了近半个世纪，潘先生已归道山，我在年过八十时才重新拾起这个似乎已尘灰堆积的思绪，触起了我的重新思考，这已是 90 年代的事了，留在下面再说。我这本《生育制度》实际上结束了我学术历程的前半生。

1947 年在英国访问以及回国之后到 1949 年北平解放，这段期间从我写作上说我曾称之为"丰收期"，北平的《中建》周刊、上海的《观察》周刊和《大公报》经常有我的文章，但我所写的主要是时事评论，其中固然表达我对社会的基本观点，而且通过《观察》及三联书店出版了我在抗战时期所发表的文章的集子，一时流传很广，成了当时的一个多产作家，但是回头来看，这段时间，在学术思想上并没有什么新的发展。

六

如果限于狭义的学术经历来说，我觉得可以把《生育制度》一书来作为我前半生学术经历的结束。自从 1930 年进入社会学园地时算起到 1949 年解放，一共是大约 20 年。接下去的 30 年是一段很不寻常的经历，包括解放、反右和"文革"的中国大变革时期。这一段时期里我的思想情况在 Current Anthropology 杂志发表的 1988 年 10 月我和 Pasternak（巴博德）教授的谈话记录中有比较直率的叙述，这里不用重复了。但是联系上面所提出有关对社会性质的根本问题时，我觉得有一些补充，说一说我近来才有的一点新的体会，足以说明我后半生学术思路的若干变化的由来。我越来越觉得一个人的思想总是离不开他本人的切身经历。我从解放后所逢到的我称之为不寻常的经历，必然会反映在我其后的学术思想上，以至立身处世的现实生活上。我如果完全把这段时间作为学术经历中的空白是不够认真的。

在比较这一生中前后两个时期对社会本质的看法时，发现有一段经历给我深刻的影响。我在前半生尽管主张实地调查，主张理论联系实际，但在我具体的社区调查中我始终以一个调查者的身份去观察别人的生活。换一句话说，我是以局外人的立场去观察一个处在另一种生活中的对象。我自身有自己的社会生活，我按着我自己社会里所处的角色进行分内的活动。我知道我所作所为是在我自己社会所规定的行为模式之内的，我不需犹豫，内心不存在矛盾，我所得到别人对我的反应也是符合我的意料的。这就是说我在一个共同的社会结构中活动。尽管这个社会结构也在变动中，这种变动是逐步的，而且是通过主动能适应的变动。我并不觉得自己和社会是对立物。

但是在解放之后的一段时间里，我自己所处的社会结构发生了革命性的变动，那就是说构成这个结构的各种制度起了巨大变动，在各个制度里规定各个社会角色的行为模式也发生了巨大变动。表演得最激烈的例子发生在"文革"的高潮中。作为一个教授的社会角色可以被他的学生勒令扫街、清厕和游街、批斗。这种有着社会权力支持的行为模式和"文革"前的教授角色的行为规范是完全相悖的。当然"文革"这种方式的革命是很不寻常的，但是在这不寻常的情景中，社会的本来面目充分显示了出来。我觉得仿佛是置身于一个目的有如显示社会本质和力量的实验室里。在这个实验室里我既是实验的材料，就是在我身上进行这项实验。同时，因为我是个社会学者，所以也成了观察这实验过程和效果的人。在这个实验里我亲自感觉到涂尔干所说"集体表象"的威力，他所说的集体表象，就是那"一加一大于二"的加和大的内容，也就是我们通常说的社会的本质。这个试验证实了那个超于个人的社会实体的存在。

但就在同时我也亲自感觉到有一个对抗着这个实体的"个人"的存在。这个"个人"固然外表上按着社会指定他的行为模式行动：扫街、清厕、游街、批斗，但是还出现了一个行为上看不见的而具有思想和感情的"自我"。这个自我的思想和感情可以完全不接受甚至反抗所规定的行为模式，并做出各种十分复杂的行动上的反应，从表面顺服，直到坚决拒绝，即自杀了事。这样我看见了个人背后出现的一个看不见的"自我"。这个和"集体表象"所对立的"自我感觉"看来也是个实体，因为不仅它已不是"社会的载体"，而且可以是"社会的对立体"。这个实验使我看到了世界是可以发生这种不寻常的社会结构革命性的变动。这种变动可以发生在极短的时间里，但是极为根本地改变了社会结构里各制度中社会角色的行为模式。为期十年的"文革"在人类历史上是一次少见的"实验"，一次震度极强烈的社会变动。我的学力还不够做更深入地体会和分析，但是我确是切身领会到超生物的社会实体的巨大能量，同时也更赤裸裸地看到个人生物本性的顽强表现。

从这次大震动中恢复过来，我初步体会是做个社会里的成员必须清醒地自觉地看到社会结构的不断变化，尽管有时较慢较微，有时较快和较为激烈。处在社会结构中的个人，应当承认有其主动性。个人的行为既要能符合社会身份一时的要求，还得善于适应演变的形势。学术工作也是个人的社会行为，既不能摆脱社会所容许的条件，也还要适应社会演进的规律，这样才能决定自己在一定历史时期里应当怎样进行自己的学术工作。这种自觉可说是一方面既承认个人跳不出社会的掌握，而同时社会的演进也依靠着社会中个人所发生的能动性和主观作用。这是社会和个人的辩证关系，个人既是载体也是实体。

这点理论上的感受，虽则一直潜伏在我的思想里，在我"文革"后的公开讲话中也有所表达，但是还不能说已充分落实在后半生的学术工作中。"只见社会不见人"还是我长期以来所做的社区研究的主要缺点。

七

下半生的学术生涯，可以说从 1978 年开始，直到目前一共有 15 年。刚从"不寻常"的经历中苏醒过来时，我就想既然得到了继续学术研究的机会，就该把 30 年丢下的线头接下去，继续从事社区研究，而且这时我对社区研究本身的功能有了一些更明确的看法，正如我在和巴博德教授谈话中所说的，我们做的研究实际上是发挥人特有的自觉能力，成为自然演化的一种动力。人类社会是不断发展的，表现为生产力的不断增长。我们就得有意识地把中国社会潜在的生产力开发出来，提高人民的生活水平。这个进化观点我是早就接受了的。解放之后我又接受了当时的马列主义学习，认识到生产力是社会发展的基本推动力。这种思想和我早日翻译的乌格朋的《社会变迁》中强调科技的发展也正相合。我的《江村经济》调查就是接受了我姐姐改革蚕丝生产技术的启发而进行的。所以我在80岁生日那天以"志在富民"四字来答复朋友们要求我总结我过去80年所作所为的中心思想。"志在富民"落实到学术工作上就是从事应用科学，所以我把调查看做应用社会学。这一个思路，我有机会于1980年2月在美国丹佛接受应用人类学会授予我马林诺斯基奖的大会上发表的《迈向人民的人类学》讲话时，得到公开发表的机会。

1981年我又接到英国皇家人类学会授予我赫胥黎奖的通知，并由我的老师Firth建议，要我在会上介绍江村在解放后的变化。为此我特地三访江村进行一次简短的调查。就是这次调查引起了我对当时正在发生的乡镇企业和小城镇的研究兴趣。从那时起我就抓住这个题目不放，组织了一个研究队伍，跟着农村经济发展的势头，从江村一个村，扩大到吴江县的七个镇。然后一年一步从县到市，从市到省，从一个省到全国大部分的省；从沿海到内地，从内地到边区，不断进行实地观察，直到现在已经有10年多了。我每去一地调查常常就写一篇文章，记下我的体会。10年来已积了近40篇，其中大部分已收集在今年出版的《行行重行行》一书中。这一系列文章还在继续写下去，可说是我下半生的主要学术方向。

这一系列文章在理论上说是以《江村经济》为基础的。把社区的经济发展看成是社区整体发展中的一个主要方面，并和其人文地理及历史条件密切联系起来，进行分析。我看到在不同条件下社区发展所走的路子不同，于是我又应用比较观点分出不同模式，并提出"多种模式，因地制宜，随机应变，不失时机"的发展方针。更从城乡结合的基础上升到经济区域的概念，逐步看到整个中国发展过程中形成的区位格局。这种社区研究是以农民自己创造的社会结构为出发点，分析这种结构形成的过程，它所具有的特点，并看出其发展的前景。这是实事求是的看法，而其目的是使各地农民可以根据自身所处的条件，吸取别地方的经验，来推动自身的发展。所以可以说这种社区研究是应用社会学，一门为人民服务的社会科学。

回顾我这60年的研究成果总起来看还是没有摆脱"只见社会不见人"的缺点。我着眼于发展的模式，但没有充分注意具体的人在发展中是怎样思想，怎样感觉，怎样打算。我虽然看到现在的农民饱食暖衣，居处宽敞，生活舒适了。我也用了他们收入的增长来表示他们生活变化的速度。但是他们的思想和感情、忧虑和满足、追求和希望都没有说清楚。原因是我的注意力还是在社会变化而忽视了相应的人的变化。

翻阅我这段时间里所发表关于社会学的言论时，我看到我思想确是已经改变了一些原来对个人和社会关系的看法，我不再像在《生育制度》中那样强调社会是实体、个人是载体的论调，而多少已接受了潘光旦先生的批评，认识到社会和人是辩证统一体中的两面，在活动的机制里互相起作用的。这种理论见于我在 1980 年所讲的《社会学和企业管理》及《与医学心理学者谈社会学》里。

《社会学和企业管理》是我在第一机械工业部的讲话，在这讲话里我提到了 1944 年我在哈佛商学院遇见的埃尔顿·梅岳教授，他曾在芝加哥的霍桑工厂里研究怎样提高劳动生产率的问题，做了一系列实验。起初他采取改变各种工作条件，如厂内的光线、休息的时间等，来测验工作效率是否有相应的提高，结果确是上升了。但梅岳认为并没有解决提高工作效率的关键问题。他接着再把实验倒过来做，一一取消了这些客观条件的改变，出于大家意料之外的，工作效率却依然上升。他从中得到了一个重大的发现，原来不是客观条件的改变促使了工作效率的上升，而是他的实验本身起了作用。因为工人参与了这个实验，自己觉得在进行一项有意义的科学工作，从而发现了自己不仅是一个普通拿工资干活的机器，而是一个能创造科学价值的实验者了。这个转变提高了他们的积极性。梅岳在这里发现了普通"工人身份"后面潜伏着一种"人的因素"，这个因素是工作效率的源泉，梅岳的"人的发现"改变了美国的工厂管理。联系我们所关心的问题来说，他是使社会身份，即社会规定的行为模式，背后这个一直被认为"载体"的个人活了起来了。使行为模式变成人的积极行为的是潜伏在社会身份背后的个人。其实我们在舞台上评论演员时，总是看他是否进入了角色。进入了角色就发挥出演员的积极性，演好了戏，演唱的好坏还是决定于演员本人。明白这一点，个人和社会的关系也就明白了。

上面提到的第二篇讲话是我在北京医学心理学讲习班上的讲话。我最初的题目是《神兽之间》，意思是说人既是动物而又已经不是动物，人想当神仙，而又当不成神仙,是个两是两不是的统一体。社会总是要求"满街都是圣人",用一套行为规范来套住人的行为,可是事实上没有一个人是甘心情愿当圣人的,即便是我们的至圣先师孔老夫子也是到了快死的 70 岁时方才做到"从心所欲不逾矩"。但是人又不能不在社会结构里得到生活,不能不接受这个紧箍咒,小心翼翼,意马心猿地做人,所以我用了 Freud 所说的三层结构来说明人的心理构成:一是 id(生物性的冲动),二是 ego(自己),三是 super-ego(超己)。id 就是兽性,ego 是个两面派,即一面要克己复礼地做个社会所能接受的人,一面又是满身难受地想越狱当逃犯。Super-ego 就是顶在头上,不得不服从的社会规定的身份。我当时指出神兽之间发生的形形色色的矛盾正是(精神病)医生要对付的园地,神兽之间有其难于调适的一面,但是普通的人并不都是要挂号去请教精神病医生的。那就是说神兽之间可以找到一个心安理得做人的办法。于是我得回到潘光旦先生给我《生育制度》写的序言里所提出的中和位育的新人文思想。

新人文思想依我的理解就是一面要承认社会是实体。它是个人在群体中分工合作才能生活的结果,既要分工就不能没有各自的岗位,分工之后必须合作,岗位之间就不能不互相配合,不能没有共同遵守的行为规则。有了规则就得有个力量来维持这些规则。社会是群体中分工合作体系的总称,也是代表群体维持这分工合作体系的力量。这个体系是持续的超过于个人寿命的,所以有超出个人的存在、发展和兴衰。社会之成为实体是不可否认的。但是社会的目的还是在使个人能得到生活,就是满足他不断增长的物质及精神的需要。而且分工合作体系是依靠个人的行为而发生效用的,能行为的个人是个有主观能动性的动物,他知道需要什么,希望什么,也知道需要是否得到了满足,还有什么期望。满足了才积极,不满足就是消极。所以他是个活的载体,可以发生主观作用的实体。社会和个人是相互配合的永远不能分离的实体。这种把人和社会结成一个辩证的统一体的看法也许正是潘光旦先生所说的新人文思想。

我回顾一生的学研思想,迂回曲折,而进入了现在的认识,这种认识使我最近强调社区研究必须提高一步,不仅需看到社会结构,而还要看到人,也就是我指出的心态的研究。而且我有一种想法,在我们中国世世代代这么多的人群居住在这块土地上,经历了这样长的历史,在人和人中和位育的古训的指导下应当有丰富的经验。这些经验不仅保留在前人留下的文书中，而且应当还保存在当前人的相处的现实生活中。怎样发掘出来，用现代的语言表达出来，可能是今后我们社会学者应尽的责任。对这个变动越来越大，全世界已没有人再能划地自守的时代里，这些也许正是当今人类迫切需要的知识。如果天假以年，我自当努力参与这项学术工作，但是看来主要是有待于后来的青年了。愿我这涓滴乡土水，汇归大海洋。

1993 年 7 月 24 日

从反思到文化自觉和交流

学术反思是这几年来我为自己定下的一个工作内容，就是要求自己对过去发表过的学术思想回头多想想，我的思想是怎样来的，为什么这样想，现在看来是否还有点道理，是否要修正，甚至改动。这可以说是我个人的"文化自觉"。学术反思是对个人而说的，文化自觉是学术反思的扩大和发展。从个人扩大到自己所属的文化，从个人的学术发展扩大到一门学科的演变。学术反思是个人要求了解自己的思想，文化自觉是要了解孕育自己思想的文化。因为要取得文化自觉到进行文化对话，以达到文化交流，大概不得不从学者本人的学术反思开始。学术反思到文化自觉，我认为是一脉相通的。

我这篇文字，其实不仅是我个人的学术反思，思想的再思考，也是对我所学到的社会人类学的反思，对社会人类学这门学科还可以说是一种文化自觉的尝试。

我觉得，人类学也好，社会学也好，从一开始，就是要认识文化、认识社会。这个认识过程的起点，是在认识自己。我这个人作为一个生物体，是在既定的文化里边长起来的，一切离不开自己所属的文化。但是尽管如此，要了解自己所处的文化，这个事情并不容易。我记得1979年我访问芝加哥的时候，已经提出 Cross-Cultural Communication 这件事，主张进行文化之间的交流。跨文化交流的基础，就是得从认识自己开始。我一生所做的事情，就是希望能认识自己。搞了这么多年，写了不少文章，也只能说是认识自己的开始。文化，我叫它是个人造的人文世界。这个人文世界是我们的祖先和我们自己造出来的。造得怎么样呢？我们自己生活在里边，可是并不清楚这个问题，从来也没有人对我们讲过。我现在老了，想要看一看，自己从小学来的这一套文化，究竟是个什么东西。它的内容是什么样的，怎么去分析它，怎么去理解它，看它在我们生活上发生了些什么作用，又怎样发生变化，它是怎么变动的，为什么变动，动到哪儿去……这些问题，我认为就是人类学者、社会学者要去观察和研究的题目。也就是说，要用我们现在所掌握的认识客观事物的科学方法，直接去看、去观察、去分析社会生活里的事实、秩序、格局和基本规律。这既是在认识社会、认识世界，也是在认识自己。这样得来的认识才能运用来满足我们生活的要求。

昨天晚上，我得到一本北大出版社刚刚出版的我自己写的书，书名叫《从实求知录》，是我最近几年发表的学术反思文章的结集。为什么叫《从实求知录》呢？意思是书里边记录了我从实际中得到知识的经过。我这些年来所得到的知识很少，也不见得都正确，但是我确实是从实际生活当中得到的。这本书就是讲我这一个人求知的经过，从中也可以看出我的思想在 60 年里的发展脉络和发展的过程。

从 1995 年开始，我觉得自己有点老了。以前我没有感到自己是个老人，这是老实话，就像孔子说的，"不知老之将至"。1995 年以后，做事情有点力不从心了，感觉到了有个"老"字来了。讲话的时间一长就讲不动了，走路要人扶着了，一样一样地表现了出来。总的感觉是力不从心。心里边还想着做这个做那个，可是实际上做不来了。我这个生物体和在人文世界里形成的精神要求合不到一块儿了。感觉到自己老了之后，我就在考虑一个问题。我虽然老了，可还没有死。从老到死还有一段时间，叫"老而未死"。老而未死这段时间里边，我应当做些什么事情呢？中国人有个说法，叫"身后之事"，我也开始考虑身后之事了。从前写《生育制度》的时候，我发挥过一个观点，认为社会同人一样，都有新陈代谢，英文里边叫做 metabolism。我为此专门创制了一个名词，叫"社会继替"。社会自身的发展，要求人口不断地再生产。新的进去，老的退出来。退出来的过程中，有一个老而未死的阶段。在这个阶段上，他会想一个问题，即个体受到生物的限制，不能再活下去了。这是上帝决定的。中国人叫"命"。天命如此。到这个时候，人会感觉到，有个东西在自己死后还会继续延长下去，这就是人文世界。想到这一点，会产生一种感觉，想再做点事情，留点影响给身后的世界。

我在 1995 年之后，开始考虑这个身后之事。想到的具体要做的事情，是写我的反思文章。站在现在的位置上，回头去看去想自己思想的来路和过程，看看这套想法是怎么来的。我想自己大概还有几年的时间，能用来回头看看自己写过点什么，为什么这么写，写得对不对，自己做点反思，进行自我批判。也就是要自己看自己。后来我又写过一篇文章，题目是《我看人看我》，意思是看看人家是怎么看我的，看看我写的文章起了点什么作用。这事情很有趣味。大家到了我这个年龄，可以试一试。自己看自己，批评自己，再看别人怎么看自己、批评自己，不仅有趣，而且可以有启发。通过这样的思考，可以对问题看得深一点。

我怎么去进行反思的呢？一个办法，是在我的老师身上做文章。思想有它的来源的。我学的这套东西哪儿来的呢？我的思想哪儿来的呢？应该说是从我的老师那儿来的。我的几个老师当中，第一个影响我的是吴文藻先生，第二个是潘光旦先生，然后是三个外国人，一是 Park，二是 Shirokogorov，三是 Malinowski。作为学生，我从这些老师身上得到些什么呢？关于吴文藻先生，我写了一篇文章，叫《开风气　育人才》。他在中国提出来了两个重要思想，一个是社会学中国化，一个是把人类学和社会学结合起来，运用人类学的方法发展中国的社会学，从实际调查中出思想，出理论。潘先生对我影响比较重要的思想是"两个世界"，一是人同物的关系的世界，一是人同人的关系的世界。我在潘先生思想的基础上提出了"人文世界"这个概念。我这个概念是从潘先生的思想里边来的。

对人文世界怎么理解呢？这个话要说得远了，意思也深了。太史公司马迁写《史记》，是承父命。他的父亲要他做的事情，总起来讲是两句话：一是究天人之际，二是通古今之变。"天人之际"是什么意思呢？可以有不同的理解。我的理解是，天是指自然世界，人是从自然界里边发展出来的，天人之际就是人在这个自然世界里边处的地位。人是自然世界的一部分，不是天外来客。人逃不出这个客观的自然世界，但是人有能力可以利用这个自然世界来创造一个人文世界，用人文世界来利用自然以取得人的生存和发展。这使人既是自然世界的一部分，又是自然世界的对立面。Malinowski 的一个关键思想是，文化是人造的东西，是为了人的需要而造的。在自然界里边，从没有生命的状态里出现了生命，又从生命里边出现了文化。这个过程到现在还没有完，还在进化，还在发展。连起来看，就是历史。要弄清楚这一套，就需要究天人之际，通古今之变。这也可以说是中国人历来做学问的基本内容。人的知识，大概就是从这一"究"一"通"当中来的。根据我的理解，人类学、社会学的目标，也可以表述为"究天人之际，通古今之变"。这个话，古人早就说清楚了，但是我们到现在还没有通，还不大明白。

我现在确实感到时间不多了，力不从心了。Raushenbush 写的《派克传》的最后一章题目是 "*So Little Time*"。时间之少，生命之短，到老才体会得真切。现在我真是觉得整天想问题都来不及，更不用说把问题想明白再写出来。

我在反思的时候，先回到自己的老师那里。这一来，我发现自己对几个老师的东西都没有吃透。要真正理解上一辈人并不容易。最近我在看什么书呢？讲讲也许很有意思。我在看几本传记。陈寅恪、顾颉刚、傅斯年，还有钱穆，这些人的传记很吸引我。他们是我的上一辈人。我想看看他们一生关切的是什么问题，他们这代人是怎么过来的，这里边很有意思。顾颉刚是我的同乡，尽管相差一代，他所处的文化背景，和我的还有很大相同之处，所以他讲的话我很熟悉。从传记里边看到他的很多苦衷，我很能体会其中的原因。我看这些人的传记，是想争取多懂得他们一点，也是想多懂得自己一点。

在我的老师里边，中国的老师，只是差了一代，理解他们就不大容易了。外国老师理解起来就更不容易。Shirokogorov 写了很多东西，我也看过不少，可是到现在我还不能说自己懂得这位老师。我跟他学体质人类学，他对我影响很大。这种影响从当时一直持续到现在。10 年前，我提出了"中华民族多元一体格局"，觉得是自己的发明，还很神气。现在一看，Shirokogorov 早就讲了。今天我把这个话说明，这是 Shirokogorov 影响我的学术思想的一个例证。

我从去年暑假开始，看 Malinowski 的一本书，*The Dynamics of Culture Change*。我好好读了一遍。我应当说明，这是 My teacher in my eyes，只是我眼中的老师和他的想法，是我的理解。这本书对我的影响很大。我从这本书里边看到了 Malinowski 学术思想的具体变化和发展。他最早成名的著作和他早年的文化理论，是从他参与 Trobriand 土人的实际生活里边出来的。Trobriand 那个地方，有点像中国的陶渊明在《桃花源记》中描写的那个样子，是个孤立的、封闭的、静态的文化。Malinowski 确实是很深入地理解了 Trobriand 岛民的日常生活和情趣，从中看出来了文化表格，即文化的结构，写出了《文化论》。后来他到了伦敦，做了教授，就不同了，他不再到 Trobriand 去了。他要考虑下一步怎么办，人类学往哪儿去。他后来接触到了非洲殖民地上土人的情况，看到当地的原有文化快要被西方殖民主义破坏尽了，他心里不舒服，对殖民主义这一套很反感。他希望还能保留住原来的本土文化。Malinowski 当时的心情，可能跟我在 1957 年时候的想法有点类似，想凭借自己的知识去改造天下，像唐吉诃德。他热心于应用社会学，想改造殖民主义，为殖民地的人民做点好事。这与总的形势是冲突的，成了个不可能实现的梦。想靠书生去改变它也是劳而无功的。但是在这一段经历当中，Malinowski 却看到了一个正在发生文化巨变的社会，看到了文化变迁的现实，这使他后来写出了《文化动态论》。这是人类学历史上的一个很大的转折，从静态的分析转向了动态的研究。他把这个转折作为一个人类学的大题目，认为新的人类学必须以对变动中的文化的研究作为自己的主题。他明确地提出了这个主题。可是人生有限，他没有机会由自己来完成这么一个主题的转折了。

Malinowski 的学术思想，始终没有离开他所接触到的实际。实际是静态的，他的思想也是静态的。实际发生变化，他的思想也发生变化，他的理论也发生变化。我们看书不能不看人，要看是谁写的，什么时候写的，为什么这么写的，为什么有这套思想。弄清楚这些，才能理解作者，懂得作者。Malinowski 在人类学上的贡献，就是实现了从书本到实地调查，从静态研究到动态研究，并倡导从对野蛮人的研究转向对文明世界的研究。

今天的人类学，社会学的主题又是什么呢？这是我们大家都很关心的问题。我想，要回答这个问题，必须先看清楚我们现在处在一个什么样的大环境里边，看清楚全人类的文化是在怎么变化，这样才能看到我们努力的方向。也就是说，先要定好位，才好往前走。这里边的意思，还是我反复强调的一条，不能脱离实际，要坚持从实求知。当前最大的实际，就是人类社会从 20 世纪向 21 世纪过渡时期的文化变迁。

1989 年，我参加过一个国际儿童教育方面的学术会议。我在会上说，在儿童教育方面，当前要做的最重要的事情，就是为他们准备一个能适应 21 世纪人类生活的脑筋。21 世纪会是个什么局面呢？这个话要从 20 世纪说起。我曾经用过一个比喻性的说法，说 20 世纪是一个世界性的战国世纪。意思是这样一个格局中有一个前景，就是一个个分裂的文化集团会联合起来，形成一个文化共同体，一个多元一体的国际社会。我觉得人类的文化现在正处在世界文化统一体形成的前夕。要形成一个统一体，而又尚未形成。要成而未成的这样一个时期，就表现出了"战国"的特点。这个特点里边有一个方向，就是多元一体的世界文化的出现。我们要看清楚这个方向，向这个方向努力，为它准备条件。如果不是这样，而是老在那儿打来打去，不知道什么时候什么人发了昏，扔个原子弹，毁灭整个人类社会，即使人类没有全部毁灭，文化也得重新再从头创造一遍。我们要避免人类历史的重新来一遍，大家得想办法先能共同生存下去，和平共处。再进一步，能相互合作，促进一个和平的共同文化的出现。这个文化既有多元的一面，又有统一的一面。

我虽然是看不到这一天了，但是可以想象天下大同的景象，而且还想通过现在做的事情来影响这个鼓舞人心的前景。所以，我还在想身后之事。不能说我快死了，看不到那一天了，就跟我没什么关系了。中国人不这么想问题的。我虽然快死了，文化还存在，人类还存在，地球上的人还得活下去。活下去就会碰到这个问题，就得想办法解决这个问题。我们有责任为后来的人们想想问题，做点准备。怎么准备呢？要形成一个世界文化统一体，首先要知道世界上有多少个文化集团，每个文化集团是什么样子，和平共处的关键在什么地方。思考这些问题时，可以回到 Malinowski 那里去。他在《文化动态论》中得出一个值得我们发挥的结论：人类必须有一个共同的一致的利益，文化才能从交流而融合。这个结论很重要，是他从非洲殖民地上看出来的。换句话说，殖民主义不可能解决文化共存的问题。我们中国人讲，以力服人为之霸，以理服人为之王。霸道统一了天下，也不能持久，王道才能使天下归心，进入大同。维持霸道的局面，可能最后会导致原子战争，大家同归于尽。我希望避免同归于尽，实现天下大同。所以我在 80 岁生日那天提出这样的四句话：各美其美，美人之美，美美与共，天下大同。

1998 年 6 月 15 日于北京大学

文化的自觉与反省

一、文化自觉与时代格局

10 年前教育部让我在"21 世纪婴幼儿教育与发展国际会议"上讲话。从那时候起我就在思考如何着手从小培养出适合于在 21 世纪世界里生活的人。人造下了世界，人还必须同时造就能在世界里生活的人，这就是我们教育和培养人的工作，这是我们的历史责任。

我在这次国际会议上讲话的题目是《从小培养 21 世纪的人》。在这篇讲话稿中，我开始探讨 21 世纪将是个什么样的世界，提出了 21 世纪要解决的主要问题之一是：各种不同文化的人，也就是怀着不同价值观念的人，怎样能在这个经济上越来越息息相关的世界上和平共处？人类在 21 世纪怎样才能和平地一起住在这个小小的地球上？为此，我们在精神文化领域里需要建立起一套促进相互理解、宽容和共存的教育体系，我称这个体系为跨文化交流（Cross-Cultural Communication）。这个体系包括了 21 世纪人共同生存的根本规则，显然将联系到人对人、人对社会、人对自然等基本关系。接着在北京大学举办的三次"社会学、文化人类学高级研讨班"上以及三次国际学术会议上我又相继发表了相关内容的多篇文章，如《从马林诺斯基老师学习文化论的体会》、《反思·对话·文化自觉》、《读马老师遗著〈文化动态论〉书后》、《孔林片思》、《人的研究在中国》、《人文价值再思考》、《中华文化在新世纪面临的挑战》、《中国文化与新世纪的社会学人类学——费孝通、李亦园对话录》等。

　　通过学术对话和反复的思考，我提出了一个"文化自觉"的看法，以表达当前思想界对经济全球化的一种反应。当前世界各地多种文化的接触引起了人类心态的诸多反应，这些反应提出了这样的迫切要求，即人们要求知道：我们为什么这样生活？这样生活有什么意义？这样生活会为我们带来什么结果？也就是人类发展到现在已开始要知道我们各个文化是哪里来的？怎样形成的？它的实质是什么？它将把人类带到哪里去？这些冒出来的问题就是我提出的"文化自觉"的要求。

　　文化自觉是当今世界一种时代的要求，并不是哪一个人的主观空想。有意于研究社会学、人类学的学者，对当前人类的困惑自然也会特别敏感，对当前新形势提出的急迫问题自然会特别关注，所以我到了耄耋之年，在即将跨入21世纪时，还要呼吁文化自觉，希望大家能致力于对自己社会和文化的反思，用实证主义的态度、实事求是的精神来认识我们各自的历史和文化。

　　文化自觉只是指生活在一定文化中的人对其文化有"自知之明"，明白它的来历、形成过程、所具有的特色和它发展的趋向，不带任何"文化回归"的意思，不是要复旧，同时也不主张"全盘西化"或"坚守传统"。自知之明是为了增强对文化转型的自主能力，取得为适应新环境、新时代而进行文化选择时的自主地位。文化自觉是一个艰巨的任务，要做到这一点，需要一个很长的过程，首先要认识自己的文化，理解所接触的多种文化，才有条件在这个正在形成中的多元文化的世界里确立自己的位置，经过自主的适应，和其他文化一起，取长补短，共同建立一个有共同认可的基本秩序和一套与各种文化能和平共处、各抒所长、联手发展的共处守则。

　　10年前在我80岁生日那天，在东京和老朋友欢叙会上，我曾展望人类学的前途，说了下面一句话："各美其美、美人之美、美美与共、天下大同。"这句话也就是今天我提出的文化自觉历程的概括。"各美其美"就是不同文化中的不同人群对自己传统的欣赏。这是处于分散、孤立状态中的人群所必然具有的文化心理状态。"美人之美"就是要求合作共存时必须具备的对不同文化的相互态度。"美美与共"就是在"天下大同"的世界里，不同人群在人文价值上取得共识以促使不同的人文类型和平共处和发展。总而言之，这一文化价值的动态观念就是力图创造出一个跨文化界限的研讨，让不同文化在对话、沟通中取长补短，达到我们的老话"和而不同"的世界文化一体。

中国人口这么多，历史这么悠久，文化里有着重视人文世界的根子。它应当在世界的思想之林有所表现。我们不要忘记历史，在50个以上的世纪这么长的时间里，我们中国人没有停止过文化的创造和发展，有实践，有经验，我们应当好好地去总结，去认识几百代中国人的经历，为21世纪和下个千年做出贡献。

历史上，中华文化的包容性是一以贯之的，但是，这种包容性并非在任何时代都能得到充分的体现。事实上，它的充分体现总是与某些历史时期相联系的。根据常识，已知道的是春秋战国时期、两汉时期、隋唐时期，它们都是中华文化包容性得以充分体现的辉煌时期。这可以给我们一个有益的启示：文化特色的发扬，离不开强盛的国力。如果我们有理由认为，中华民族在新世纪中又将进入一个强盛时期，我们就应该意识到，生活在新世纪的中国人正面临着一个充分发扬中华文化特色的历史机遇的到来。

历史发展到一定时期，总是需要找到一个地方和一群人来发扬一种新风气。我想，当前需要的新风气就是文化自觉。最近一个时期的很多迹象都提示我们，现在世界上的各民族都开始要求自己认识自己的文化，提出了一系列的问题。人文社会科学负有答复这些问题的重大责任。现在自然科学发展很快，人对人类本身的生物学研究已经达到绘制基因图谱的地步，科技研究的空间发展已经从地球扩大到了太空。以人文社会科学来说，就要看我们如何跟上时代，认真地各自认识自己的文化了。我感到，目前正在兴起的文化自觉这股风已经在许多国家中酝酿和展开。我们中国要抓住这个历史机遇，参与和推动这股新风气。从文艺复兴到19世纪，西方出现过"人的自觉"，写下了人类文化发展的重要篇章。看来21世纪我们将开始出现"人类文化的自觉"了。在新一页人类文化发展史上，应该有中华民族实现文化自觉的恢弘篇章，在世界上起一个带头的作用。

在这样一个历史时期，充分注意、深入阐发中华文化的包容性将是富有建设性的题目，也可以作为我们实现文化自觉的一个人口。一个充分体现出这一特点、富于时代色彩而又影响广泛的史实，是众所周知的"一国两制"。我认为，"一国两制"的顺利实现不光具有政治上的意义，由于它本身是一个不同的社会制度能不能相容相处的问题，所以它还有文化上的意义。这是和"冷战意识"相对照的历史性创新。这是 20 世纪末叶发生的一场具有重大意义的实验，它为新世纪中人类对不同文化可以保持的明智态度做出了重要提示。在很多情况下，资本主义和社会主义是对立的，左右分明，互不相容，对峙几十年的冷战时代成了 20 世纪突出的历史事件。可是这种矛盾在中国，它们可以并存。"一国两制"，也许就是中国文化特点中的包容性的继续发展。窥斑而知豹，可以帮助人们建立信心，在世界文化的发展过程中，不同的制度在一定条件下具有和平共处的可能性，可以出现对立面的统一，出现"和而不同"的局面。香港回归以来的这段中国历史又可以进一步证明，不同的社会制度不仅能和平共处，而且在实践中越来越显示出它的互补性，具体地发挥出互相促进的作用。

在"一国两制"的设想从无到有，从设想到现实的过程中，中华文化的包容性所出自的本质性东西究竟是怎样在发挥作用，现在我们还没有从理论上说得很清楚。我们相信中华文化中还有许多特有的东西，可以解决当今人类面临的很多现实问题，甚至可以解决很大的难题。这是可以相信的，不然哪里会有曾绵延了 5000 多年的巨大活力。现在的问题是，我们怎么把这些特点发掘出来、表达出来，这也是我们实现文化自觉的具体课题。

上面所提到的中华文化的包容性和中国古代先哲提倡"和而不同"的文化观有密切关系。"和而不同"就是"多元互补"。"多元互补"是中华文化融合力的表现，也是中华文化得以连绵延续不断发展的原因之一。我在《中华民族的多元一体格局》一文中，提出了中华民族形成过程中的"多元一体"理论，得到了学界同人的广泛认可和支持。在中华文化的发展过程中，多元的文化形态在相互接触中相互影响、相互吸收、相互融合，共同形成中华民族"和而不同"的传统文化。中国人从本民族文化的历史发展中深切地体会到，文化形态是多种多样、丰富多彩的，不同的文化之间是可以相互沟通、相互交融的。推而广之，世界各国的不同文化也应该相互尊重、相互沟通，这对各个不同文化的进一步发展也是有利的。

更进一步，我们可以看到，中华文化对待其他文化、其他民族的态度也有它的特点。中华文化自古以来就讲王道而远霸道，主张以理服人，反对以力服人。"以力服人者霸，以德服人者王"。以德服人就是用仁爱之心来处理自己与别人的关系。心中有我，也有别人。《论语》从古流传至今，仍然被大家自觉地尊为圣贤之书，说明大家衷心赞同孔子提出的正确处理人与人之间关系的主张，说明这些主张在今天的社会里还可以发挥积极的作用。在人际关系中"推己及人"，懂得"己所不欲，勿施于人"，自觉地"老吾老以及人之老，幼吾幼以及人之幼"，由此出发，才能在群体生活里建立起一种互相尊重、互相容忍、互相有利的合作关系，实现共同的发展。以德凝聚成的群体才是牢固的，所以说"以德服人者王"。我想，在人类即将进入 21 世纪的时候，中华文化的这种历史经验可以为世界形成新的和平秩序提供值得思考的启示。

作为中华民族的成员，我们有责任先从认识自己的文化开始，在认真了解、理解、研究传统文化的基础上参加现代中华文化的创造，为新世纪人类全球的文化建设积极准备条件。

二、历史机遇与我们的责任

我们这一代人，正经历着人类历史上一次最激烈和最巨大的社会文化变革，旧的在消失，新的在成长，我们从幼到老，就在这亲身经历的变革中取得我们对人生的体验，对历史的理解。

我们的社会将从一个封闭的、乡土的、传统的社会转变为一个开放的、现代化的、和平共处的社会，它正在发生些什么变化？怎样变化？为什么这样变？这些都要探索，我们要勇于探索，对新的东西要有新的认识。我们这个国家从来没有经历过像这几十年这么激烈的变动。重大的社会改革理应在思想领域里引起相应的激荡，孕育一代文章。我们不应辜负这个伟大时代。

我多次对学生们说，中国的社会科学，称得上真正用科学态度进行研究，还刚刚开始，你们这代人主要不是继承，而是开创，要开创中国式的社会学。在我们今天这个时代，进行社会学研究的条件比任何时候都要好得多，我们应当有能力搞好我们的社会学，我们社会的这种大变迁，就为社会学的发展提供了最有力的机遇。社会学研究的素材太多了，我们日益变迁着的社会是极好的社会学研究的素材。我们既要观察社会、认识社会，又要影响社会，也应接受社会的影响。只有到了我们的认识成果能够影响社会的时候，社会学才算有了一点存在的价值。

但如同前面提到过的，回过头来反省一下，事实上，因为"速成"的缘故，我们中国社会学这个学科的队伍虽然有了一定数量，但力量比较薄弱，基础不扎实，水平参差不齐，总体来说都需要补课，需要再加工。不止是社会学，要想建成有中国特色的社会科学，培养人才、重视学术骨干的培养、建设好学术梯队是第一位的工作。

学术是要通过学人来传袭和开拓的，学人是要从加强基础学力和学术实践中成长的。学人是文化传袭和发展的载体，不从学人培养上下工夫，学术以及广而大之的文化成了无源之水，无根之木，哪里还谈得上发展和弘扬。学术工作又是细致的脑力劳动，不发挥研究者的自觉、自主不行。可是这里面也有个研究者的觉悟水平问题。我这里所说的自主是建立在自觉的基础上的。这里牵涉到一个人的品质、作风和境界，只能加以潜移默化而不能强迫灌输。一门学科，必须代代相传才能存在，才能有生命力。代代相传，必须通过一代一代人的接触。在接触里把一代一代累积下来的经验和智慧传下去，每一代推陈出新，通过不断地再创造而形成一门学科。学科是人们智慧创新的积累。

因此我一再提倡继承老一代学者中"开风气，育人才"和"身教重于言教"的精神，看看他们怎样立身处世，怎样认真对待他们的一生，怎样把造福人民作为做人的旨趣，对我们是有益的。老一代学者有较广阔的学术底子，凭一己的天赋，在各自的专业里，执著坚持，发愤力行，抵得住疾风严霜，在苛刻的条件下，不求名，不求利，几十年如一日，无私奉献于学术和教育事业。他们不是以学科来为自己个人利益服务，而是以自己的一生能贡献给学科的创建和发展为旨趣。

20 年来，社会学的学科建设打下了一个初步基础，发展经过大致还算顺利，在此世纪交替、代际交替、改革发展相当迅速的时刻，若能抓住历史机遇，有可能把学科建设大大推进一步；做得不好也可能问题更多。我们要不失时机地赶上时代的步伐，把目标搞清楚，把工作跟上去。

当今世界各种文化，如欧美文化、伊斯兰文化、印度文化、中国文化等，都在接触、在碰头。世界正在进入一个地球村，形成一个全球多元文化的时代。这是人文社会学科应当能够开创一代新风气的好时机。

社会学是研究人在群体中的生活。社会人类学就是研究人在群体生活中所创制的物质和精神文化。文化在哪里？就在人们生活的行为和意识中。文化是代代相传的，是有子有孙的。它靠一个个人在他们生活中表现、改变和发展着，日新不已。我们作为一个中国人，就应当深入到中国的社会文化、中国人的生活中去认识自己文化的历史和现状。人们往往生活在自己的文化中，而没有用科学的态度去体会、去认识、去解释，那就是不自觉的文化。我们需要懂得各国、各地区的文化为什么不同，抓住了比较研究，才谈得上自觉。我们要集中智力，致力于我们中国社会和文化的科学反思，用实证主义的态度，也就是用实事求是的精神来认识我们有悠久历史的中国社会和文化。

我自己一直坚持在做研究，一方面给年轻人做些破题搭桥的工作，另一方面实在是想亲自摸索出一条路子。因为文化是人创造的，它是有特点的，各民族都有自己的特点。社会学作为一门系统的学科有其实用性，研究在社会发展中有特点的东西，它不像自然科学，不能从国外照搬，我们不能搬了苏联的，再去搬美国的，一定要从中国的实际出发，建立中国的社会学和人类学。

21世纪我国将有重大发展，我看了北京、天津、深圳、珠海和上海的浦东，发展很快，不断有新的东西创新出来，这些都需要有人将这种发展变化的中心作为社会文化的实验室去进行研究，建立一个梯队，培养一支队伍。作为新兴的学科，社会学、人类学要提高本身创新的能力，搞出中国自己的学科来。我们不能离开实际调查，一定不能脱离实际，新东西是实践中形成的。看一看农村的工业化—城镇化—现代化，就可以知道，中国的路子不同于外国。我经过70年的摸索总算找出了一条可供参考的框架。

前文谈到，我自己也在补课，重温派克的书，并以派克为例思考了学科建设问题，在北大百年校庆前后学校大力推动学科建设时，我也有机会向校方提出自己的设想，对研究所提出具体意见。

芝加哥大学建于1891年，得到洛克菲勒基金会支持，校长哈珀很有眼光和魄力，提出建设一流大学的目标，明确一是要吸引一流人才、稳住一流人才；二是一流大学的任务不仅是传播知识，而且要知识创新。所以芝加哥大学主要经验在于认识到，知识的更新和创新要靠大学，是教授的任务。要做到这一点，我把它归纳为两点：一是教学与研究的结合，用研究成果来充实和更新教学内容；二是知识的传递、继承和更新、创新之间的结合。这就是一流大学的方向，因为它担负着文化的永不停止，永远向前，不断创新的历史职责。所以我们要以创新的精神来培养学生，这样教师的任务就很重，他们首先要能用自己的研究成果来推动教学，创新只有到实际中去才能创得出来，而且要有自己的思考。目前我们不可能有一些外国学校的条件，给予教师高的工资待遇，还需要提倡西南联大精神，大家艰苦创业，为学术的发展和学科的创新出把力。

社会学自法国兴起不过200多年历史，早期美国的学者都要到欧洲去留学，学习社会学或人类学，派克就是在德国留学后到芝加哥大学去任教的，那时正值美国城市化发展的时期，他抓住这个机会，以芝加哥为社会学实验室，摸索社会学研究的内容和方法，创建了美国自己的芝加哥学派，到现在不过百年的历史。

我们中国社会学自西方传入时，也不很成系统，内容并不清楚，大家也都在摸索，但还是努力进行了不少有价值的工作。本来是一个先天不足的年轻学科，经过中断近30年的打击，到1979年后再重建时，为了赶快培养新人，短期内要把学术机构建立起来，只好采取"先有后好"的方针，所以我说这个学科的问题还不仅仅是需要创新的问题，还要认真补课。这方面我们必须有清醒的认识，不能坐待其成，包括不少近几年新建的社会学机构在内，更要以此为戒。

当前中国处在大发展和社会大变革时期，大家都要学社会科学知识，要明白自己所处的社会环境，自己打算做什么，可能做什么，实际这些都是社会学的内容，需要社会学解决的问题，特别是城市发展中的种种问题更为突出，如国有企业改制中出现的问题、高新技术产业发展问题、教育的改革、社区的发展、养老问题等，这不但需要培养一批搞这些研究的专业工作者，更需要培育出一个学科来积累和传播这门知识，所以我感到我们所处的时代背景与当年芝加哥大学争创一流大学和发展社会学芝加哥学派的时期很有一点相仿，因此我们要把眼光放远些，抓住这个机遇，有历史责任感，有"学科意识"。在社会变动很快的时期，要懂得用动态的眼光和方法去观察和分析，不断适应新的情况，清醒地抓住时机，实实在在地做点事，中国社会学也会发展出自己的学派来的。

在北大举办的三次社会学、文化人类学高级研讨班和研究所的学科讨论会上，我们面对新的一代，希望他们勇于探索，迎接新的挑战，抓住历史机遇，挑起学科建设的重担。首先要明确目标和形势，看清中国的历史定位，有一个总的认识，抓住总的方向，从这里出发看我们自己在国内外所处的地位，认识我们的差距，再看我们要做些什么工作。说到学科建设方向，要清楚地认识到，社会学和人类学两门学科都是研究人文世界的人文和社会科学，它是有时代性的。现在时代不同了，邓小平理论要求我们从中国实际出发，吸收外国的东西来解决中国问题。现在的实际是人类要长期共存，并实现美美与共的前景。我们培养的人就要能应付这个局面，去寻求人类长期共同生存之道。新一代学者要有这个气魄，去培养一代新人，做思想领域中的探险家，改变中国人思想不活跃，循规蹈矩的传统习惯，要能适应新情况，有创新精神，这就是一个严峻的挑战，需要大家一起来探索一条新的道路。

"打天下不易"。我们已有了一点基础。队伍并不大，要开辟的工作领域还很多。重要的是要团结，不能分散力量，而团结要靠共识，靠感情相通，这样才能形成集体精神和合力。没有合力不行，而达到合力也要承认个人，力量在个人，靠每个人的努力，才有真正的合力，要善于用理智去处理人与人之间的关系。如果我们社会学、人类学学者自身都解决不好人际关系问题，不但谈不到学科建设的健康和迅速发展，也有愧于承担世界多元文化社会的人类共同和平共处的大课题。

最后，我想说的是，新时代里学术要靠年轻人去努力了。培养具有开放心态，踏踏实实，立足于中国社会从事学术工作的人才，是当务之急。21世纪里中国要改革开放，世界也在朝向地球村文化发展，全球范围内好像也是一个多元一体的大社区，各国各民族将朝向一个和平共处的目标发展。在这个过程中，民族特点、文化特点并不会完全融合，在相当长的时期里还要保留下去，相互接近交流，共同发展出更多的新的内容来。当然这个过程不会那么一帆风顺，但下个世纪的人大概可以看得到，现在我们已经可以看得到一些倾向了。在这样的大背景下，国际跨文化研究显得越发要紧，与文化的多样性联系的是学术的多样性，所以要更加开放地相互交流。社会文化学科可以有多种门类，但最好要能密切联系，形成跨学科的结合，并促进跨国跨文化的对话。年轻人可以在21世纪大有作为。我想寄希望于年轻一代学者们的是不要保守，不要画地为牢、划界自守，因为知识本来是不能画地为牢的。我看今后十年二十年的发展，主要取决于年轻一代学者们的胸怀和努力了。我期望年轻一代从兼容并包的传统中好好学习一些东西。中国未来的学术的希望，就在年轻人身上。

三、知识分子要有正气

在社会科学各学科的密切合作问题上，我想到最近出版的厉以宁先生所著的《超越市场与超越政府——论道德力量在经济中的作用》一书。它已跨进了社会学的范畴，研究人文世界中的"社会人"。经济学不仅是研究商品的供求问题，而且也关心人的道德力量的作用了。事实上人文世界是一个总体。它不会因学科分类而割裂，反倒需要跨学科的交叉研究。开辟这样的学术研究和交流的新领域对今后的人文社会学科的发展十分重要，这也是社会进步的需要。

相当长一个时期里，我一直在关心和思考一个问题，即进入21世纪前西方有个亨廷顿，一直在宣传他的"文化冲突论"，大讲思想的、宗教的冲突。他的这套理论可以联系上以美国为首的北约在科索沃的狂轰滥炸。我们东方的传统立场和观念与他不同，我们对文化的看法所代表的方向是进入"道德"层面，而不是冲突和霸权。"道德"是最高一层的自觉意识，它代表了世界观、人生观和宇宙观等价值观念。最近提倡的"三讲"教育中的正气，就接近这个东西。正气要比一般的做好人好事还要更进一步，这是为人在宇宙中的定位，属于最广义的道德境界，而西方所讲的是物竞天择的斗争境界，他们提倡冲突、打仗，把高新技术首先用到武器上，用强权来压人，人的意志必须服从权力，不服就不行。试想一下，按照这一逻辑，以恐怖的战争手段来毁灭人类并不是不可能的。因此，要使人类的人文世界能持续发展，我们就必须提倡正气。21世纪的人类社会需要有一种新的道德力量。

该书还提出了道德重整和第二次创业问题。中国人要有一个精神，有一种正气，这种精神不仅来自物质力量，还要有道德力量，要自觉为什么做人和做怎样的人。归根到底是要明白人是什么。这些问题在我们中国的老传统中一直都在讲，现在提倡"讲正气"，目标是我们要有一种支持做人的"正气"。历先生这本书里提到韦伯关于西方新教信仰促进和推动资本主义的看法。我自己看重的倒不在韦伯对资本主义的分析，而在于他指出的要建立一种新的制度，建立一种新的做人规则，必须有一种推动它的精神力量，就是"气"。气是指一种精神。也许就是孟子所说的"浩然之气"。欧洲资本主义产生之后与封建时期相比，就是有了一个新的人与人的关系，从而推动了经济的发展。现在我们"讲正气"，要切实能推动人们的积极性的发挥，才会有第二次创业的精神。当然时代不同了，社会在发展，今天，"气"的内容与过去不同了，所以我们要进一步研究。

怎样才能发挥正气，支持第二次创业，那就是大家要讲真话。讲真话是解放思想和实事求是的体现，有这种精神才谈得到树正气。那么我们有没有这种气呢？作为知识分子，我在1949年新中国成立以后看到和体验到了早春天气的到来，其实就是感到了这个正气。但后来垮了。我从亲身经历中看到，从抗战时期开始到新中国成立，并经过解放初期，一直到"反右"以前，我们中国绝大部分的知识分子是有一股劲、一种"正气"的，他们准备改造自己、创造新东西的力量已经显现出来，知识分子在等待一个新的时代，成为一代新人。

但因为"反右"、"反右倾"和"文化大革命"把人们的这种精神挫伤了，进取、创业的热情消退了，良好的社会风尚的褪色是从虚伪开始的，假话充斥，真话绝迹，人以虚伪面貌待人，出现了"两面派"，道德便被扭曲了，共同语言没有了，正气被泄了。现在不少事情，看起来好看，但缺乏一点真情实质，缺乏有创造力的精神。我这样说可能是因为我年近九十，容易看到的是晚秋的暮景，不一定和事实相符。但是"文化大革命"对社会风气这方面的影响，特别是存在于青年一代中的这种影响，不能不引起重视，切不可掉以轻心。

最近一个时期我常在外面考察，这20年来各地的发展实在是很快，有些地方出现了惊人的变化，是有一种"气"在支持这种发展。物质发展也要有气，只讲生态不讲心态不行。我们每个人做人做事首先要明确自己的"定位"。我常常讲像汤佩松、曾昭抡先生，他们把心都用在事业上、学科上，都有一个明确的志向。志字下面一个"心"字，他们真是专心至极忘了自己。汤先生一心一意探索生命之源，曾先生一心一意建设中国化学这门学科，这样的精神和志气，在他们那一代知识分子里是有代表性的。如果代代相传是可以培养出一个社会结构的。

那么现在这种精神有没有，这个气够不够？我在知识分子群里似乎尚未感觉到，这些年我在"行行重行行"里，倒感觉到在新一代的企业家里有股劲，开始打出了一个局面，近于那个时代的知识分子。而在现在的知识分子中这股"气"似乎还不够，还要鼓劲，我相信它正在生长中，一定会出来一个这样的道德力量。现在提倡"三讲"，要讲正气，就是要反对假冒伪劣，包括政府中的也应包括学术界的种种假冒伪劣现象，哪怕过去是为社会风气所迫。多数人的被动和虚伪也需有一个自觉的纠正。

过去知识分子受伤了，1957 年以后伤到了骨子里，精神被扭曲了，灵魂被挫伤了，一般治疗不行。现在必须认真地改变它，我想这也是深化改革的任务之一。现在形势很好，中央提出了科教兴国的发展战略，教育部、科技部分别制定了《面向 21 世纪教育振兴行动计划》。这是一个历史机遇，知识分子要参加第二次创业，一定要有这个自觉，取得一个突破，还是要有一口气、一股劲、一种精神。这种精神来自一种素养，一种道德境界。这是中国知识分子最可贵的精神和作用，一定要继承和发扬光大。

我是一个球迷，精彩的球赛我都喜欢看。除了球员们精湛的球艺和那股拼搏的劲头令人振奋外，这些场面还常常让我联想到社会学、人类学的工作。大到前面我讲到的不同文化的人能不能有共同理解的问题。我在电视里看法国"世界杯"足球赛，不同国家的球员可以在同一球场里踢球，而且大家知道谁输谁赢，这个东西不容易啊。对垒的双方之间共同性的存在是可以发生的，而且最有意思的是，裁判看错了，大家还是服从，这已经超过了一般的理性和感情。我是希望将来的世界能变成一个国际的赛球场，很多基本的人与人的关系、合作关系，在球场里边发生出来。我认为这是一个很好的社会学的课程。我们现在还没有人认真地说明它为什么成为可能，为什么不同的球队能在一个场合之下找出一个 championship。如果将来这个世界可以这样子，那我们这个世界就很和平了。

小到一个学术带头人和他的研究队伍。我曾在《清华人的一代风骚》中以汤佩松教授为例，说他的一生确是有点像一场精彩的球赛。他一丝不苟地严守着科学家的竞赛道德，又毫不厌烦地组成一个抱成一团的科学队伍，在困难重重中，不顾一切私人牺牲，冲在别人的前面。超前或敏捷过人是他突出的个性，他老是跑在他这门学科的前面，使他的老师辈或当时的权威瞠目结舌。他一生奋斗的目标是清楚自觉的。他在科学领域里冲锋陷阵，义无反顾，不达目的不止的劲头，完全像他在球场上踢球一般。引起我兴趣的还是他哪来的这股劲头和精神。

汤先生在他的回忆录中说："我……在学习和工作中能克服许多困难和挫折以及在生活和工作中的优良运动竞赛作风、态度及精神，是和清华 8 年间的强迫性体育制度分不开的。"他这里所说的竞赛作风、态度及精神指的就是英文中的 sportsmanship 和 teamwork。以足球来说，sportsmanship 是竞赛道德，是从球员怎样对待竞赛对手来说的，要能主动地严守球规，己所不欲勿施于对方，不搞小动作，尊重裁决，不计较胜负，始终全力以赴。在这种竞赛精神下才能显得出球艺。球艺是以此精神为前提的，两者也是分不开的。Teamwork 则是从球队内部队员之间的关系来说的。各个队员要能各守岗位，各尽全力，密切配合，不存个人突出之心，步步从全队整体出发，顾全大局。这两条其实是人类社会赖以健全和发展的基本精神。

正是体育锻炼和球赛使汤先生不仅明白竞赛道德是为人处世的基本守则，而且深信队伍组织是成事创业的不二法门。足球要个球队，科学研究要个实验机构。汤先生在抗战时期在昆明"大普集"建成了一个有名的科学中心。他在回忆录中写道："就我个人（及我的研究室的许多同事）来说，这一段的生活占了抗战八年中的最长时间，是工作和收集青年工作人员最活跃、最旺盛的时期。这段时间内在生活上愈来愈艰苦，工作上由于物资的来源愈来愈困难也更加艰苦。而正由于此，我们之间也愈来愈团结，意志愈坚强。无论是在工作中、在生活上，总是协同一致，互相帮助……这 6 年在为国效忠和为国储材上也是一个最集中和高潮的时期。"——他说的正是上面所说"正气"的注解。

我不由自主地想到同一个时期在昆明"魁阁"社会学研究室工作的情景。我也记录过同样的感受："这一段时间的生活，在我的一生里是值得留恋的。时隔愈久，愈觉得可贵的是当时和几位年轻朋友一起工作时不计困苦，追求理想的那一片真情。战时内地知识分子的生活条件是够严酷的了，但是谁也没有叫过苦，叫过穷，总觉得自己在做着有意义的事。我们对自己的国家有信心，对自己的事业有抱负。那种一往深情，何等可爱。这段生活在我心中一直是鲜红的，是永远不会忘记的。"这就是大家常常怀念的西南联大精神，体现了知识分子的一片真情，一股劲头，一种"正气"。

在此世纪交替，代际交替，国家大搞科教兴国战略之际，知识分子的第二次创业就需要重振这种精神、这股正气，努力提高道德素养和境界。在改革不断深化，社会发展迅速，知识竞赛更加激烈的今天，提倡重建竞赛道德和队伍建设以适应新时代的要求，有着更加深远的意义。我们期待年轻一代的社会学人类学者为此开拓出一个新局面，做出新贡献。

1999 年 9 月 30 日

关于"文化自觉"的一些自白

近些年来我常讲"文化自觉"问题，正式采用这个名词是在 1997 年北京大学举办的第二届社会学人类学高级研讨班上。我提出"文化自觉"这四个字来标明这个研讨班的目的，是想问一问，总结一下我们在这个研讨会上大家在做什么？这四个字正表达了当前思想界对经济全球化的反应，是人们希望了解为什么世界各地在多种文化接触中会引起人类心态发生变化的迫切要求。人类发展到现在已开始要知道我们各民族的文化是哪里来的？是怎样形成的？它的实质是什么？它将把人类带到哪里去？

这个名词确实是我在这个班上作闭幕发言中冒出来的，但是它的思想来源，可以追溯的历史相当长了。大家都了解，20 世纪前半叶中国思想的主流一直是围绕着民族认同和文化认同而发展的，以各种方式出现的有关中西文化的长期争论，归根结底只是一个问题，就是在西方文化的强烈冲击下，现代中国人究竟能不能继续保持原有的文化认同？还是必须向西方文化认同？上两代中国的知识分子一生都被困在有关中西文化的争论之中，我们所熟悉的梁漱溟、陈寅恪、钱穆先生都在其内。

我清楚的记得，当我在燕京大学上本科时，曾选修历史系一位外籍教授开的"中国文艺复兴"这门课程。他的教法是把清朝末年，从 1860 年起，英法联军闯入圆明园，到辛亥革命这段时期里，把他看到的外国作者对中国人的事情和说法的英文材料找出来让我们阅读，以了解这段历史的变化。对这门课我是很用功的，他指定的书和文章我都读了，而且作了笔记。所读的材料，历时约 50 年，经过 4 个皇帝，进犯中国的国家从老牌的帝国主义英、法、俄开始，逐渐增加到 12 国。签订的不平等条约就有十几个之多。这段时间里还发生了太平天国起义、戊戌变法、黄花岗起义等一系列重大事件。在读的材料里有一件事给我印象很深，至今仍然记得，那就是在太平天国宣布起义并定都南京后，有一个曾国藩手下的大将，名叫胡林翼，当时驻守在今安徽的马鞍山，他在江边阅兵时，有一只外国军舰，冲着他沿江而上，看到这艘外国军舰，这位大将竟当场昏厥了过去。后来别人问他为什么，他回答说，对付太平天国我们还有把握，但对付这些外国军舰就没有办法了。这件事生动地反映了当时清政府上层的态度。他们看到了中国的物质技术远远落后于西方，因而惧怕和退缩了。因此引起了以后丧权辱国的灾难性后果。

这说明在中西文化碰头时，他们认输了，这是一个大转折。过去清政府以"天朝上国"自居，视外国使节为"外夷入觐"，乾隆皇帝认为自己国家物产丰盈，并不需要"外夷"的货物，同外夷贸易是一种恩赐；英国使团提出觐见时，他要求英使节行三跪九叩首的大礼。这个皇帝那时还没有认输。

中西文化碰了头，中西文化的比较，就一直是中国知识分子关注的问题，他们围绕着中华民族的命运和中国的社会变迁，争论不休，可以说至今还在继续中。在五四运动以前，大致是 19 世纪中叶，已有人提出了"西学"的观念，要在技术上学习西方人的长处，以求有所改进，可用"旧学为体、新学为用"即"中学为体、西学为用"的看法来概括。那时，人们对中国原有的一套政治伦理秩序并没有发生大的动摇。到了五四运动，碰到的问题已不是借用一些"西学"可以解决的了，基本上是要以西方现代化来代替中国的旧文化了。所以五四运动又叫新文化运动。不少人用西方启蒙运动以来的一些观念作为推翻和取代传统制度的目标，其中最重要的是民主与科学，在"五四"之后发生过"科学和玄学"及"民主与独裁"的两次重要争辩。随后中国共产党在 1921 年成立，马克思主义得到不少青年的信仰。中国向何处去是知识界不能回避的问题了。抗战开始，国难当头，民族危机使争论暂时停顿下来，但战后应该建立怎样一种社会文化秩序，仍然是知识界关心的主题。彻底打破现状，重建一个全新的理想社会，无疑对于知识分子具有极大的吸引力。那时主导的思潮是否定传统的，当时即使有人提醒人们应该正视革新和传统的关系，也并不能引起人们的注意。抗战结束后中国知识界的思想情况也随着国内政治局势的变化而迅速发生了变化。新中国成立后，中国大陆发生了翻天覆地的巨变，知识界在马克思主义的指导下走上建设社会主义道路。归结起来看，无论是"戊戌"的维新变法、"五四"的新文化运动和解放后的历次政治运动，都是在破旧立新的口号下，把"传统"和"现代化"对立了起来，把中国的文化传统当做了"现代化"的敌人。"文化大革命"达到了顶点，要把传统的东西统统扫清，使人们认为中国文化这套旧东西都没有用了。

总之，中国文化从传统走向现代的进程中，步履维艰。怎样才能使中国文化的发展摆脱困境，适应于时代潮流，中国知识分子上下求索，提出了各种各样的主张，以探求中国文化的道路。由此涌现出各种流派，有如新儒家就是重要的一家，它主要在哲学一门之内，也涉及史学，看法未必一致。这方面我不太熟悉，最近看到余英时先生的文章讲到："新儒家"是指 20 世纪的思想流派，其事起于境外，特别指 1958 年元旦张君劢、唐君毅、牟宗三、徐复观四位先生在香港《民主评论》上所发表的一篇宣言——《中国文化与世界——我们对中国学术研究及中国文化与世界文化前途之共同认识》。这些情况以及其后之发展在我当时的处境自然不会了解，同时也不会是大陆知识分子关注的中心问题。现在应该回过头来看一看，做一番研究是有必要的。

这种情况直到改革开放后开始有所反思，我们要搞清楚中国文化的特点是不可能割断历史的，港台的知识界 60 年代也对此提出了问题，不少人感兴趣的是怎样在"传统"和"现代化"之间找到接榫之处。说明文化不仅仅是"除旧开新"，而且也是"推陈出新"或"温故知新"。"现代化"一方面突破了"传统"，另一方面也同时继续并更新了"传统"。

就我个人来说，我受的教育是从清末民初所谓新学开始的，这个新的学校制度是针对旧的科举制度下的私塾制度而兴起的。我的父亲是最后一科的秀才，科举制度在他那一代取消了。改革之后，他被选送到日本去留学，学教育。回来后就搞新学，办了一个中学。我母亲创办了县里第一个蒙养院，我从小就是在这个蒙养院里边长大的，所以我没有进过私塾，没有受过四书五经的教育。连《三字经》、《百家姓》也没有念过。我念的是"人、手、足、刀、尺"，是商务印书馆的小学课本，是新学的东西。不用面壁背书，坐冷板凳，还可以唱歌做游戏。初小后进入私人办的私学，也是由留学生办的新学。接着上了教会办的大学，从东吴转到燕京，又进了清华研究院，并再去英国留学，一生受的教育都是西方文化影响下的"新学"教育。父母主张新学，不要旧的一套，在儿女身上不进行旧式的教育，所以我缺了从小接受国学教育这一段，国学的根子在我身上并不深。中西方文化接触，在我本人并没有感到严重的矛盾。这一点和我的上一代是不同的，他们是受中国文化培养成长的，有着深厚的中国传统文化的根底。由于他们基本上是在中国文化传统的熏陶下成长起来的，因而对中国文化的长处有亲切的体验，甚至有归属感，所以他们的基本立场是"要吸收西方新的文化而不失故我的认同"。如陈寅恪先生讲"一方面吸收输入外来之学说，一方面不忘本来民族之地位"；钱穆先生说"余之所论每若守旧。而余持论之出发点，则实求维新"。像他们这样的学者是无法接受"进步"和"落后"的简单二分法的，他们求新而不肯弃旧，在当时的潮流中不免陷入严重的矛盾之中。

我在 70 岁时重新开始了社会学人类学的研究，进入了第二次学术生命，当时预计还有 10 年的工作时间，希望自己在有生之年，还能为中国的人文社会科学发展多做些工作。学习社会人类学的基本态度就是"从实求知"，首先对于自己的乡土文化要有所认识，认识不是为了保守它，重要的是为了改造它，正所谓推陈出新。我在提出"文化自觉"时，并非从东西文化的比较中，看到了中国文化有什么危机，而是在对少数民族的实地研究中首先接触到了这个问题。20 世纪 80 年代末我去内蒙古鄂伦春聚居地区考察，这个民族是个长期在森林中生存的民族，世世代代传下了一套适合于林区环境的文化，以从事狩猎和饲鹿为生。近百年来由于森林的日益衰败，威胁到了这个现在只有几千人的小民族的生存。90 年代末我在黑龙江又考察了另一个只有几千人、以渔猎为生的赫哲族，他们也存在同样的问题。中国 10 万人口以下的"人口较少民族"就有 22 个，在社会的大变动中他们如何长期生存下去？特别是跨入信息社会后，文化变得那么快，他们就发生了自身文化如何保存下去的问题。我认为他们只有从文化转型上求生路，要善于发挥原有文化的特长，求得民族的生存与发展。可以说文化转型是当前人类共同的问题。所以我说"文化自觉"这个概念可以从小见大，从人口较少的民族看到中华民族以至全人类的共同问题。其意义在于生活在一定文化中的人对其文化有"自知之明"，明白它的来历、形成的过程，所具有的特色和它的发展的趋向，自知之明是为了加强对文化转型的自主能力，取得决定适应新环境、新时代文化选择的自主地位。

实际上在经济全球一体化后，中华文化该怎么办是社会发展提出的现实问题，也是谈论文化自觉首先要面临的问题。我回想起在上世纪末与台湾人类学家李亦园教授关于中国文化与新世纪的社会人类学的对话。

我提出了一些自己在思考的问题，并且认为研究文化的人应该注意和答复这些问题，比如我们常常讲有中国特色的社会主义，那是指马克思主义与中国实践相结合的结果，所以在马克思主义进入中国后变成了毛泽东思想，后来又发展成了邓小平理论，这背后一定有中国文化的特点在起作用，可是这些文化特点是什么，怎么在起作用，我们都说不清楚。我们交谈时涉及几个实例，一是谈到重视家庭的思想，注重家庭的重要作用。在改革开放后实行家庭联产承包责任制，农村的生产力一下子解放出来了。以后在农村工业化中，又看到了真正有活力的是家庭工业。同时让我进一步想到中国社会的生长能力在什么地方，中国文化的特点之一我想是在世代之间联系的认识上。一个人不觉得自己多么重要，要紧的是光宗耀祖，是传宗接代，养育出色的孩子。二是"一国两制"的实践不光具有政治上的意义，而且还表现在不同的东西能不能相容共处的问题上，所以它还有文化的意义。这就是说中国文化骨子里还有这个东西可以把不同的东西凝合在一起。可以出现对立面的统一。三是"多元一体"的思想也是中国式文化的表现，包含了各美其美和美人之美，要能够从别人和自己不同的东西中发现出美的地方，才能真正地美人之美，形成一个发自内心的、感情深处的认识和欣赏，而不是为了一个短期的目的或一个什么利益。只有这样才能相互容纳，产生凝聚力，做到民族间和国家间的"和而不同"的和平共处，共存共荣的结合。四是能想到人家，不光想到自己，这是中国人际关系当中一条很重要的东西，老吾老以及人之老，幼吾幼以及人之幼，设身处地，推己及人，我说的差序格局就出来了。这不是虚拟的东西，是切切实实发生在中国老百姓日常生活里的真情实事，是从中国悠久的文化里边培养出来的精髓，"文化大革命"对这一套破坏得太厉害，把这些东西都否定了，我看这是不能否定的，实际上也否定不了。

我们现在对中国文化的本质还不能说已经从理论上认识得很清楚，但是大体上说它确实是从中国人历来讲究的"正心、诚意、修身、齐家、治国、平天下"的儒家所指出的方向发展出来的。这里边一层一层都是几千年积聚下来经验性的东西，如果能用到现实的事情当中去，看来还是会发生积极作用的。我们中国文化里边有许多我们特有的东西，可以解决很多现实问题、疑难问题。现在是我们怎样把这些特点用现代语言更明确地表达出来，让大家懂得，变成一个普遍的信息和共识。

长期以来在西方文化浪潮的冲击下，特别在"文革"时期，"传统"被冲刷得太厉害了。由此所造成的危害及其严重性还没有被人们所真正认识，同时能够把有深厚中国文化根底的老一代学者的学术遗产继承下来的队伍还没有形成，因此我深深感到知识界的责任重大。我前面谈到由于自知国学根底不深，需要补课，近年来读了陈寅恪、梁漱溟、钱穆等先生的著作，很有收获。启发我对中国文化精神更深入的理解，对中西文化比较更深刻的研究。

同时自己感到对世界大潮流有些"隔膜"，虽然改革开放后我们已经重新"放眼看世界"，我也多次出国进行学术交流，但开始看到的主要是西方在新技术方面的迅速发展，有如我在《访美掠影》一书中描述的计算机信息技术等。但是到 20 世纪 90 年代苏联解体，冷战结束，世界格局发生了重大变化，西方舆论"自鸣得意"，我对亨廷顿的"文明冲突论"虽有批判，但对于中西文化中深层次的问题并不敏感。正如我前面所讲自己"行行重行行"，力争紧跟国内社会经济发展，提出"文化自觉"的看法，也是从少数民族地区的发展问题中看到的。

去年美国的"9·11"事件对我有很大的震动。在我看来这是对西方文化的又一个严重警告，而且事件后事态的发展使我很失望，这种"恐怖对恐怖"的做法，让我看到西方文化的价值观里太轻视了文化精神的领域，不以科学的态度，实事求是的精神去处理文化关系，这是很值得深刻反思的。因此也让我想从理论上进一步搞清一些问题，如个人与文化的关系，文化的社会性和历史性问题等，以利推动中西文化比较研究的深入。

今年 5 月我在南京大学建立 100 周年的纪念会上，发表了《文化论中人与自然关系的再认识》的讲话，进行了这方面的探讨。我们这些人，从生物基础上看是和其他动物一样的，它的生命实际上同样有一定的限期，即所谓有生必有死，生和死两端之间是他的生命期。但由于人们聚群而居，在群体中又凭其共同认识，相互模仿别人的生活手段以维持他的生命，这时他已从生物人变成了社会人。每个生物人都在幼年逐步变成社会人而继续生活下去的，只有作为一个社会人，生物人的生命才得以绵延直至死亡。我们一般说人的生命是指生物人而言的，一般所说人的生活是指社会人的一生而言的。生活维持生命的继续，从生到死是一个生物必经的过程。但是生活却是从生物机体遗传下来的机能通过有向别人学习的能力而得到的生活方式。一个人从哺乳期到死亡的一切思想和行动，都是从同一群体的别人那里学习得来的。所学会的那一套生活方式和所利用的器具都是在他学习之前就已经固定和存在的，这一切是由同群人所提供的。这一切统统包括在我所说的人文世界之内，它们是具体的文化内容。当一个生物人离开母体后，就开始在社会中依靠着前人创造的人文世界获得生活。现存的人文世界是人从生物人变成社会人的场合。这个人文世界应当说和人之初并存的，而且是历代社会人共同的集体创作，社会人一点一滴地在生活中积累经验，而从互相学习中成为群体公有的生活依靠、公共的资产。孔子说"学而时习之"就是指模仿别人而不断实践。这是人从作为生物个体变成社会成员的过程。

人文世界拆开来看，每一个成分都是社会中的个人凭其天生的资质创造出来的，日积月累，一代代人在与自然打交道中形成的。这些创新一旦为群众所接受，就进入人文世界的内涵，不再属于任何的个体了。这就是我们应当深入理解的文化社会性。

文化是人为的，但这里只指文化原件的初创阶段，它是依靠被吸收在群体中的人们所共同接受才能在群体中维持下去。一群社会人互相学习利用那些人文世界的设施包括物质的和精神的，或说包括它的硬件和软件进行生活。生物人逃不掉生死大关，但属于社会人的生活用具和行为方式即文化的零部件却可以不跟着个别生物人的生死而存亡。文化的社会性利用社会继替的差序格局，即生物人生命的参差不齐，使它可以超脱生物体生死的定律，而有其自己存亡兴废的历史规律。这是人文世界即文化的历史性。

强调重新更深入地认识文化的社会性和历史性，可以帮助我们加深对文化的认识。我已注意到文化价值观方面存在着东西文化的差别，中华文化的传统在出发点上和西方文化就有分歧。前一辈的学者，所谓新儒家，已经碰到了这个问题，他们用历史学的方法，做了具体而细致的研究工作，钻研得很深，提出了他们自己独到的见解。我们真要懂得中国文化的特点，并能与西方文化做比较，必须回到历史研究里边去，下大工夫，把上一代学者已有的成就继承下来，切实做到把中国文化里边好的东西提炼出来，应用到现实中去。在和西方世界保持接触，进行交流的过程中，把我们文化中好的东西讲清楚使其变成世界性的东西，首先是本土化，然后是全球化。这个任务是十分艰巨的，现在能够做这件事的学者队伍还需要培养，从现在起在几十年里培养这样一批人是一件当前很重要的事情。当务之急是要在我们的知识界造成一种良好的风气，补上"放眼世界"这一课，关注世界大潮流的发展变化。我自己年纪大了，实际上不能进一步去观察，也没有条件深入研究了。但我认为经济全球化后文化接触中的大波动必然会到来，迟早要发生的，我们要有准备地迎接这场世界性文化大论争。因此我们一方面要承认我们中国文化里边有好东西，进一步用现代科学的方法研究我们的历史，以完成我们"文化自觉"的使命，努力创造现代的中华文化；另一方面要了解和认识这世界上其他人的文化，学会解决处理文化接触的问题，为全人类的明天做出贡献。

2002 年 8 月 6 日

试谈扩展社会学的传统界限

年过九十应当承认我一生已进入衰老阶段，躯体和四肢都已不能自如地活动，但头脑还觉得能够思考一些问题。我总觉得我们中华文化经过几千年的发展，总可能积淀着一些宝贵的东西。近年来世界的动荡，表明当前的世界已经到了亟需改革创新的时刻。此时此刻我的脑子里出现了不少过去没有想过的问题。在我和同事和学生们闲聊或讨论的时候，他们用录音机录了下来，并且整理成文，我对这些文章进行修改最后定稿。读者或许可以从中得到一些可供参考的东西。

社会学是一种具有"科学"和"人文"双重性格的学科，社会学的科学性，使得它可以成为一种重要的"工具"，可以"用"来解决具体的问题，比如预测一个社会的发展走向，调查一个群体的态度行为，分析某个社会组织的运行机制，解决某个紧迫的社会问题等；然而，社会学的价值，还不仅仅在于这种"工具性"。今天的社会学，包括它的科学理性的精神，本身就是一种重要的"人文思想"；社会学科研和教学，就是一个社会人文精神养成的一部分。社会学的知识、价值和理念，通过教育的渠道，成为全社会的精神财富，可以帮助社会的成员更好地认识、理解自我和社会之间的关系，以提高修养、陶冶情操、完善人格，培养人道、理性、公允的生活态度和行为，这也就是所谓"位育"教育的过程，是建设一个优质的现代社会所必不可少的。社会学的研究方向，也自然要考虑到这种人文方面的需要。社会学的人文性，决定了社会学应该投放一定的精力，研究一些关于"人"、"群体"、"社会"、"文化"、"历史"等基本问题，为社会学的学科建设奠定一个更为坚实的认识基础。中国丰厚的文化传统和大量社会历史实践，包含着深厚的社会思想和人文精神理念，蕴藏着推动社会学发展的巨大潜力，是一个尚未认真发掘的文化宝藏。从过去 20 多年的研究和教学的实践来看，深入发掘中国社会自身的历史文化传统，在实践中探索社会学的基本概念和基本理论，是中国学术的一个非常有潜力的发展方向，也是中国学者对国际社会学可能做出贡献的重要领域之一。

究"天人之际"

社会学的一个基本问题，就是人的"生物性"和"社会性"的关系。这就使我们注意到社会学对人的"生物性"的界定，与生物学、医学意义上的人的"生理"、"生命"、"生物"的概念应当是有区别的。作为自然科学的生物学和医学，它们是把人的所谓"生物性"，也就是和其他生物可比较的生命的物质形态方面，单独划分出来，孤立地看，称之为"生物性"。并以此为对象，运用物理、化学等方面的知识，进行一种"自然科学"的研究，但是却忽略了它"非生物"方面即社会的、精神的、文化的属性。比如，他们在研究一个人的生理结构和功能的时候，只考虑其"生理"、"生物"的意义，而不考虑这个人究竟是一个农民还是军人还是知识分子，他们认为这些"社会"角色在医学、生物学上"没有意义"。这种"分析"、"分解"式的思维方式和研究方法，是一般西方自然科学的通行的方式。

但在社会学中，我们所说的人的"生物性"，并不是这种单划出来的一个孤立的、独特的范畴，不是一个和所谓"社会性"互相隔离的属性。相反，社会学中"人"的"生物性"，应当属于人的"自然属性"的一部分，是一种更为广义的概念，是和人的"社会性"融为一体的，二者是互相兼容、包容的。确切地说，这种社会学把"社会"本身，视为广义的"自然"（包括"生物"）的一部分，"社会"的存在和演化，都是包含在广义的"自然"的存在和演化之中的。社会和自然，不是两个"二分"（duality）的概念，更不是相互"对立"的，而是同一事物的不同方面，不同层次而已。这种理念，最好的表达方式，就是中国古代"天"的概念。"天"不是像西方的"上帝"那样超越于人间万物之上的独自存在的东西，"天"和"人"是统一的，息息相关的，人的一切行动和行为，都在"天"的基本原则之中，人是不能彻底摆脱、超越这个"天"的，即所谓"谋事在人，成事在天"；同时，天也随着人的行为而不断做出各种反应，故有所谓"天道酬勤"、"天怒人怨"之说。社会学中"社会"和"自然"的关系，很像这种理念，我们首先把"人"置于"自然"这个大的背景中来看，"人"和"自然"是合一的，作为人类存在方式的"社会"，也是"自然"的一种表现形式，是和"自然"合一的。我们今天用"合一"这个词，就是说它们本来就是不能分开的。尽管人们通常在语言中、在概念上把"人"和"自然"分开处理，这只不过是常规思维中为了认识和解释方便而采用的一种"概念化"（conceptualization）方式，而我们从学术角度，不把"自然"和"人类社会"割裂开来，而是把它们视为统一的，是一体的。人类社会的规律，也就是自然的规律，人类社会的原则，也就是自然的原则；同样，自然的原则（如古人说的"天道"），也是人类社会的原则……这种观念，作为社会学研究的基础，可以使我们从一个基本的层面上，摆正人和人之外的世界的关系。即中国传统上所谓"一而二，二而一"的意思。一可以分为二，而二还是包含在一之内。

我们把"人"放到自然历史演化的总的背景下去理解，人是自然界演化的一个过程和结果，同样的所谓"社会"、"人文"也是自然的一部分，它是人根据自身的需要造出来的一个第二环境，但"人文"只能建立在自然规律和原则的基础上，"人文"的活动，只是在很多方面利用自然，利用自然特性，顺着自然内在的规律，适应它的要求，为人所用，而不能真正改变这些规律和原则，也不可能和"自然"法则对抗，不可能超越自然的基本规律。

这种"天人合一"的思想，实际上不仅是中国的，它是世界上很多文明所具有的基本的理念，但中国人传统上对这方面有特别丰富的认识和深刻的探讨。今天中国社会学应该继承这种传统，从自然存在和演化的角度，对"人"和"社会"进行最基本的定义。

需要注意的是，在近代，中国人这种观念发生了很大的变化。19 世纪末到 20 世纪初，中国知识分子在救亡图存的努力中，曾经在短时间内大量借鉴西方近代和现代社会思想，这种借鉴对中国现代学术发展起到了非常重要的促进和推动作用，为现代中国学术建立了一个重要的基础。但是，也应该看到，这种匆忙的、被动的借鉴的过程，也存在着很多粗糙和不协调之处，特别是对于人和自然的关系上，我们在接受西方现代科学的同时，基本上直接接受了西方文化中"人"和"自然"的二分的、对立的理念，而在很大程度上轻易放弃了中国传统的天人合一的价值观。在实践中，后来大量出现的豪迈的"战天斗地"、"征服自然"、"改造山河"、"人有多大胆、地有多大产"的强烈的冲动，一反中国古代人与自然环境互相依存、通融、欣赏的态度，把自然视为一种对抗性的力量。在社会学领域，则不太习惯于把人、社会、自然放到一个统一的系统中来看待，而是常常自觉不自觉地把人、社会视为两个独立的、完整的领域，忽视社会和自然之间的包容关系。

对于"人"和"自然"的关系的理解，与其说是一种"观点"，不如说是一种"态度"，实际上是我们"人"作为主体，对所有客体的态度，是"我们"对"它们"的总体态度。这种态度，具有某种"伦理"的含义，决定着我们"人"如何处理自己和周围的关系，而这种关系，是从我们"人"这个中心，一圈圈推出去，其实也构成一个"差序格局"。问题的核心是：我们把人和人之外的世界视为一种对立的、分庭抗礼的、"零和"的关系，还是一种协调的、互相拥有的、连续的、顺应的关系。对这一问题不同的回答，反映出人类不同文化、不同文明中世界观深刻的差异。

社会学对这一问题的回答，如果是基于东亚文明的历史和文化传统，那么理所当然地是一种强调协调、共处、"和为贵"的哲学基础，这种文化传统，使得我们很自然地倾向于"人"和"自然"相统一的立场。

精神世界

"人类社会"是广义的"自然"的一部分，但人是有其自身特殊性的。在很多意义上，我们可以把"人"视为已知的自然演化的最高的成就。当然，这仅仅是我们作为人本身的认识，因为我们的认知是有局限性的，我们的感知方式和能力、我们存在的形式本身、我们在时空方面的有限性等，就是我们的局限性。我们只能在这种局限性之内讨论所有的问题；至于在我们的感知能力之外，这个宇宙（天）还有哪些存在形式和属性（比如人们想象的多维空间、能量化的生命等以及想象之外的东西），我们就无法作出有意义的判断了。但在我们认知范围内，我们看到人是具有特殊性的，是明显不同于周围世界的。我曾经打过比方，假如有来自外层空间的其他的生物，他们到地球上，看到地球上生机勃勃的景象，肯定很快就会把"人"这种生物和地球上的其他东西分开。人的特殊性，是我们社会学研究的重点领域，但社会学并不仅仅研究人的特殊的一面，还要研究人与自然一般相同的方面。在社会学工作者眼中，认识"人"的特殊性，不是要局限于这种"特殊"，而是要更全面地认识人的属性。

"人"的特殊性何在？或者说"人之所以为人"究竟凭什么？这是一个人们长期争论，一直没有取得共识的问题。像这类关于"人"的最基本的问题，涉及人类对世界和自身的最基本的假设，往往会成为人类的一种精神信仰和世界观的基石，构成一种文明的基础，因此也往往成为人们争论最激烈的问题，甚至会被赋予强烈的意识形态色彩。在中国，不同时代，不同思想流派对这一问题也有不同的回答。作为具有科学理性传统价值观的社会学，通常认同于一种科学理性的解释：人是有生命的，在自然中首先属于"生物"，这就不同于"非生物"的世界。依我看，在"生物"中，人最重要的特殊性就是人有一种"精神世界"，这是其他生物可能没有的，至少在我们的认知范围内还没有确切的发现。

人的精神世界，可以笼统地说成"人的一种意识能力"，但实际上，这是一个远远没有搞清楚的问题。社会学自身无法完成这种探索，但这种探索，对社会学的发展具有重大意义。"精神世界"作为一种人类特有的东西，在纷繁复杂的社会现象中具有某种决定性作用；忽视了精神世界这个重要的因素，我们就无法真正理解人、人的生活、人的思想、人的感受，也就无法理解社会的存在和运行。我们鼓励社会学工作者和学习社会学的学生，把一定的精力投放到这方面的探索和研究中，这是我们社会学相对薄弱的方面，同时也是人文价值的一个重要体现。社会学对于人的精神世界的研究，当然与哲学、神学、精神病学这些学科的研究视角是不相同的，它应该是一种"社会学"的视角。目前，社会学界如何面对这一问题，运用什么方法论和采取什么方法研究这些问题，还没有基本的规范，但这方面的研究，是十分有意义的。

从社会学角度研究人的精神世界，要避免一种简单"还原论"的倾向，那就是试图把所有精神层次的现象和问题，都简单地用"非精神"的经济、政治、文化、心理等各种机制来解释。还原论式的解释方式，看似一种圆满的"解释"，实际上这种"解释"恰恰忽视了精神世界自身的特点，忽视了"精神世界"——把人和其他生物区别开来的特殊存在物的不可替代性。社会学对于精神世界的理解，应该是把它和社会运动机制联系起来，但不是简单的替代，不是简单地用一般社会层次的因素去解释精神层次的活动。当然，最理想的，是在社会学研究中真正开辟一个研究精神世界的领域，从方法论层次上进行深入的探索，探索如何基于社会学的学术传统和视角，开展对人的精神世界研究。

文化与"不朽"

从人的生物性和社会性的关系，自然地引出人的群体性、文化性和历史性的问题。关于人的文化性和历史性，我们经常讨论，但至今缺乏的是结合实际研究的具体的阐释。在"常人思维"中，"文化"和"历史"似乎纯粹是"社会"的东西，和"自然"、"生物"没有多大关系，可是在社会学术上，文化性和历史性，是与人的生物性密切相关的两个不同的概念。

比如，一个人刚出生的一瞬间，是只有一般的"生物性"而没有社会性的，但就从此时此刻开始，就和妈妈在一起，从个体的人，变成了"群体"的人，开始交流和互动，加入了"人类社会"的生活，也就变成了"社会"的人，具备了社会性。所以我们说从一出生，在这个"人"的生活中，就包含了社会性和生物性。

社会中的人，尽管都是已经具有社会性、生物性的双重人——个体生命的开始时，在母胎里成熟过程中和妈妈还是二而为一的，直到分娩，才告一段落，一分为二，结束母子在生物性上难分难解的状态，分别成为社会性的两个人——但各自的生物性仍然起着重要的作用，而且常常是决定性的作用，其中最基本、最明显的，就是生老病死，这种生物性的因素，你是永远摆脱不了

的。所以我们说人有"社会性"，并不意味着就没有"生物性"了，社会性和
生物性不是互相排斥的，不是非此即彼的，而是互相兼容、互相结合的，这就
是"人"和"自然"（天）的同一性的一个方面。人的生物性，决定了人是要
生老病死的，每个人都是有生有死的，但一个社会是可能不死的，是可能长久
存在下去的（当然，并不是所有社会都必然永远存在，也有整个消亡的），这
种"死"和"不死"，是我们社会学研究的一个非常关键的问题。"社会"为
什么能长久存在？因为有"文化"。而文化是如何起作用的？是基于人的群体
性即社会性。群体可以超越个体的局限，每个个体的人有生有死，但不是所有
的人都同时生同时死；不同的人的生与死，是有时间差的，生不同时，死不同
刻，而不同时间生死的人，不同代际的人，有共处的时间，在共处的这段时间
里，每个人的人生经验、知识、感受、发现、发明等，可以互相交流，互相学
习，互相传递，可以变成别人的东西，保存在别人那里。一个人的生命可能会
逝去，但是他一生的知识积累，不一定随他的生命结束而消失，它们会传递给
别人，传递给继续活着的人，别人再传递给别人，可以传给很多人，这种不断
传递，就成为社会很多人共同的知识即文化，保存在很多人的头脑中，形成一
个不断增加的、动态的、更新的、分散的"信息库"，这个信息库又反过来不
断塑造着新的社会成员的态度和行为，这就是文化的传承。同时，由于各种信
息载体（石刻、竹简、书本、磁带、光盘等）的存在，人们可以把知识记录
下来，储存起来，几十年，几百年，留给后来人，这样，即使一个社会真的消
失了，一个文化中断了，但后来的社会，其他文明的活着的人还可以从那些很
久以前死去的人那里学习各种知识——人和人可以跨越时间、空间的障碍，进
行交流和学习，分享知识和经验。

　　文化传承中，有很多这种跨越时间、空间继承的例子。比如我们今天经常
说"西方文化来自古希腊罗马文明"，实际上，尽管古希腊罗马本来就属于欧
洲，但他们的很多文化成就，并不是通过他们自己生物性的后人直接传到近代
欧洲的，而是通过阿拉伯人"转手"的。因为在中世纪，欧洲本身的很多古
典文化的东西中断了，而这些东西保存在阿拉伯人那里，后来"文艺复兴"，
欧洲人不是从自己的前辈手里，而是从阿拉伯人那里又"取回"了很多古希
腊罗马人创造的知识。又比如犹太人的希伯来语，本来已经消失了很多个世

纪，仅有少数考古学家能阅读其文字，但 19 世纪末，犹太人要重新建国的时候，这些学者通过首先教自己家里人说，再在朋友圈子里说，范围越来越扩大，经过几十年，居然把这种已经"死去"的语言恢复过来，到 1947 年以色列建国的时候，希伯来语被定为"国语"。中国历史上这类例子也很多，中国春秋战国的很多东西，被秦始皇毁坏了不少，汉朝时通过仅存的一些儒生和残存的旧竹简，把儒家的东西恢复过来了，并成为官方的意识形态。历史上中原战乱时期，中原文化的很多东西传播到江南、朝鲜、日本等地区，被保存下来，然而它们在中原反而消失了，后来中原人又从这些地方把消失的古代文化成果学回来。中国人也为其他文明保存过很多重要的历史知识。比如印度文化中一直不太注重编年史，所以今天国际上研究印度历史，往往要从中国古代文献中查找资料，特别是从玄奘的游记中获得当时的资料。目前中国周边的国家的历史，也有许多因记录在中国古代文献中而得到保存。

这就是我说过的，社会和文化可以使人"不朽"。像唐朝的诗人李白，他作为一个人，他的生物性决定了他必然会逝去，但他的诗作，连同他的诗的风格，都保存在各种文献中。李白这个人，是一个具有有限生命的"人"，而他的诗和诗的风格，则是"文化"，"人"是会消失的，但"文化"保留下来了，社会长存，文化不死，创造文化的人也就"不朽"了。一个人创造的文化不仅能保留，还能传递，还能影响别人，能激发别人的灵感，实现"再创造"，所以传统可以成为新文化生长的土壤。李白的诗作，经过几百年、一千年后，还能重新影响、塑造出别的诗人，他们可能接近李白，可能超过李白……文化把不同时间、空间的人"接通"了，可以共享生活的经历和生命的体验；文化能够超越个体生命的生死和时空的障碍，能够生生不息、发扬光大。

文化的传递，必须是一种历史过程，所有文化都必须是积累的，没有积累，没有超越生死、时空的这种积累，文化就不可能存在。

从"个人和群体"的角度理解文化，"文化"就是在"社会"这种群体形式下，把历史上众多个体的、有限的生命的经验积累起来，变成一种社会共有的精神、思想、知识财富，又以各种方式保存在今天一个个活着的个体的生活、思想、态度、行为中，成为一种超越个体的东西。当一个新的生命来到这个世界上时，这套文化传统已经存在了，这个新的生命体就直接生活在其中，接受这种由很多人在很长时间里逐步创造、积累的文化，所以文化具有历史性，它是跨越时间、空间和生命的东西，也是先于个体而存在，不随个体的消失而消失的东西。所以我们看文化，必须历史地看，只有在历史中，文化才显示出其真实的意义。

文化的历史性是广义的，不仅具体的知识和技能是在历史长河中积累传承的，更深层、更抽象的很多东西，比如认识问题的方法、思维方式、人生态度等，也同样是随文化传承的。进一步说，文化的传承，也同样包含了"社会"的传承。比如说，社会的运行机制是随文化传承的，社会结构同样是伴随文化传承下来的。一个社会基本的结构，夫妻、父母、社区结构，都是文化的一部分，是先人传下来的，是晚辈向长辈、后人向前人学来的。学习、继承中不断有修正和创新，但只有在继承中才可能有创新，这就是为什么我们研究社会也好，改革社会也好，绝不能抛开历史，没有一个社会结构是完全凭空构建的，它总是要基于前一个社会结构，继承其中的某些要素，在此基础上建立新的东西。比如，即使像美国这样一个"人造"的国家，其社会结构也不是从美国建国时突然开始的，而是从欧洲移植过去的。美国社会的主体结构，实际上是来自欧洲的白人移民主导建立的，他们不管什么身份——是反叛者也好、流亡者也好、淘金者也好、梦想家也好——其基本的文化背景、思维方式、人生态度、知识技能等，还是在欧洲社会结构中造就的。他们在最早建立殖民地的时候，就不可避免的，只能基于欧洲的社会文化传统，他们可能属于当时欧洲的"非主流"，反对当时欧洲的主流，但他们的"非主流"，仍然是"欧洲"的非主流，是一种文明中不同的分支，所以它们的社会结构并不是凭空创造的，实际上是欧洲文化的延伸和变体。同样，像我们今天的这个"中国"，虽然是在一场摧枯拉朽的革命之后建成，但我们今天的社会结构，并不都是1949年建国时一下子凭空创造出来的，它是过去几千年社会结构演化的继续，是和过去的社会密切相关的。建国时期几亿人口的思想、文化、价值、理念都是从此前的历史中延续下来的。谁也不可能把一个社会中旧的东西突然"删除"、"清洗"，变成空白，再装进去一个什么全新的东西。我们中国的革命，形式上是"天翻地覆"、"开天辟地"，实际上，它是建立在中国社会自身演化的内在逻辑之上的，是中国文明演进中的一个连续过程的一个阶段。建国50多年后的中国社会，还是跟过去的社会密切相关，社会的方方面面的历史文化积累过程是不间断的、永恒的、全方位的。

"只能意会"

在社会学最基本的"社会关系"的研究中，实际上还存在着很多空白的领域，有待我们去进行探索。特别是在"人际关系"中各种"交流"的部分，始终是社会学没有说清楚的领域。比如人和人交往过程中的"不言而喻"，"意在言外"的这种境界，是人际关系中的很重要的部分。人们之间的很多意念，不能用逻辑和语言说清楚，总是表现为一种"言外之意"，这些"意会"的领域，是人与人关系中一个十分微妙、十分关键的部分，典型的表现，就是知心朋友之间、熟人之间、同一个亚文化群体成员之间，很多事情不用说出来，就自然理解、领悟，感觉上甚至比说出来还清楚。同样，在亲情之间，特别是在母亲和不懂事的孩子之间，也集中体现出这种"不言而喻"：小孩子太小，有许多感受不会用语言表达，但妈妈凭感觉就明白孩子要表达的意思，这种"意会"，是人和人交往的一种重要的状态，实际上常常是决定性的状态，它自然应该成为社会学的一个基本的关注点。

在群体中，在各种社会组织中，在社会各种圈子中，人们不仅在运用这些"意在言外"的规则进行交流、调控和协商，而且还在不断地制造着这种"不言而喻"的默契的规则。实际上，只要是有两个以上的人的地方，相处一段时间后，就会不断地生成这种默契，同时也不断地修正、更新这种"意会"的内涵，它成为人类的一种不自觉的、但又连续不断、乐此不疲的工作。几乎任何群体在任何一个场景下，都会创造一些临时的或持久性的"意会"的规则：几个住在一起的同学，很快就会发展出属于他们自己圈子的共同语言，这是不用故意去设计、安排的；同事之间在一个会议上，就可能形成临时的"意会圈子"，会散了就不再存在了；两个人一次不长的谈话，实际上也是在动态的互动中一边"试探"一边制造一种默契的过程……可以毫不夸张地说，一个社会，一种文化，一种文明，实际上更多地是建立在这种"意会"的社会关系基础上，而不是那些公开宣称的、白纸黑字的、明确界定的交流方式上。但是，这方面的研究还相当薄弱。尽管社会学人类学界实际上一直涉及这方面的研究，但多年来并没有集中力量探索，也就难有突破性的成就，很多东西还是一种描述性的解释。在这种"意会"的人际交往领域里，中国文化本来具有某种偏好和优势，中国社会学工作者的努力，也许可以在这方面做出某种划时代的成就；反过来说，如果不突破这一点，社会学不管是作为一种应用性的专业，还是一种人文修养的学科，都存在着严重的缺憾。

这种对人际关系中"意会"的研究，并不是沙龙里、书斋里、象牙塔里的话题，也不仅仅是一种抽象理论层次的探索，它本身就涉及现实中很多迫切需要解决的难题。比如，在我国过去20多年社会经济高速发展中，地区之间的发展，出现了很大的差异：一方面，珠江三角洲、长江三角洲的一些区域，实现了社会经济的高速、良性发展，实际上很多方面已经逼近发达国家的水平，可以说初步实现了中国几代人为之奋斗的"现代化"的梦想；可是另一方面，中国还有很多地区，社会经济发展还远远落后于上述发达地区，有些区域，社会的深层结构还完全停滞在二三十年前的水平，没有实现社会的基本层面的变革。对于这些问题，我们社会学界，不仅要从制度方面、意识形态方面、资金技术方面、地理位置方面来研究，而且还要特别关注其社会性的一面。比如，在很多欠发达地区，在"看得见摸得着"的方面，诸如制度、法律、规章等方面，因为同处于中国的基本制度之下，所以与发达地区并没有什么差别，很多表面的东西是完全一致的，一样的，但这些地区在相同的政策、体制条件下，发展的效果却很不相同。我们通过深度的、"参与观察"的研究就会发现，这里人们日常的、细微的人际关系、交往方式、交往心态以及与之有关的风俗习惯和价值观念，和发达地区有相当大的差异，而这些"差异"，大多是这种"只能意会、不能言传"的部分。这部分东西，实际上常常是构成社会经济发展差异的真正原因。所以，我们要真正有效地促进落后地区发展，比如西部开发、东北国企改造等，就必须解决这种"意会"领域的问题，否则，仅仅在那些公开说明的、表面的体制、法律、规章上做文章，是解决不了实质问题的。

日常生活中这些"意会"的部分，是一种文化中最常规、最平常、最平淡无奇的部分，但这往往正是这个地方文化中最基本、最一致、最深刻、最核心的部分，它已经如此完备、如此深入地融合在人们生活中的每一个细节，以至于人们根本无需再互相说明和解释。而从社会运行的角度来看，这种真正弥散在日常生活中的文化因素，看似很小很琐碎，实际上却是一种活生生的、强大的文化力量，它是一个无形的、无所不在的网，在人们生活的每个细节里发生作用，制约着每个人每时每刻的生活，它对社会的作用，比那些貌似强大、轰轰烈烈的势力，要深入有效得多；它对一个社会的作用，经常是决定性的。根据这些年的实际调查经验，我觉得在地方社会中，越是我们"外人"看不出、说不清、感觉不到、意识不到、很难测量和调控的文化因素，越可能是一些深藏不露的隐含的决定力量，越可能是我们实际工作中的难点，也越值得我们社会学研究者关注。在研究不同的地区发展的差异时，这种被人们"视而不见"或"熟视无睹"的东西，往往正是我们揭开当地社会经济发展秘密的钥匙。

文化的"意会"方面的实际意义，不仅限于区域发展研究，很多现实问题，比如引进外资、企业改造、基层组织、民族关系、都市文化、社区建设等，都涉及这方面的知识。我国当前大量的社会生活实践和学术研究的积累，已经为这方面的探索准备了相当的条件，社会学工作者如果能够充分利用现有的条件，加强这方面的研究，有可能在理论和应用上获得一些真正突破性的进展。

这种"意会"的研究，其实就是把社会学中最基础、最一般的概念——"社会关系"的研究向深一层推进。学术上，其实并不是总要一味去搞那些新奇的、超前的概念，很多非常平常、非常常见的概念，恰恰需要人们不断地深入探讨，也往往是我们新的学术思想的最好的切入点和生长点。"社会关系"作为社会学最常用的概念，已经被无数人大量论述和阐释过，已经是老生常谈了，但即使是这样一个人们熟知的基础性的概念，仍然有无限拓展和深化的空间。

"讲不清楚的我"

如果要不断深化对"社会关系"的研究，可以从不同的角度切入，除了

"意会"之外，还有一个角度，那就是从社会关系的"两端"——"人"的角度来探讨。当然，我们不必再重复社会学已有的成果，不必一般地从旁观者的视角来探讨"人"这个概念，而是要从"主体"（subjective）的、第一人称的角度理解"人"，也就是研究"我"这个概念。

从"我"的角度看，一个很值得关注的问题，就是每个人的这个"我"，实际上都分为好几个"我"，生物的"我"、社会的"我"、文化的"我"、表面的"我"、隐藏的"我"、说不清楚的"我"……但这并不是弗洛伊德等心理分析意义上的不同层次的"我"，而是一种社会学意义上的多方面的"我"。从理论上说，最普通、最一般的"我"的感受应该是生物的"我"，但这是人们自己几乎不可能感知到的一个"我"，因为只有刚出生的时候的我，是纯粹"生物"的，但那时候，人根本不能感知自己，不可能知道自己这个"生物的我"。一般来说，人在某些极端情境下，丧失了后天文化赋予的各种感觉，回归到接近最基本的生命本能状态的时候，应该是比较接近纯粹生物的"我"的状态，比如在极度恐惧中凭本能逃生、在极端痛苦中已经丧失其他感觉、极度兴奋忘乎所以等，但在社会文化中长大的人，即使在这种情形下，也很难完全摆脱"文化"背景，很难成为一种纯粹的生物的"我"。另一种接近的情况，就是丧失正常的意识，只有生命本能反应，像睡觉的时候，喝醉的时候，但实际上这时候也不是纯粹的，即使睡着的时候，梦里也有文化，那是梦中之"我"，和醒时的"我"不同而已；喝醉的"我"也不是纯生物的，喝醉的时候，也是有一种独特文化的，不过和平时不同而已。另外在这些特殊的情形下，不管怎样，问题是我们自己几乎无法正常"感受"自己。

在诸多"我"中，有些"我"是看得见、摸得着的，是可以公开说清楚的，但这部分"我"很有限，每个人都有很大一部分"我"，只在心里，讲不出来，这部分"我"实际上是公众之外的"我"。这部分"讲不出来的我"，常常是自己也不知道的，自己日常的生活、工作、举止言谈、社会交往等，受这个"我"支配，但自己也不清楚，这就涉及上面说的人际关系中的各种"意会"，这种"意会"的主体，有时其实就是这个"讲不出来的我"。比如，我们读古诗词，感到美妙的意境，仿佛跨越千百年的历史，和古人共享那种悠然的感受，这种感受，往往是"难以言传"的，而对于一个具有这种诗词文化修养的人来说，又是"不言而喻"的。那么这种"意境"究竟是"谁"在感受呢？似乎不是平时吃饭睡觉的那个"我"，不是求职简历上那个能够一条条写清楚讲明白的那个书面中的"我"，也不是平时同事中、朋友中、街坊邻居中那个包括具体长相、性格、技能、爱好的张三李四的我。在"意在言外"的交流中，不是这些具体的、可描述的"我"在活动，而是一个不那么清晰的"我"在主导这些活动。因为那些可以描述出来的我，都是通过各种社会关系来定义的，当我们无法确切定义一种"不言而喻"的微妙"关系"的时候，也很难清晰明确地定义这个"意会"的主体——"我"。有趣的是，这个不断体会着各种"意在言外"感觉的隐含的"我"，也是一种只能"意会"的东西。

有时候，我们可以"意会"别人，却不一定总能够"意会"自己，常常是自己也不知道自己究竟是怎么处理这些"不言而喻"的东西的，一切都是随着习惯自然而然做的，很难说清楚，一旦别人说出来，自己还经常不承认。

应该说明，这个"讲不出来的我"，并不是"不想讲出来的我"，这两个"我"不是一回事。有时我们自己反思（reflex）自己的时候，要面对一种"我"，这是自己看自己的"我"，是自己知道的"我"，它和"讲不出来的我"有相近之处，在社会公众看来，好像是一样的，都是在你内心里隐藏的东西，但对自己来说，完全不一样。反思的"我"，是自己能说清楚的，能看得见的，只是故意隐藏在心里，不公开说出来，不想让别人知道。这个"我"，比"讲不清楚的我"要简单得多，它是一种明确的知识，是可以界定、描述和解释的。当然，这种不愿意讲出来的"我"，有时也通过"意会"的方式表达出来，但谁在表达呢？这个表达的主体呢？又是我们谈的这个"只能意会"的"我"。

决定人的行为的就是这些各种各样的"我"。那种"讲不出来的我"，不是完全没有办法感知，实际上很多人是能够通过"直觉"感觉到的。这种直觉，现在好像还不能用实证的方法来解释，也常常引起人们的怀疑和否定，但有些类似直觉的东西，又不能完全否认，诗歌里往往就有这一类感受表述，就是通过一种"意会"的方式，表达了"意会"的那个"我"。古今中外的很多诗人，有时候就好像是直接把这类感受表达出来。你读诗，实际上是在读诗人，你总是感觉这些诗是言未尽意，意在言外，这就是在感受诗人的那个"讲不出来的我"。而其他很多艺术——绘画、音乐等也常常反映人的这部分"我"。

对"讲不出来的我"的研究，也就是从主体的角度对人际关系互动过程中的"意会"部分的研究，是社会学面临的又一个挑战。艺术、文学、电影等，只是利用和表达这部分的存在，并没有从学理上进行研究和探索。在各种社会科学中，社会学作为一种以逻辑因果和系统分析见长的学科，是有条件也有责任对这方面进行探讨的。不管是从工具性的应用角度来说，还是从人文教育的角度来说，社会学在这方面应该实现某种突破性的进展，这将是社会学整体发展的一个重要的里程碑，使得社会学作为一门科学，在人类知识探索上跨上一个新的台阶。

在各种"我"中，还有一个很值得注意的"我"，那就是"被忽略掉的我"和"被否定掉的我"。古人常常说"忘我"，"去私"，这是一种把"我"这个东西否定掉的倾向，这究竟是什么含义？这里的"我"、"私"究竟指什么？是自己的生命？欲望？自我意识？物质财富？去除"我"，那么还剩下什么？如果"我"被否定，什么是这种行动的"主体"呢？……今天的人基于今天的这一套概念，会提出一系列的发问。"忽略我"、"否定我"事实上是一种非常矛盾的状态，它反映出中国人文价值中隐含的一种深层的张力，但这种境界，不是虚构的道德说教或寓言故事中的题材，而是历代史不绝书的很多真人真事的反映。从古至今，确实有无数"仁人志士"为了自己的理想达到了这种境界，也有很多"高人"自我修炼达到了这个高度，当然还有很多"奇人"因为投身或痴迷于某种事物，进入这种状态。不管怎么说，在古典价值体系中，"忘我"和"去私"是一种很高的境界，只有个人修养到了极高的阶段才能达到的境界。事实上，这种价值观，不仅仅是古代的事情，其实，就在不远的三四十年前，中国的主流社会还把这种价值观推到一种难以置信的极端的程度，"私"这个字成了最大的邪恶，"自我"这个词都变成了"准贬义词"，整个社会完全笼罩在一种彻底极端的"忘我"、"去私"的话语中……这是刚刚发生在中国大地上不久的事情，我们都亲身经历过的，这种20世纪发生的极端"去私"的强烈冲动，反映出中国文化中这种"否定了的我"的巨大力量。这种"被人为否定的我"和"讲不清的我"、"讲不出来的我"一样，同样是我们社会学可以深入研究的课题。

将"心"比"心"

传统意义的中国人，对于"人"、"社会"、"历史"的认知框架，既不是西方的"主观"、"客观"二分的体系，也不完全如中根千枝先生所概括的日本文化的"纵向"特征；中国的世界观，更像是一种基于"内"、"外"这个维度而构建的世界图景：一切事物，都在"由内到外"或"由表及里"的一层层递增或递减的"差序格局"中体现出来。因此，在中国的传统思想探索中，对于"我"的关注，自然地就继续向"内"的方向深入，也就引出比"我"更接近"内"的概念——"心"这个范畴。

古人可能是由于缺乏生理知识，错把"心脏"当成了人们思想的器官，所以总是把本来描写"心脏"的这个"心"字，和人的思想、意愿等联系起来，并以这个"心"字为核心，构建了庞大复杂的思想体系。但古人这种生理学知识上的错误，并不妨碍这个思想体系的重大文化价值，因为不管人类是不是真的用"心脏"来思考，这个"心"的概念，已经被抽象化，脱离了一个具体内脏器官的含义（今天你可以说它就是指"人脑"）。而上升到人生哲学的层次上，它已经是一个内涵十分丰富的哲学概念，而不再是一个生理学名词。

在古典人文思想中，"心"是个人自我体验和修养的一个核心概念，如"山光悦鸟性，潭影空人心"等，它的内涵十分广泛，包括思想、意识、态度、情感、意愿、信念等，但我们特别要关注的一个重要的内涵，就是它常常倾向和暗示一种"主体性"（subjectivity），就是说当人们谈到"心"的时候，总是自然产生一种"心心相通"的感觉，即使讨论别人的"心"的时候，其描述的口吻，也就像一种"设身处地"地类似于"主体"的角度在说话（有点像电影中的"主观镜头"），而不是所谓"客观"的旁观者的角度。像"三顾频烦天下计，两朝开济老臣心"的这个"心"中，就有这种感觉，这首诗透出的杜甫的心情，好像和几百年前的孔明获得了一种跨时代的"通感"，仿佛在直接感受孔明那种"良苦用心"。在这种陈述的习惯中，"将心比心"的说话法，就是顺理成章的了。"心"这个概念造成的这种微妙的感受，既有中文构词和语法的原因（没有明确的主格宾格），也反映了中国古代思想在方法论方面的一种特点，这是我们今天在一般的科学实证方法论之外，可以注意研究的一些新的领域。

"心"的概念，以其独特的思考维度，也成为阐释人际关系的一个十分重要的范畴，比如"心心相印"、"心有灵犀"、"知人知面不知心"等。用"心"来陈述人际关系，着眼点不在这些"关系"本身的性质和特征上，而是在于当事者的"态度"，其背后的潜台词似乎是说：不管什么样的关系，最重要的，是人的态度，是"态度"决定"关系"——是诚恳还是奸诈？是开朗还是诡秘？是坦荡还是猥琐？是认真还是敷衍……这种以"态度"为重点的人际关系理念，不是抽象思辨推导的结果，而是千百年社会实践的总结，是自有其内在的宝贵价值的，很值得我们今天的社会学家加以关注和研究。同时，这种理念还有深刻的认识论方面的意义。"心领神会"就是古人所理解的一种真正深刻、正确的认识事物的境界，它不是我们今天实证主义传统下的那些"可测量化"、"概念化"、"逻辑关系"、"因果关系"、"假设检验"等标准，而是用"心"和"神"去"领会"，这种认识论的范畴，不仅仅是文学的修辞法的问题，它就是切切实实生活中的工作方法，也确实表明中国文化和文明历经几千年长盛不衰，其中必定蕴含着的某种优越性和必然性。

"心"的概念的另一个特点，是它含有很强的道德伦理的含义。抽象的、认识论上的"心"的概念，是基于心脏是人生命中"最重要器官"，因此它也自然地代表着"做人"、"为人"方面的最生死攸关的、最需要珍重的东西。当你使用这个概念的时候，背后假设的"我"与世界的关系已经是一种"由里及外"、"由己及人"的具有"伦理"意义的"差序格局"，而从"心"出发的这种"内"、"外"之间一层层外推的关系，应该是"诚"、"正"、"仁"、"爱"、"恕"等，翻译成今天的语言，就是说这种"内"、"外"之间的关系应该是真诚、共存、协调、和睦、温和、宽厚、利他、建设性的等等，这种关系是符合"天人合一"、"推己及人"、"己所不欲，勿施于人"等人际关系的基本伦理道德的。"心"的主观性和它的道德性，包含着对认知主体的"人"

本身的鞭策和制约。这种观念，不同于我们今天很多学术研究强调的那种超然置身事外、回避是非的"价值中立"、"客观性"等观念，而是坦诚地承认"价值判断"的不可避免性（inevitability）；它不试图回避、掩盖一种价值偏好和道德责任，而是反过来，直接把"我"和世界的关系公开地"伦理化"（ethicization 或 moralization），理直气壮地把探索世界的过程本身解释为一种"修身"以达到"经世济民"的过程（而不是以旁观者的姿态"纯客观"、"中立"地"观察"），从"心"开始，通过"修、齐、治、平"这一层层"伦"的次序，由内向外推广开去，构建每个人心中的世界图景。

中国今天的社会学，应该探讨古人谈了几千年的这个"心"，究竟是什么东西。它并不能简单地翻译成"思想"、"智力"等现代通行的各种概念和范畴。陆象山说"宇宙即是吾心，吾心即是宇宙"，他究竟是在说什么？这个话给我们今天的社会学什么启示？中国社会学现在还没有特别讲这个"心"，但是要在中国文化背景下研究社会，不讲这个"心"是肯定不行的。"心"作为古人认识自我和人际关系的一个核心基础概念，已经渗透到我们社会文化的方方面面，也是日常口语中出现频率极高的词语。这个概念，作为文化传统的一个重要部分，代代相传，构成亿万人民的思想观念基础，在不断构建和塑造着人们的态度与行为。

"心"这个概念，不仅仅是中国文化所独有，就我们现在所知，世界上其他文明中，也有把"心脏"当做人类思想意识中心的观念，也因此以"心"为"中心"发展出一种抽象的"心"的概念体系，并把它放在"人"和"社会"的一个很核心的位置。比如在西方文化中，"心"这个概念本来也是源于对人生理器官"心脏"的指称，但其引申含义，已经超过原来生理上的"心脏"这个含义，至今在很多西方日常语言中，"心"（heart，herz 等）这个词已经成为指一个人的"真诚的意愿"、"真实的自我"、"重要的记忆"等意思了，这个词一直是描述"自我"和"人际关系"的十分重要的词语。这个"心"的本意，在大多数情况下和中国"心"的概念有很大的相似之处。

方法论与古代文明

像其他各学科一样，社会学在探索新的研究领域的时候，不可避免地要涉及方法论和方法的创新问题。当前主流社会学基本上沿用实证主义的"科学"方法。当然，广义的科学，是包括所有系统知识体系的，但目前社会学方法论中的"科学"，主要是指借鉴自然科学和数学的假设检验和统计等基本研究方法。这些方法作为社会学基本的研究方法，已经基本成熟，未来也将长期作为社会学的基本研究方法；但另一方面，我们在探讨某些新的论题和领域的时候，也需要进行方法论和方法上的再探索。在运用社会学来研究"我"、"心"这类概念的时候，原来的实证性的、假设检验模式的研究方法，还能不能奏效？结果如何？这就要进行一些尝试和探索，也可能需要借鉴一些新的思考方式和研究方法。在引入新的研究方法的过程中，我们应该以一种开阔的心态，面向全人类各种文明中蕴藏的智慧，像印度文明、伊斯兰文明、希伯来文明、东正教文明、美洲土著人文明、非洲文明等，这些文明中都包含着人类长期积累的高度智慧，值得我们去深入研究、借鉴和吸收。尽管这些文明今天在外在形式上不一定都那么"强盛"，但文化和智慧的价值，是不能简单地以经济、军事实力为标准来衡量的。人类的各种文化中，都可能隐含着很多永恒的、辉煌的、空前绝后的智慧，我们要学会欣赏它们、理解它们、吸收它们，这也是我所说的"美人之美、美美与共"的本意之一。中国文化自古以来就是一种容纳百川的文化长河，我们对外界文化的吸收，不必拘泥于它是来自某一种文化或某一个方向的成果。比如，在研究"精神"、"我"、"心"等问题的时候，很多宗教文化中的对于虔诚、内省、忏悔、默想（meditation）等概念的探讨就很值得关注。像佛教中大量的关于心、性、戒、定、智慧的探索，历时2000年，后来成为中国"理学"的一个重要来源，从中发展出禅宗等中国本土流派的宗教，其中有很多东西是相当成熟和深刻的，对我们今天社会学新领域的开拓，可能具有很好的启发作用。

在中国本土传统中，古代诸子百家、儒家、道家的东西是我们认识中国社会的基础知识之一，不能忽视，特别是宋明理学的很多东西，非常值得重视。理学堪称中国文化的精华和集大成者，实际上是探索中国人精神、心理和行为的一把不可多得的钥匙。中国传统思想的演化的一个重要特点，就是它的实践性；理学的东西，并不是一般的学者的思辨的结果，不是纯粹的理论探讨，它的所有概念，所有内在的逻辑，实际上都是紧扣社会现实中人与人关系的要义——地位、名分、权利等，它是中国古代现实政治、社会文化运作的经验总结和指导方略，具有很强的实践性。理学的东西，说穿了就是直接谈怎样和人交往、如何对待人、如何治理人、如何塑造人的道理，这些东西，其实就是今天社会学所谓的"机制"和"结构"，它直接决定着社会运行机制和社会结构。如果我们能够在一个新的高度上重新审视这些前人的成就，会给我们今天的探索提供很多新的启示，十分有助于开拓中国社会学的探索领域。

理学的东西，对于我们深刻理解中国人的心智，具有很大的价值，很有认真整理和分析的必要，但它的表达方式和内在的思路，和今天社会学的思想方法、思路、范畴很不相同，所以我们要研究这些传统的东西，就有一个"解读"和"翻译"的过程，这就是所谓"解释学"（Hermeneutics）的来源。这种"翻译"，就迫使你必须真正用心，彻底理解这些东西，你不吃透它们的含义，是翻译不出来的；同时，翻译也是创造新概念的过程，通过研究这些传统文化的概念，我们有可能融会古今，结合今天社会学的思路，提出一些源于传统、又不拘泥于传统的、具有普遍性意义的新的范畴和概念。中国社会学一直没有特别刻意地去探讨中国延续了几千年的"心"、"神"、"性"等问题，在一定程度上是受到现代社会学研究方法的制约，因为这些概念，不太容易运用现代主流的社会学的方法去研究，从某种意义上说，这些概念正是今天的社会学方法掌握不住、测算不了、理解不了的部分。目前的实证主义思路，不太容易真正进入这些领域，进去了，也可能深入不下去，有很多根本性的障碍。比如科学方法的前提，是要有可以观察和测量的东西，是要有经验性（empirical）的基础，要有一种客观性的立场，首先是要能够把研究对象"客观化"，这些要求，在对"心"等概念的研究时，往往很难得到满足。换句话说，今天社会学的一些方法，无法和古人进行跨越时间和历史的"交流"，我们今天的社会学，还没有找到一种跟"理学"进行交流的手段（means of communication）。

新领域的开拓，往往要求在方法论和方法方面进行探索，也不排除吸收借鉴一些其他的方法和思路。就拿理学中所隐含的方法论来说，就可能对社会学的研究方法有某些充实和帮助。理学讲的"修身"、"推己及人"、"格物致知"等，就含有一种完全不同于西方实证主义、科学主义的特殊的方法论的意义，它是通过人的深层心灵的感知和觉悟，直接获得某些认识，这种认知方式，我们的祖先实践了几千年，但和今天人们的思想方法无法衔接，差不多失传了。今天的人，包括我们自己在内的绝大多数学者，不知道这究竟是一种什么感受。但我们不能简单地说这些方法都是错的、落后的、应该抛弃的。它们不仅在历史上存在了那么长时间，更重要的是，这一套认识方法，已经变成一套理念，变成一群人的意识形态和信仰，并且确实解决了一些我们今天的很多思想方法无法解决的问题。比如在古代中国，在当时的技术条件下，这套东西如何维持中国这样一个如此庞大的国家和人口（实际上差不多一直是当时世界最大、最繁杂的政治经济实体）长期的统一和稳定？当时的知识阶层和官僚系统，都是由这一套认识论和思维方式"武装头脑"的，它确实以相对很少、很节约的人力物力，实现了复杂的社会治理。因为它的很多东西，是顺着人的自然感觉走的，是顺应着中国乡土社会的人情世故，从草根文化习俗中生长出来、提炼出来，又提升到"圣贤"高度上的，所以才能在复杂的社会结构中上通下达、一贯到底，它有一种和中国社会现实天生的"气脉相通"的东西。

传统中的这些方法论因素，也许可以作为今天社会学的诸多"前沿"之一，进行一些探索。一方面，我们做到真正"领悟"古人"格物致知、诚心正义"的认知方法，明白它的真谛；另一方面，吸收当前国际上各种思想潮流，不拘泥于是否时髦、流行，而是注重于对中国社会学学科建设的价值，以我们自己的需要为参照系来衡量和吸收。比如，在西方社会学田野调查中就出现了基于神学中"解释"（hermeneutik）、马克斯·韦伯的"理解"（verstehen）、"现象学"（Phenomenology）等学术传统而发展出来的"互为主体性"（inter-subjectivity）的方法论思潮，就是一种侧重调查者和被调查者这两方面主体意识的调查方法的探索，与一般科学实证的方法论有所区别。这方面的内容，在一些西方的社会学人类学田野笔记中，早已经有所体现。这些东西，似乎与我们的"将心比心"、"心心相印"的理念有某些相通之处，值得我们认真关注和研究。

结语

"人"和"自然"、"人"和"人"、"我"和"我"、"心"和"心"等，很多都是我们社会学至今还难以直接研究的东西，但这些因素，常常是我们真正理解中国社会的关键，也蕴含着建立一个美好的、优质的现代社会的人文价值。社会学的研究，应该达到这一个层次，不达到这个层次，不是一个成熟的"学"（science）。如果我们能够真正静下心，坐下来，潜心梳理这些传统的宝贵遗产，真正在这方面获得一些突破，那将是社会学发展的一个重要的跃进。

要把这些融会历史文化于一体的，目前用电脑还"计算不了"的概念——攻破，是一项艰巨的工程，它本身就是在重新审视我们自己的历史，也就是"文化反思"和"文化自觉"的一种重要的实践。如果依照梁漱溟先生早年的论述，跟西方文化比起来，中国文明的很多传统，确实表现出直达和早熟的特征，就好像中国绘画很早就越过临摹现实、具象写实的阶段，进入到书法、写意等抽象化的境界，并达到一种极高的人文品位，而西洋绘画经过一个一个阶段长期充分的成熟的发展，后来也走向抽象化……不同文明各自的这种优势，应该而且可以互补。如果说中国文明有它发育不全的一面，造成了后来某些技术方面的脆弱，在与西方的对抗中，不堪一击，那么，其直觉体验的那种先见性和超前性，又使得它很早就体会和领悟到了别人没有感觉到的东西。从宏观的人类文化史和全球视野来看，世界上的很多问题，经过很多波折、失误、冲突、破坏之后，恰恰又不得不回到先贤们早已经关注、探讨和教诲的那些基点上。社会学充分认识这种历史荣辱兴衰的大轮回，有助于我们从总体上把握我们很多社会现象和社会问题的脉络，在面对人类社会的巨大变革的时代，能够"心有灵犀"充分"领悟"这个时代的"言外之意"。

2003 年 10 月

对文化的历史性和社会性的思考

两年前召开第七届"现代化与中国文化研讨会"时，我说那可能是最后一次参加这个系列的会议了。这次召开第八届会议，证实我的那个预测并非准确。不过，坐在大家面前，我今天感觉依旧：个人生命的短暂与文化传承的久远令我这个即将谢幕的老人觉得时间迫切；能在这样的学术盛会上述说一点自己的体会，也许是使个人短暂的生命得以融会于久远文化的好方式。

与会的同人都能了解这个研讨会的渊源。我在回顾初次聚会至今的这20年时，更觉"逝者如斯"的压力。转眼即逝的时间，使求知者深感需要的时间是永远不足的。以我自己一生学术工作的全部来说，我所面对、所思考并为之奔波的，可以用这个学术研讨会那看似简单的题目来表达。从上个世纪30年代算起到今天，我已经耗费了六七十年的光阴来追求的，就是在"现代化与中国文化"这个课题的领域里做了一点工作，提出了一些问题。不能说取得了什么成果，我只能说，自己在个人的学术生命中，做了自己力所能及的事。过去这10多年来，我逐渐从80多岁变成了90多岁。我常想到应当在还活着，还能进行脑力劳动的日子里，赶紧把过去已经写下的东西多看看，反思反思，结结账。从1993年开始一连写了好几篇比较长的文章，都属于"算旧账"的回顾与反思。请允许我在这里再次将自己过去所做的思考，继续做这个自认为必要的工作。

从我这代人的老师辈开始，现代化与我们自己的文化之间的关系，一直受到包括我在内的中国知识分子的密切关注。21世纪初期的两三年时间里，这一关系，以新的形式重新在世界上产生了重大影响。为了迎接这个新的世纪，展望文化研究的重要意义，几年前我提出了"文化自觉"的说法，认为中国知识分子应主动承担起认识自己的文化及其定位、认识不同的文化及展开跨文化对话的任务。去年，在南京大学创立 100 周年纪念会议上，我就《文化论中人与自然关系的再认识》这个题目谈到了自己在这方面的一点思考。在那篇文章中，我讲到不同文化对处理自然与人之间关系提出的不同看法。有鉴于西方文化中"天人对立"的世界观对现代世界的影响，我触及了有关当代世界里文化价值观应当调整的问题，认为要消除这个时代所给人们带来的文化矛盾，就有必要深入看到西方"天人对立"世界观的局限性，而要做到这一点，我们又有必要避免与"天人对立论"关系至深的个人中心的方法论，从历史性和社会性上来探索和理解中国文化的特色。在今天这个场合，我愿意不揣粗陋地把自己对问题的想法再度提出来供大家讨论。

一

一个世纪以来，研究非西方文化的西方人类学家，已经关注到亚洲、非洲、拉丁美洲、太平洋地区文化的历史性与社会性了。而且，文化的历史性与社会性在中国文化中体现得特别浓厚。中国地大人多，地处山海之间，有辽阔的平原，从早期的渔猎社会发展到农业社会，乡土性特别浓厚。过去人们认为，黄河流域是为中国乡土社会的形成提供了最早的土壤。我去看过浙江的河姆渡，考古学家说这个遗址代表了长江三角洲文化，已有 7000 多年的历史，而太湖周围的良渚文化也有 5000 年的历史，看来都已相当发达。特别是以农业为主，耕种已用犁，种的是稻谷，会纺织。考古学研究证明，南方地区的这两个文化类型，有了一定的经济基础，是已定居了的乡土文化，衣食住行的基本条件已经达到一定水平了。可见，浓厚的乡土性，广泛存在于中国南北方辽阔的大地上。

乡土社会的经济基础稳定，以农业为主，自给自足，生活方式也有自己的一套，所以延续了几千年，多少代人生活在稳定的历史继承性中。这种特殊的历史性，也表现在我们文化的精神方面，自孔子时代起，倡导人文关怀，不关心人死后的灵魂归属，而关心现世生活。这不是说，中国人不在"死活"之间寻找关联性，而是说，我们不像西方人那样把死人与活人分离开来，放在分离的时间和空间里，而试图在二者之间找到与现世生活有关的连续性。

中国文化的注重历史性，要从亲属制度说起。中国是一个有祖宗和有子孙的社会，个人是上下、前后联系的一环。我在写《生育制度》时，已强调了这个特点，我曾有意指出，中国文化的特点之一正在于这种将个人纳入到祖先与后代的历史连续体之中的做法。那个时代，在比较中西文化中获得显著成就的梁漱溟先生，已从宏观的角度探讨祖先崇拜与基督教一神信仰之间的差异及其社会效应。已故的人类学同人许烺光在《祖荫之下》这本书里，用来自民族志的资料论说了中国人生活中祭祀祖先仪式中香火延续的观念及它代表的亲属制度的历史性。这些论述让人想到，过去的中国人，为什么不需要宗教。他们用祖宗和子孙的世代相传、香火不断的那种独特的人生观为信仰，代替了宗教。对我们中国人来说，生命是时间里的一个过客，在时间和空间里有一段属于个人的份额。但它并非是个人性的。个人首先是一个生物体，但更重要的是与文化有关系的三个不朽，即所谓立德、立功和立言。也就是说，文化是人创造的，人不是简单的生物体，因为没有他创造的文化，也就没有人自己。从一定意义上讲，人得以不朽，是因为他能立德、立功、立言，从被社会承认、对社会做出贡献、对社会关注的问题做出自己的阐述，而得到超越个人生物体的生命。

在中国文化中，文化在这个特殊意义上具有的历史性，又紧密地与文化的社会性相联系。人生在一个集体中，一个所谓的"社会结构"中。出生后要在社会中从幼儿到成年，变成社会人。所谓"进入社会"，就是接受一套已先于他存在的文化体系。人生出来就被纳入集体的社会中。人要共同生活，人与人要相互认识，要心心相印。这共同的一套就是这个社会的文化内容。如果已有的文化内容不能适应客观的变动，文化里就要出现新的东西。生物人成为社会人，是靠"学而时习之"，靠模仿，对模仿不满足后，就要创造，个人的创造为社会接受后，改变为集体的东西，就超越了个人，成为集体的和不朽的文化。在中国文化里，文化本身是变的，不可能永远复制上一代的老框框。文化是流动和扩大的，有变化和创新的。个人是一个文化的载体，但也是在文化的不断创新中成为的变体。个人与个人可以有心灵沟通，这种沟通产生的效果，不单是两个个人之间的关系，而是个人进入集体创造成为社会的共识，个人进入社会创造文化的过程。

像"天人合一"一样,个人生物体—集体—共识(包括语言、意义、反应),即人—社会—文化,在中国文化里是重要的连续体,而非各自区分的主体与客体。中国传统文化里强调一个重要的道理,即文化只是作为一个环节,本身要维持,也要创新。文化也可以说是出于一个个人生死的"差序格局"。人不会同时死,各人的生死是先后参差不齐的,但活着的与死去的有共同的文化联系。个人在一生中的立德、立功、立言,是非个人的,但却是出于个人作用而进入了文化体和社会体,因而不朽。文化如果不为社会所接受就留不下来,文化的沟通、传播靠语言,进而靠文字,语言也有规律,忘记了可以破译出来,得到复兴和再生。像考古学家做的工作,就是这种文化的破译和再生。文化有自己的历史,本身有历史的继承性,有着自身的发展规律,并体现在一般所说的"民族精神"上。强调历史,是希望通过个人的关怀来实现文化的关怀。祖宗和子孙之间是一个文化流,人的繁殖指的不仅是生物体的繁殖,也是文化的继替。

二

中国人从实践中获得对人在文化继替中获得社会性的看法,因而长期以来也成为中国人实践的内核。文献说"子以四教",就是说孔子在四个方面展开他的教学工作,包括:文、行、忠、信。"文"指历代文献,"行"指社会生活的实践,"忠"指对他人的忠诚,"信"指与人交际的信实。孔子说自己好古,"古"对他来说却不只是历史学意义上的史实考证,而是象征一个文明秩序的理想。在实践的一个层次上,这种文明秩序,具体表现在文、行、忠、信这四个方面的教化上,这四个字基本上也就体现了我说的文化的历史性与社会性。

孔子是一个伟大的思想家,他总结的,恰是这个在上古时代逐渐成型了的文化意义体系。在更高的一个层次上,文明秩序又特别表现为"礼"。"礼"这种东西,不等同于一般讲的法律和规则,它以"和为贵",就是以做事的恰到好处为上。但"礼"并不是不讲规则,它本身是一种通过生活实践来造就的秩序,所以有"礼节",就是做事的恰到好处的方式。"礼"当然是对个人自由的一种干预。可是,传统的中国人受到"礼"的节制,并没有像西方人那样觉得不愉快,而是想"小大由之",通过大事小事对"礼节"的遵循,来成就以"义"为中心的君子社会。所以,以"礼"为中心的文化论,主张"克己",就是抑制自己。孔子说,"一日克己复礼,天下归仁焉"。

从秦汉到清末,中国文化对于生活的阐释,一样深刻地影响到中国人的政治活动和社会治理。在上古时期,有"礼不下庶人"之说,那时的"礼的秩序"被看成是社会中的上层享受的文明程度。随着历史的发展,一代代知识分子对"礼"的这种社会局限性进行的反思,到宋明时期已将它改造成为一种可以"化人文"于天下的文明秩序了。生活在晚古时期的中国人定能知道,"礼"、"仁"等概念代表的那种文化论,已是赋予我们人和生活意义的观念,作为一种深潜在中国人日常生活中的文化,早已积淀成人们司空见惯了的生活方式了。生活在这种生活方式的我们,如果没有暂时将自身纳入与其他文化的比较中去看待问题,对于这个生活方式中蕴涵的文化意义,恐怕不会有那么清晰的认识。

三

人们时常将现代化与传统文化当成相互矛盾的两方来看。其实,"文化自觉"正是在追求现代化的 100 多年的历史中开始产生的。

过去的 100 多年里,世界发生了重大的变化,在变化的世界中,我们面临原来很少遇到的问题。我在上次研讨会时说,经过"三级两跳",中国社会从乡土社会进入工业化社会,再从工业社会进入信息社会。所谓"信息社会",包含着人与人在"信息"间关系的根本变化。以电子产品为媒体,来传递和沟通信息、逐步改组工业生产、商业贸易,甚至组织政府的治理工作和全部社会生活,带来了对传统人文世界的猛烈冲击。从工业化到"信息化",都先发起在西方,与自然科学和技术的发展有着密切的关系。从 19 世纪到现在,过去我们所说的"现代化"这种现象和过程对整个世界的影响是巨大的。许多来自西方的人类学家承认,现代西方文明代表一种强大的历史断裂性,作为一种不断否定历史和生活的社会性的力量,作为一种被人类学家称作"热的"、"动态的"社会模式,冲击了许许多多像中国传统文化这种注重在历史的连续性中创造文化的"冷的"、"持续的"社会模式。

文化研究里提出的这种对世界人文秩序新变化的形容，应该说还是贴切的，它也能解释"热"与"冷"社会之间在相互比较中产生的自我认识。我这代人开始学习人类学和社会学时，西方知识界已经开始出现了一种站在西方的"他者"立场上来反省西方现代文明的做法。我自己的老师之一马林诺斯基就曾写了不少论著，阐述他自己的文化论，基本上就是将不同的文化放在它们自己的生活世界里考察，否定19世纪古典人类学将非西方文化当成"落后文化"的做法。

马老师的文化论虽然也有它自己的局限性，但是却从一个值得我们继续思考的角度，提出了对世界范围内"主流的"西方现代文化的反省。产生于西方学院氛围内的功能论，难以彻底摆脱西方认识论的限制。马老师说，所有的文化都是满足人的需要的工具。这一论说，遭到了后来的人类学家的批评。批评者认为，这是工具主义文化论，意思是说，马老师采取的解释方式，正好符合西方文化的人与物、目的与工具的区分框架。如果说马老师的论著存在这样的问题，我也认为，这是在不自觉中造成的。他的本意，是要指出，影响、冲击、改变着整个世界的西方文化，不能简单地将自己当成唯一具有实际意义的文化形态，而人类学家的使命，就在于指出非西方文化中那些表面上与征服自然的目的距离甚远的形式，也是从当地的生活中陶冶出来的合理做法。可见，虽然有人指责马老师具有极端"反历史"倾向，但是他所反对的历史不是我上面说的历史继承性，而是在他的人类学出现以前大量的西方中心主义的"台阶式"历史观。从他的论著里，我看到一种对非西方人文世界的历史和现实作用的尊重。

马老师代表的一代人类学家，开创了西方"文化科学"的新时代，今天人们一般用"现代社会人类学派"这个概念来称呼那种具有鲜明的反对西方中心论态度的文化学派。这些年来，我在补课时重新阅读了一些书籍，写了不少札记，看到了西方人类学在过去数十年中逐步寻求文化良知是一种可贵的努力。然而，在这以前，情况却有所不同。

请允许我把时间推得比20世纪初期更早一些，来看看此前西方人对中国文化的评论。必须承认，在欧洲启蒙运动时期，欣赏中国文化，试图在中国文化中寻找欧洲文化革新的道路的知识分子是有的。可是，我们不能忘记，从

18世纪开始，随着中西文化接触的增多，随着西方世界性扩张进程的展开，西方对东方的蔑视态度也变本加厉。在明代，来自欧洲的传教士要在中国文化的土壤上落脚，还要特别注意学习儒士的礼仪。即使是到了英国马尔噶尼使团在清初访问中国时，还要接受清朝皇帝的要求，屈膝表示"来朝"，并将自己纳入中国朝廷的"宾礼"来"朝贡"。到后来，西方人的这种"文化虚心"，随着他们的军事和经济实力的增强而锐减。罗马教廷从18世纪到19世纪一直怀疑中国人的"礼"是否符合文明社会的规则，在教廷内外展开频繁的"中国礼仪之争"，讨论中国祭祀祖先的礼仪是否符合教堂的规则。到了19世纪中叶以后，生物进化论在西方社会思想中逐步获得了支配地位。不少西方知识分子用生物学家在生物进化的历史研究中得出的结论，来给西方与非西方作文化的历史定位。这时，中国被列入"古代亚细亚社会形态"来研究，我们的文明被变成西方人认识人类的古代史的例证。在西方中国观的演变过程中，中国文化作为一个对象是变幻不定的，但演变有一个值得注意的轨迹：它从一个被基督教争论的"风俗体"，转变成了被社会科学家关注的长期停滞在"古代亚细亚社会形态"中的国度。

涉及中国的西方式东方学、世界史和社会科学研究，有些具有更多的人文学倾向，有些深受自然科学概念的影响，但它们的总体趋势是迫使中国文化面对一个被物和工具支配着的世界。从清末开始，维新运动在中国历史上冒了头。起初，引进西方文化，让我们的国人看到物和工具的重要性，是一个重要的步骤。那时比较流行的句子是"中学为体，西学为用"，士大夫还是"犹抱琵琶半遮面"地对待能补充中国文化的"用"。但思想的门户一旦打开，西方文化就势如破竹地冲破了重重障碍，到20世纪的前20年，逐步以德先生（民主）和赛先生（科学）的形象，在中国知识界得到广泛的接受以至推崇。

在上个世纪的上半叶，对中西文化的比较是中国知识分子热衷讨论的话题。有关中西文化的关系，出现了"全盘西化"、"文化守成论"及"折中论"等观点。但随着新学的推广，现代文化逐步在中国大地扎下了根。

四

我受的教育就是从当时的新制度里开始的，上的是所谓的"洋学堂"，它是针对科举制度下的私塾制度而设立的，是从西方国家经过日本传入的，它使我这一代人从童年起就接受学校教育，参与同代人的集体生活，读的课本也不再用旧的，如《论语》、《孟子》这样的经典著作。我从上世纪30年代投身到学术领域里，进入社会人类学这门学科，特别留意自己的传统文化的走向，立志追随老师吴文藻先生，以引进西方社会人类学方法来创建中国社会学为志向，具体说就是用近代西方社会人类学的实证主义方法，注重从看得见、摸得着的客观存在的事物中探究文化的实质。

以我个人受到的教育而言，具有重引进西方文化的家学传统，后来学习西方式的社会人类学和社会学，积累成一种"务实求新"的习惯，采用的实证主义方法论，说到底反映了西方文化中对生物性的个人的重视。我从马林诺斯基老师那里学来的文化论，重视衣食住行的整个生活体系的研究，强调人力改造自然世界从而得来人文世界。这个文化论中所谓的"文化"，就是"人为，为人"四个字，指文化是人创造出来为人服务的设施，而这里的"人"特别指看得见、摸得着的个人。在上个世纪前期，中国文化需要改革和发展，这是人类发展的规律所决定的，而且是在中国对外关系的摸索历史中逐步产生出来的。那时开始的文化变革的潮流，要"务实求新"，重实际和创新，在文化价值论上补充了传统文化只重人不重物的缺憾，同时，与其他的潮流一道，特别强调"己"——即个人的自由度。

到今天我仍然相信，"务实求新"应是现代知识分子保持的志业。倘若从事社会科学研究的人不能从实际生活的参与中去观察，并从中延伸出自己的看法，对人类知识的积累有所贡献，那么，他的研究意义何在，我们就很难判断了。然而，"务实求新"者，却不能抛弃他本应重视的观察和认识方式的反思。就"人为，为人"的文化论来说，我看到它在抵制19世纪西方社会进化论的同时，舍弃了达尔文重视的人是自然世界的一部分的想法，将人与自然简单对立起来进行二分法的处理，用功利主义的态度将人与物完全区分开来，且将人定义为个人生物体而非历史和社会的存在。令人深感遗憾的是，这样一种缺乏人的文化历史性和社会性的观念，随着"全球化"步伐的迈进，已经扩散到世界各地，成为一种被认为是普遍的生活信念。

我个人对于"全球化"这个概念并不反感。人类终归是共同享有一个地球的，未来挑战人类的可能不是人类自己，而是太空。况且，"全球化"这个概念包含一个与以往的帝国主义支配不同的主张，它欢迎不同的文化来参与制订其趋势、影响其发展。然而，我们不能就此简单地认为，"全球化"是过去十几二十年里才兴起的，也不能简单地相信，这一潮流必将推出一个国家、民族、文化之间"美美与共"的"天下大同"局面。

"全球化"实际延续了自19世纪就已经开始的、广泛的世界性文化接触，而且接触中的各方力量仍是不平衡的。更重要的是，过去的100多年里发生的许多事件，本来应当引起处于优势的文化的自我反思，但那些实际上应让全世界的人们惊觉的事件，实际却没有引起各方的充分关注。同样遗憾的是，虽然在频繁的文化接触过程中，不同文化之间的差异，已在旅游业和一般的文化产业中得到尊重，整个世界的主流中，"天人合一论"的影响也越来越普遍而深入，但是在今天世界上那些"以暴易暴"的做法，还是在起着它们的作用，备受具有"征服世界"野心的势力的青睐。在这样一个曾经被我形容为"世界性的战国时代"的20世纪，人被从狭小的社区中"解放"出来直接面对逐步强大的现代国家，这是从一种制约进入另一种制约的过程。我看，在21世纪里，人被从国家中"解放"出来而面对整个世界，也不能说是一个大飞跃。

地球上势力的不平衡，仍然还是人类在未来的漫长岁月里必须承受的负担。更值得关注的是，那种以"己"为中心来看待人，以"天人对立论"来看待世界的看法正在得到"全球化"。在这样一个时代，人文学和社会科学面对着一个新的挑战：怎样为确立文化关系的"礼的秩序"做出贡献？我仍然相信社会科学要"务实求新"，也相信在回答这个问题时，"务实求新"的追求能得到充分的表现。

五

这些年来，在重读旧著和补课学习的过程中，我意识到西方学科发展历程中存在着值得我们思考的问题。最近出版了一本我写的，书名为《师承·补课·治学》的书中有一篇文章，讲到派克老师如何成为社会学家和美国社会学是如何发展起来的。派克摸索追求社会学的"科学化"，研究人同人的关系问题，这是第一次世界大战后的事情。美国对人与自然界的物的科学认识要早一步，物理、化学、生物科学，尤其是生物科学很发达，而那时人类学与社会学分不开，要研究人，再研究社会，再研究文化，文化的问题是人与物如何相处中发生出来的。大部分优秀的西方社会科学家认为，研究人不能将人的生物性、自然性与他的社会性和文化性割裂开来。然而，由于西方认识论长期坚持"天人对立"的看法，因此造成自然科学与社会科学的分离状态。于是，对面临着的问题，派克曾多次表示，社会学缺乏对于"符号"和"心灵"的研究，就不能成为科学。为什么当时的社会学缺乏派克有志于研究的那些东西呢？根本原因还是"天人对立"的看法在起作用。"天人对立论"造成人文社会科学发展的知识门类的割裂状态。新一代的社会理论家已经意识到，19世纪以来，被割裂了的人文社会科学知识与西方国家的内部治理及国际政治有着密切关系，它的两个重要特点，一个是知识的学科化，一个是理论的"西方中心论"。他们还看到，要想克服人文社会科学自我局限和"西方中心论"，需要大大地依赖于综合性的文化论和复杂理论的发展。

在西方社会科学发展的历史过程中，自然科学从研究物当中提出的概念，长期以来支配着社会科学的研究。最早的西方社会学，被称作"Social Physics"，意思就是所谓的"社会物理学"，就是要运用物理学的办法来研究人文世界。像今天仍被广泛采用的"结构"一词，就与物理学有着密切关系。从19世纪以来，生物学也不断地在人的研究中占据了主要地位。在人类学中，体质人类学的研究对生物学以至遗传学原理的搬用，是广为人知的。在社会和文化的研究中，像"社会肌体"、"文化肌体"等概念也曾充斥西方学界的论述。我不反对自然科学原理在社会科学研究中的运用，我的意思无非是说，在西方社会科学研究里，这样长久地用研究物的办法来研究人，有它的文化的历史基础。我说过，"物尽其用"是西方文化的关键词。听起来"物尽其用"这句话给我们一种特别的人本主义的感觉，因为其中的主体是人，客体是物。实际上，正是在这样的主客分离的关系中，西方认识论片面地强调了人与自然的对立。如果说马林诺斯基老师的文化论有什么问题，那么，问题也正是在将人与服务于人的物（工具）对立起来。

随着西方文化对世界影响的增强，在日益现代化的今天，以"天人对立"

的世界观来认识人及其生活，对人的生存方式产生着越来越大的影响。与此同时，在人类进入 21 世纪时，世界碰到了文化融合问题，不同的文化要碰头了。在文化的碰头会上，不同的文化如何保留自己的特点同时开拓与其他文化相处之道，这个问题需要引起更广泛的关注。在过去 100 年的历史进程中，我们对自己文化的认识和把握，不能说不存在问题。在现代化的过程中，失去对自己文化的信心，并因此对时势做出与民族利益相矛盾的判断与选择，是必须引起我们关注的大问题。这个仍然属于文化研究范围的大问题，在东西文化接触后就出现了，是在清朝末年中国与西方文化接触后明确地提出来的。

六

在新的世纪里，许多切合实际的问题提出来了，但是需要更多的人关注和研究。我希望新的一代人能继续接好接力棒，这不是一代人的事情，而是需要两三代人的努力。从孔子到秦汉以来，我们忘了"物"，从清末开始，却逐步出现"见物不见人"的趋势。在 21 世纪里，时代需要一种重视人与物结合的人文思想。在过去的 10 年里，我花了一些精力来思考这个问题，提出了一点一己之见，在这里再次提出，希望得到大家的讨论。

1993 年我在第四届"现代化与中国文化研讨会"上发表了《个人·群体·社会》一文，以我一生的学术经历对这个问题做了理论上的反思。我列举了对"社会"的两种不同看法：一种是把社会看做众多个人的集合，活生生的生物人是构成群体的实体，一切群体所创制的行为规范，以及其他所谓"文化"等一切人为的东西都是服务于个人的手段；另一种看法却认为群体固然是由个人聚合而成，但是形成了群体的个人，已不仅是一个个生物体，或称一群生物人，而且还是一个有组织的群体里的社会成员，或称社会人。生物人是社会的载体，而社会本身才是实体。

后面这种把社会看成是比生物群体高一层次的实体和前面那种只把社会看成是个人在群体中学得生活手段，理论上说是两种不同的看法。我在生活和研究实践中接触到了这两种看法，并且在不同时期有过不同的体验和认识，但一直没有机会做系统的思考。1993 年那次"自我思考"相当于自己一生学术研究思想的阶段性总结。我在文章最后谈到了对潘光旦先生"中和位育"的新人文思想的归纳，表明了我现在的看法。这我在上面已经谈到。当时这一认识使我进一步强调社区研究必须提高一步，不仅要看到"社会结构"，而且还要看到群体中活生生的人，也就是我指出的心态研究。同时我想到我们中国世世代代这么多人群住在这块土地上，经历了这么长的历史，在人和人"中和位育"的古训指导下应当有着丰富的经验，这些经验不仅保留在前人留下的文章里，而且还应当保存在当前人的相处的现实生活中，应当好好地发掘和总结。

1995 年我在北京大学社会学人类学研究所主办的"社会文化人类学高级研讨班"上发表了《从马林诺斯基老师学习文化论》的讲稿，在讲稿里我着重指出马老师的《文化论》中我认为比较重要的观点。把文化看成是一个由人类自己对自然世界加工创造出来为人类继续生活和繁殖的人文世界，是马老师文化论中的一个基本见解。人是自然的产物。人这个自然的产物通过对其他自然产物的加工，制造成了人文世界。这个加过工的世界虽然和原来未加过工的自然面貌有所不同，但仍是自然的一部分。我觉得马老师对文化的基本看法实质上是和达尔文的生物进化论一脉相承。其重要之点就在把文化和自然的"缺环"连接上了。这就是把文化作为物质、社会和精神结合一体的基本看法。把人文世界拉回到自然世界，成了个能实证的实体。我在文中也谈到这个文化论的观点在我们东方早就有了。

与马老师齐名的人类学大师拉德克利夫－布朗曾说，社会学的老祖应当是中国的荀子，他提醒我们，在我国的传统文化里有着重视人文世界的根子。这位自称为社会学家的人类学家认为，人文世界中最大的创造是社会，而这一点在古老的中国传统里头已经得到充分的论证。从一方面看，拉德克利夫－布朗在引用荀子的论述中，让社会人类学进一步接近了我这里说的文化的社会性。但是从另一方面看，他本人时常引用"结构"这个概念来形容社会，也不自觉地沿用了"社会物理学"的做法，只是在后来论述"礼仪"时，更多地采纳了中国文化的观点，但不够系统。

西方文化从重视自然世界的这一方向发生了技术革命，称霸了 300 多年。人文世界必须要依托自然世界，那是不错的。但是，只看见自然世界而看不到人文世界是危险的。为了说明这个观点，1997 年我在北京大学社会学人类学研究所主办的"第二届社会文化人类学高级研讨班"上提出了"文化自觉"的看法。我感到"文化自觉"是当今世界共同的时代要求，它并不是哪一个个人的主观空想。有志于研究社会和文化的学者对当前形式提出的急迫问题自然会特别关注，所以我到了耄耋之年，还要呼吁"文化自觉"，希望能引起大家的重视，用实证的态度，实事求是的精神来认识我们有悠久历史的文化。不重视历史的后果在人类进入 21 世纪时已经得到教训。

文化自觉是指生活在一定文化中的人对其文化有"自知之明"，明白它的来历、形成过程、所具有的特色和它的发展趋向，不带任何"文化回归"的意思，不是要"复旧"，同时也不主张"全盘西化"或"全盘他化"。自知之明是为了加强对文化转型的自主能力，取得决定适应新环境、新时代对文化选择的自主地位。文化自觉是一个艰巨的过程，首先要认识自己的文化，理解所接触到的多种文化，才有条件在这个正在形成中的多元文化的世界里确立自己的位置，经过自主的适应，和其他文化一起，取长补短，共同建立一个有共同认可的基本秩序和一套与各种文化能和平共处、各抒所长、联手发展的条件。

"文化自觉"这个概念，表达我的一个愿望，是我一直想认识的中国文化的特点。要认识和把握自己文化的特点，就要考察我们文化中的"天人观"的独特性及其对世界上不同文化的和平共处可能做出的贡献。去年我在南京大学百年校庆时发表《文化论中人与自然关系的再认识》一文，说到东西方的"天人观"存在着重大分歧。西方的"天人对立论"在当今世界上与利己主义的文化价值观结合，对全球的大众生活产生了深刻影响。从以往的历史看，这种观点曾在西方文化取得世界文化领先地位的事业中立过功，在许多非西方民族的现代化建设中也曾起到推动作用。但是到了目前，我担心它走上了另外一个方向，如导致生态问题和文化关系的紧张等。我个人认为西方文化在强调人利用自然这一点上是有别于东方文化的，这个差别同时也折射出中国"天人合一"传统精神的重要性。我没有上过私塾，后来对东方文化也缺乏基本的训练。90 岁以后才开始补课，其中列入补习范围的有中国文化史。这门艰深的学问对我来说十分陌生。我在开始注意到它之前将近半个世纪里，采纳的学术研究方法是西方实证主义的社区调查方法。上世纪 90 年代开始"反思"，逐步发现来自社会人类学功能学派文化论的民族志方法，使我认识到我没有达到马林诺斯基老师对我提出的"文明社会的人类学"的期望。为了补上"文明"这一课，我补读了一些社会学理论，也初步涉猎了文化史论著，注意到我故乡邻县无锡出生的钱穆先生的著作，特别是他对儒学和东西方文化差异的论述，觉得这些著作对我关于"文化自觉"的思考有许多帮助。

我的意思不是说，人类学和社会学的研究者都要像我那样到这把年纪才补学文化史。但是我确实在这当中看到了西方社会科学长期采纳的"天人对立论"所缺乏的因素。中国文化传统里尤其推重"太极"之说，意思大致就是指"天人合一"的终极状态，是二合为一的基本公式。我们一向反对无止境地用"物尽其用"的态度来看待人与自然的关系，而主张像潘光旦先生论述的"中和位育"那样在自然、历史和社会中找到适合人的位子。中国文化中的这种"中庸之道"，追求一而二、二而一，哲学上虽难于到家，实际与儒家的"大同"论也能融会贯通。我一直相信，这一有别于西方"天人对立论"的观点，会有助于"全球化"时代文化的多元化，有助于防止人类在文化冲撞中同归于尽。

人文社会科学的发展，在今后二三十年要面对一个新的时代。在全世界范围内，尊重人文社会科学的成就和科学地位，对自然科学和技术的研究成果及影响进行人文社会科学的考察成为潮流。这些年来，一系列世界性的事件表明，自然科学如何服务于人类，这个问题需要人文社会科学家的思考。并不是说我们不要自然科学，我的意思无非是说，在21世纪里，那种曾经产生广泛影响的、西方中心的"天人对立论"，有必要也有可能得到纠正，而在这个反思的过程中，中国文化的研究者也要承担起自己的新责任。

2003 年 11 月

三、中华文化与人类的未来

　　1981年我在英国接受赫胥黎奖时的演讲中，就曾经强调"人类学必须为群众利益服务"。这种"学以致用"的思想一直贯穿在我的学术研究中。我认为知识分子的本钱就是有知识，有了知识就要用出来，知识是由社会造出来的，不是由自己想出来的。从社会中得到的知识应当回报于社会，帮助社会进步，这就是"学以致用"。

从小培养二十一世纪的人

人总是生活在希望里，对未来的瞩望和期待决定他当前的行为和忧乐。这种人之常情驱使我今天在这个讲台上陈说我对 21 世纪婴幼儿教育的瞩望。

像我这样一个在 20 世纪里生活了即将 80 年的人，面对 10 年后即将来临的 21 世纪，心情是复杂的，有衷心的盼望，也有满怀的忧虑。人类必然是不断进步的，我们对过去所知道的历史保证了这种信念。今既胜昔，来日怎能不比今天更好，这使人乐观。但是如果再想一想，还是让今天这样的人，带着现有的心胸和头脑，进入即将来临的世界里去，他们能很好适应一个不断革新和迅速发展的世界么？从这个疑问，使我看到了 21 世纪婴幼儿教育的重要性。那就是说，我们必须从现在开始就着手从小培养出适合于在 21 世纪世界里生活的人。人造下了世界，人还必须同时造就能在世界里生活的人。后者就是我们所说的教育、培养人的工作。对刚出生的婴儿和尚未能独自行动的幼儿的教育称之为婴幼儿教育，这段时期的教育是培养一个人身心发育的基础教育。

要着力于培养适合在 21 世纪生活的人，首先要问的是 21 世纪将是个什么样的世界。我说，如果对具有 20 世纪头脑的人不加适当的教育，原封不动地让他进入 21 世纪，恐怕会带来许多难免引起我们不愿见到的结果。这个担心是出于认为：21 世纪的世界将不同于 20 世纪。客观世界改变了，在改变前的世界里养成的生活方式，能应付得了改变了的世界么？问题就在这里。所以我们首先要看一看 21 世纪究竟和 20 世纪有什么不同？

用简单的几句话来点清楚 20 世纪和 21 世纪的差别是不可能的，至少是不确切和周全的。如果容许我用个不太恰当的比喻来说，20 世纪有点像世界范围的战国时期。战国时期是我借用中国历史上的名词，指的是一个从分到合的历史过程。我们中国现在是一个统一体，这个统一体是经历了一个很长的过程形成的。从分裂进入统一，重要的一步发生在大概 2200 年前经历了两个半世纪（公元前 475～前 221 年）才结束的战国时期。这个比喻暗示着当今世界正在发生世界范围的，或全球性的，从分到合的运动。20 世纪正处在世界统一体出现前的那个阶段。在这 100 年里发生了两次被称为"世界大战"的重大事件。20 世纪前世界规模的战争是没有过的，因而"世界大战"成了这段历史的特征，称之战国时期，用来作历史类比的根据。

20 世纪的这两次世界战争是和我同龄人亲身的经历，回忆犹新。在第二次大战期间，有人提出了 One World 的概念，不妨翻译成"世界一体"。世界要成为一体，已是当时的战争摆在人们面前的现实。居住在这个地球上的人们已经互相联系得休戚相关，如此密切，甚至能在世界规模上用枪炮来对话了。战争固然出于对抗，对抗却也是一种难解难分的联系；利益上的你争我夺，决不会发生在互不相关的绝缘体之间。对抗不仅表示了联系，而且也总是以加强联系为终结而导致联合。

在中国的这片东亚平原上，2000 多年前出现的群雄争霸导致了秦代大一统的局面，形成了当前中国统一体的核心。从这点上来看 20 世纪，我领会到在"世界大战"中提出世界一体的口号绝非偶然。是否可认为 20 世纪已为向全球性大社会的方向发展作出了开导，准备了条件？

把 20 世纪看做是世界范围的战国时代，又把两次世界大战作为 20 世纪的标志，作为一个 20 世纪的人，在感情上似乎不那么容易接受。其实我作出上述的历史比拟，无非是想强调"世界一体"这个 20 世纪提出而没有能实现的构想。

"地球越来越小了"是我短短 80 年经历中最深刻的感受。不说别的，70 年前我心目中外婆家是那么遥远。在运河上坐一条手摇的小木船，一早上船，船上用餐，到外婆家已近黄昏，足足是一天。从地图上看只有 15 公里的距离。现在通了公路，中间不阻塞，10 多分钟就可以到达。距离的概念已经用时间来计算了。当年在运河上需要度过一天的路程，现在完全有可能一天打几个来回了。当然我们不再坐小木船，而是坐汽车了。这些话头现在已引不起听众的惊讶。那种怀旧的情绪已不再能得到年轻人的同情了。但不应当忘记的是这种变化恰恰是 20 世纪中人类杰出的创造。没有突飞猛进的科技发展，登上月球还是神话中的美妙想象。我们现在对这样大的进步已觉得受之无愧，视为平常，而这种变化的出现实际上却包含着人类知识的巨大积累和更新，也许更重要的是人们已找到了使得人类知识得以不断积累和更新的物质和社会条件。这一切书不胜书，以致不能不简单地用意义相当含糊的"现代化"一词来加以概括。现代化在我的理解中就是指由不断进步的科学技术无休止地改造人的物质和精神世界的历史进程。

现代化在人和人的关系上表现得最深刻的就是距离缩短了，接触加多了，范围扩大了，相互往来频繁了，搞得人们在生活上我离不开你，你离不开我。就这样，把全人类疏疏密密地编织在一个关系网里。出现了一个全球性的世界大社会。如果用比较具体但笼统而易懂的话来表达，就是现代化要把一个习惯于生活在自给自足的农业小天地里的乡下佬，变成一个和一刻也离不开计算机的全球性大社会的运转相配合的角色。这句话包括了：生产的机械化，流通的商品化，信息的高速化等的现代都市化的过程。再概括一下是从乡土社会到后工业化社会的转变。

我倾向这样的看法：接受这个现代化过程是当前人类共同的命运。它的开始是在 20 世纪之前，经过一二百年的发展才到今天，而且还会继续进入 21 世纪。它的发源地是在西欧，在这一二百年里，先是一面扩大到东欧和西亚，一面跟着西欧的移民扩及美洲和澳洲。接着是向全世界扩散，成为 20 世纪突出的历史性纪录。

从人类历史上看，世界上各种民族的人，虽则都住在这同一的地球上，但历来是分散在各地，各自为谋地经营着各自的生活，即使他们和邻近地方的居民有各种往来和联系。在 20 世纪以前，地球上并不存在一个牵连着所有人在内的一脉牵全局的大网络。这个网络在 20 世纪后期才出现，是以前几个世纪的科技发展的结果。在这个大网络所罩住的各地的人民，他们的生活方式原是各自的历史条件所决定的，所以在经济发展上是不平衡的，在文化素质上是多种多样的。他们接受现代化的能力和速度各不相同，因而在 20 世纪现代化过程中发生了不平衡性和多样性。

世界在休戚相关的意义上形成了一体，但这个一体中存在着发展不平衡的许许多多国家和地方。发展不平衡主要是指经济的水平而言。在已有科技知识的条件下，这个世界上已经开发的资源是足以为所有的人提供基本需要的。现在还存在广大饥寒的人口，是由于分配上的问题。

文化上的多样性，性质却不同。这里包含着价值观念的内容。看来在饥寒线上下挣扎的人们，追求的目标比较容易一致，因为这些要求还紧密联系着生物的基础，所谓饥不择食就说明这种情况。在物质生活富裕的条件下，个人间身心上的差别有了分道扬镳的客观条件，不同地方、不同民族的人也更能发挥他们特有的价值倾向。这就使得文化多样性所产生的问题不能等同于经济不平衡性产生的问题。

尽管这两方面的问题在 20 世纪里已经都带来了严重的结果，甚至应当将两次大战的原因包括在内一并加以考虑。但是二者相比较，经济发展不平衡问题，实质上也就是所谓"南北问题"，在一定程度上已经提到人们意识范围之内，尽管这个问题在这个世纪里还没有找到比较圆满解决的办法。

文化多样性问题则属于另一层次或性质。文化就其广义而言就是人造的世界，包括社会制度和其意识形态。引起两次大战的矛盾，意识形态的争执还属于次要的地位。但第二次大战之后，却暴露出"意识形态"的矛盾成为"东西的问题"，形成了长达近半个世纪的冷战基础。直到这个世纪快结束时，才出现以对话代替对抗的信号，但还不能说在世界一体的格局中怎样容纳和处理文化多样性的问题已经有了一致的看法。

文化多样性是一个与人类同时出现的事实。我这样说表明我是同意人类起源多元论的。从世界各地考古学的发现，我们看到早期的人类生活似乎很相似，如使用石器，住在洞穴里等，因而发生了一元或同源的印象。这些生活上的相似并不一定表示同源。人是从自然的基础上创造人造的世界的，文化是从自然中诞生的，是对自然的加工。人类初期和自然的关系十分密切，所以他们受到自然的限制也是十分大的。各地的人根据各地的自然条件开始他们的文化生活。只要自然条件相似，开始时的生活方式也就表示出相似状态。

这样说，我不仅认为人的世界一开始是多元的，而且在多元的基础上向着多样发展。文化的类型越来越多。到了 20 世纪，当各自相对独立发展的各地方的人被交通、信息和经济上的联系拉在一个难解难分的体系中时，文化上的多样性，包括社会制度的多样性，在互相接触中也就显著和突出了，而且开始在世界范围内以对抗性的矛盾出现了。这些问题已经以"东西对抗"的面貌引起人们的注意，并将带入 21 世纪，而逐步显示其紧迫性。要讨论培养什么样的人才能适应 21 世纪生活的话，文化多样性的问题值得倍加注意。

现代化过程中文化的多样性是会像经济不平衡性一样在发展过程中逐步淡化么？望文生义地想，现代化既是全世界人民面临的共同趋势，就应当包括经济的趋平和文化的趋同。事实可能比这种看法要复杂得多。

现代化使人的流动和接触加强。静止的、封闭的小社区，经过开放和改革，逐步成为世界性社会或全球大社会有机的结合部分。这个过程无疑会产生一套共同的东西。假如没有一套传递信息的共同符号，人和人的往来和行为上的配合是不可能的。文化多样性最容易见到的例证是语言的分歧。话都讲不通，人与人的行动就配合不上。所以由多元向统一的发展过程中，语言的相通常是首要的条件。语言相通依靠一套能引起共同理解的表象或符号，这不是文化趋同的例证么？

现代化过程中存在着文化趋同的一面是不能否认的。有意思的是，即以语言来说，在 20 世纪的现代化过程中，确在形成一种共同通用的语言，但更多的是个人语言表象体系的多元化。有人曾企图创造一种新的语言，不同于已有的各种语言的"世界语"。我不知道世界上有多少人利用"世界语"作为日常国际间传播的工具。但是我确是看到统一的计算机语言已经在文化领域的较高层次里在全球通行和应用了，它在传播作用上的重要性将随着现代化的发展而日见增加。但是一般人的日常生活中这些世界性的符号体系，可以说还抵不过英语在国际上的通用。在当前国际交往体系中，懂得英语的人似乎不致在任何机场或世界大都市的旅馆和菜馆里发生生活上的困难。许多不会说英语的人开始学习英语了。结果是能操多种语言的人数正在迅速增加。

这表示在进入世界一体的过程中，文化的多样性激起的反应，显然有相反的两个层次，共同层和多元层。从整体看出现了通用的语言，从个人看学会了多种语言。不同文化的人往来中运用共同语言通话时，是以双方学会了多种语言为条件的。文化的多样性深化为相往来的人们个人的文化多样性。

文化的其他部分并不都是和语言一样。语言基本上是一种工具性的文化，它的价值取决于能否达到达意的目的，是一种使用价值，不附带贵贱好恶等感情选择。这在文化领域里并不普遍，普遍的倒是充满着爱憎、是非的规范，而且还和民族或地方自尊心密切结合在一起，容不得撞碰。每个人熟悉自己的生活方式，并依靠它在所属的团体中经营日常的生活。各是其是，各美其美，泾渭分明，是封闭社会的特点。当经济的力量冲开了这种孤芳自赏的国家、民族、地方的大门时，对抗性的矛盾总是在价值标准的差别上发生的。这可以说，一个分立的多元结合成协调的一体时很难避免会出现一种吵吵闹闹、"百家争鸣"的局面。

争鸣在人类历史上曾导致两种不同的结果。一种是，定于一尊，那就是从是非之争发展到对抗性的矛盾，结果不是甲方压倒乙方，就是乙方压倒甲方，胜者存，败者亡。中国历史上的战国时代就是走上这条路而告终。另一条路就是从"百家争鸣"进入"百花齐放"。人们不仅自美其美，而且能容忍各美其美，甚至进一步美人之美。也就是价值标准上容忍多样性的同时存在。中国的宗教史里多少出现过这种多宗并立的局面，而避免发展成对抗性宗教战争。

回到当前的现实世界来说，由于经济发展和科技进步而建立起休戚相关的世界体系里，多种文化集体正在各个层次发生着上述两种不同的倾向。北美可以提供一个值得注意的不同来源的移民文化接触的试验场所。美国，甚至包括加拿大，在文化上有着较强烈的笼罩着全体的共同性，但是这个共同性的底下显然存在着无可否认的多样性。文化上的共同性和多样性在现代化过程中是并行发展的。

再看欧洲情况就不同。在这里现代化的过程和北美基本相同，但是文化上的多样性的存在和发展似乎胜过了文化上的共同性。现代化起步较晚，处在发展中地区的亚洲、非洲和南美洲等地方，文化的多样性更是非常明显的。

从这个角度去瞩望21世纪的世界，在全球范围的共同体系中，文化多样性问题应当说还是个有引起对抗性矛盾的可能因素。我们是否有理由在这里提出一个想法，21世纪要解决的主要问题之一是：各种不同文化的人，也就是怀着不同价值观念的人，怎样能在这个经济上越来越息息相关的世界上和平共处。人类在21世纪怎样才能和平地一起住在这个小小的地球上？说到这里我认为应当提到这次会议的主题——21 世纪婴幼儿教育与发展，就是怎样从小培养一个适合 21 世纪生活和工作的人了。

我虽则从事教育工作已经超过半个世纪，但并不是一个研究教育的专业人员。我对教育工作只有一般常识性理解。简单说，教育就是培养人的工作。人需要培养，因为人并不是生来就知道怎样做人的，一切生活方式都是从小向别人学习来的。孔子的《论语》就是用"学而时习之"这句话开始。从个人对社会来说是学习，从社会对个人来说是教育，是一回事。

近代心理学告诉我们，人们的行为有它的惯性，学会了的东西，经过反复练习，成为不须思索就能自动反应的习惯。人们的日常生活绝大部分依赖这些习惯性的动作来完成。习惯一旦形成要加以改变就相当费力。因此婴幼儿教育对人的启蒙工作特别重要。中国有句老话"三岁到老"，就是说，婴幼儿时期养成的性格到老难改。"孟母三迁"是中国重视婴幼儿教育的传统范例。这位母亲为了儿女们的早期教育，曾经三次迁居，寻找一个教育儿女最好的环境。

这样说来，我们如果关心 21 世纪的人能在这密切相关的地球上和平共处，协力发展，我们不能不在进入 21 世纪的时刻，多考虑一下当前和今后的婴幼儿教育。针对我在前面所设想的 21 世纪的主要特点，发展上的不平衡和文化上的多样性，我们应当用什么指导思想去培养将在 21 世纪里生活的人？我想在此提出一些不成熟的意见。

人所共知，20 世纪后期科技迅速发展的重要原因是一些国家的教育改革。从小培养幼儿爱好和实物接触，养成敢于更新试验的习惯，发展了在客观实际中探索规律的理性活动。这些科技思维和行为通过婴幼儿教育植根到人的一生中。回顾我国 20 世纪初年的情况，就可以看到和这种教育的巨大差距，甚至方向性的差别。当时婴幼儿教育的目的是要把儿童的思想行为纳入传统的规范，所以把朗诵经典著作作为知识的入门，读书成了受教育的同义词。这种教育在一个滞止、封闭的社会中是有它的功能的。和我同龄的中国人虽则已有开始接受"新学"的，但还有不少是从背诵"四书"启蒙。所谓"新学"就是对这种僵化的传统教育的改革。如允许我提到我个人的经历，我的母亲正是在中国最早提倡新式幼儿教育的人。她在我家乡创办了一所蒙养院。所以婴幼儿教育在这方面的改革在我国起步是较早的，但发展尚不十分理想。

如果说科技进步是经济发展的基本动力之一，人们为适应这种需要，在教育上作出改革是相当重要的。尽管发达国家对这种改革也远没有完成，但是它们在这方面确是找到了一些可供发展中国家借鉴的经验。在这里我想着重指出，为克服当前世界上经济发展不平衡的状态，实现全世界共同繁荣的目标，不仅应当在先进国家的婴幼儿教育里总结出一套有效的经验，发展中国家也应认真总结自己的经验，提供本国及别国参考和借鉴，以促使它们能早日赶上先进水平。

我特别关心的是另一方面的教育工作，那就是怎样去培养出善于在文化多样性的世界里能和平共处、并肩前进的21世纪的人。我之所以特别关心是因为我认为目前世界各国的教育还很少重视这个问题。

当前国家与国家、民族与民族、种族与种族、宗教与宗教等之间的公共关系，已经由于地球越来越小，使它们之间互相接触越来越频繁，而变得越来越复杂。早期由部落和血族斗争所遗留下来的那种以对抗来解决矛盾的办法已因科技发达逐渐失去其实际可行性。这个一发牵全局的世界，星星之火，足以燎原，超常毁灭性的武器所威胁的不只是斗争的对方，而且将包括自己在内的整个人类的生存。这已经是一般的常识。因而也使得这一类的矛盾必须避免发展成非常严重的对抗性质。但是到目前为止，针对这种威胁的思路却还是从减少或销毁这类武器本身着眼。20世纪的整个年代似乎还没有走上更理想的道路。

我想提出来讨论的是，我们是否可以从人的思想和意识方面积极地进行和平共处的教育，就是在精神文化领域里建立起一套促进相互理解、宽容和共存的教育体系。我称这种体系为 Cross-Cultural Communication。这个体系包括了21世纪人共同生存的根本规则，显然将联系到人对人，人对社会，人对自然等的基本意念，这些基本意念是每个人从小养成的。因之可以纳入我们讨论21世纪婴幼儿教育的范围。

人与人，族与族，国与国怎样共处本来不是新问题，是自从有了人，有了民族，有了国家之后必然要解决的问题，否则就不会有今天的世界。在这个问题上，在世界各洲和各国的历史上都有不少经验和教训。现在已有人提出对话代替对抗的主张，这是一个好的开端。对话要有共同的心理准备，那就是双方必须平等相待，宽容相对。在大家必须一起生活在这个小小的地球上的时候，人们的共同利益是具体的，因而人们的理智可以在解决矛盾中起主导的作用。我们要培养这种能适合于 21 世纪世界中生活的人，也主要是打下这种理性的态度，这又必须从小加以培养，是婴幼儿教育中的重要任务。

我很抱歉，由于我缺乏婴幼儿教育的知识和经验，请允许我，把这种教育的具体设计留给更合格的和同意我这种观点的朋友们去进行吧。

1989 年 7 月 30 日

东方文明和二十一世纪和平

　　我是 1910 年出生的，现在已 86 岁，有生以来过去的岁月都在 20 世纪之内，可以称得上是一个 20 世纪的见证人。在这个世纪中，世界发生了巨大变化，人类有了很大进步，可是从大多数人的生活来看，并不能说是一个很愉快的世纪。

　　20 世纪是西方文明继续大发展的世纪，带来了对人类进步的伟大贡献，同时也带来了多次巨大的灾难。说到进步和贡献，首先是科学技术的大发展，使人们利用科学技术来开发自然资源的力量，超过了历史上任何一个世纪。但是这个力量像是一把有正反两刃的剑，既可以用来为人类服务，转化成生产力来提高人们的生活和文化，建立人类前所未有的幸福生活。但也有可能变成这个世界的消极和破坏因素，被人类中的一部分人用来掠夺另一部分人，压迫另一部分人，造成人类的灾难。最突出的就是到 20 世纪后半期才逐步衰亡的殖民主义。我这一生贯穿了整个 20 世纪，既看到了科技力量转化成生产力所带来世界的巨大进步，造成了现在这个被称为现代化的世界，又看到了殖民主义所带来的灾害和至今未消的余毒，以致这个现代化的世界并没有为世界上大多数人带来美好的生活，我看到并身受到不少痛苦和悲惨的经历。

　　以我这个出生在中国的东方人来说，从小就碰上列强侵略，军阀内战，战争不断，一生两次逢到世界大战，出外逃难，安定的生活都谈不上，其他更不用说了。比我更贫困的农民受到的不幸那就更多了。我的家乡江苏吴江在中国历来是个富庶的鱼米之乡和丝绸产地，但在 20 世纪初年传统制丝技术竞争不过先进的现代技术，农村里的家庭手工业被淘汰，农民陷入贫困。我姐姐用学会了的养蚕缫丝的现代技术知识，在家乡农村里促进丝业改革，帮助农民建立乡村工业，很有成效，农民生活也有了改进。可是不久发生了日本的侵略战争，家乡沦陷，桑园荒芜，民不聊生，丝厂也被毁坏了。我切身的经验使我明白不接受现代科技又没有和平的环境，各地人民是不可能丰衣足食，安居乐业的。

从全世界来看，我个人的经历也正是 20 世纪世界上多数人的普遍经历。进入 20 世纪后刚刚十几年，列强为了争夺殖民地，第一次世界大战就开始了。33 个国家参战，打了四年多的仗，有 15 亿人被卷了进去。停战后不到 30 年，第二次世界大战又发生了，规模更大，战争里受害的人更多，20 亿以上的人和 60 多个国家与地区深受这次战争带来的灾难，直到最后动用了原子弹，打上 20 世纪最黑暗的印记。这段历史明明白白告诉人们，本来应该用来为人类造福的科技力量，变成了大规模的杀人武器。这是 20 世纪前半叶的事情。这个世纪的后半叶，虽然到今天为止并没有再打世界大战，局部地区的炮火却是接连不断，再加上持续了长期的"冷战"，意识形态的斗争更加激烈，大多数人安居乐业的和平局面还是没有出现。

20 世纪开始时，西方文明进入东方已经有几个世纪，改变着东方的面貌。东西方文明碰头，应当使人类能创造一个比过去更优越的新时期。我在 30 年代所写的《江村经济》中提到过当时自己的一点看法："在上半个世纪中，中国人民已经进入了世界的共同体之中。西方的货物和思想已经到达了非常边远的村庄。西方列强的政治、经济压力是目前中国文化变迁的重要因素。"当然，把范围扩大一点，也可以说西方文明是促使东方各国文化变迁的一个重要因素。在这个变迁过程里，东西双方都存在着文化发展、社会进步的契机，但由于压在东方大多数人民头上的殖民主义却为他们带来了前所未有的贫困和不幸。

殖民主义列强以其物质上的优势向弱小民族进行剥削和掠夺，阻碍了全世界人民共同开创和平和繁荣的局面，以致在整个 20 世纪世界经济中出现了各民族和各地区之间极大的反差。少数地方发展得快，多数地方发展得慢；少数地方受益多，富了起来，多数人受到压迫和剥削，日益穷困；少数人占用了大量财富，消耗大量资源，多数人的生活水平长期停顿在甚至下降到衣食不足的水平。这就是我们通常所说的成了 20 世纪特征南穷北富的"南北问题"。

现在，20 世纪很快要结束了，这个"南北问题"不仅没有得到解决，也没有出现缓解的迹象，而且还在继续恶化。全世界的贫困人口现在不是在减少，而是在增加。联合国把 1996 年确定为"国际消除贫困年"，这个事情本身就说明全世界各地人民已开始看到了贫困问题的严重性了。严重到什么程度呢？让我举一个最近的实例来作一点说明。

1996 年 1 月 17 日，联合国北大厅里边启动了一座"贫困钟"，来表示世界上贫困人口不断增加的情况。按照设计，世界上每增加一个贫困者，"贫困钟"就上跳一个数字。现在，据说这座钟每分钟要跳 47 个数字。照这个速度推算，全世界每天的贫困人数大约增加 67680 人。在这里我们看到了当前世界惊人的悖论：一方面，人类的科技事业取得了巨大进步，利用自然资源的能力超过了过去任何年代；另一方面，却是每一天都在大量增加贫困人口。以这种悖论来总结 20 世纪的特征，是无法令人心安的。

"南北问题"是不是要被带到下一个世纪呢？"下一个世纪"这样一个跨世纪的时间概念，大家直觉上似乎会感到是个遥远的未来。因此到现在为止，对于人类在 21 世纪应当建立起什么样的秩序，对一般人来说好像还是个可以从容地慢慢斟酌的事情。事实上我们只有四年就要进入这"下一个世纪"了，而我们对应当建立的世界秩序至今还没有形成一个共同的、正确的认识，更没有一个具体的行动纲领。这真是个值得人们忧虑的局面。

我认为我们不应当在 21 世纪的门口带着忧虑的心情迟疑徘徊，而应当充满希望地迎接这个历史给我们人类又一个宝贵的时机，有信心地去总结过去的经验，充分利用前代留下的丰厚遗产，改正我们过去的失误，创造一条康庄大道来实现人类丰衣足食、安居乐业的共同愿望。

我认为过去这几个世纪给人类所创造下的科技知识，应当说是 17 世纪以来西方文明给人类的巨大贡献，在现有的基础上，在今后的岁月里，还要西方带头普及科技知识并不断丰富和提高以增强人类创造美好生活的条件。同时在过去这段时间里，我们也应当指出，西方各强国采取了殖民主义向世界各地扩张，造成了不少种族绝灭、自相残杀和贫困失业的人间悲剧，把 20 世纪的伟大成就抹黑了。这段历史教训也明白地显示了我们必须在 21 世纪将这个历史性的失误从根本上加以纠正。人类必须在不断加强他们利用资源的同时，创造一个和平和均富的社会条件。

在这里值得我们这些东方文明所培育出来的人反身自问，我们东方文明的传统里有什么可以用来纠正20世纪的失误，用以补足西方文明的不足？东西双方能否共同努力为21世纪创造一个全人类可以享受到丰衣足食、安居乐业的美好世界？简单一些说，是否可以开创一条通过东西互补合作来消除南北差距的道路？

我们传统的中国文化，固然糟粕不少但也不缺乏精华。在这样悠久的历史中，这样众多的人口能长期地共同生活在这块土地上，必然积累了丰富的正反两面的经验，大可总结出不少值得后人借鉴的教训。其中有一条很切合当前换纪时刻的情况，我认为值得提出来作为人们共同思索的参考。那就是人对人和群体对群体的关系中有霸道和王道的区别。中国的历史经验教训说"以力服人者霸，以德服人者王"。人与人协力合作坚固的韧带不是"力"而是"德"。要集合普天下的人和平共处，人与人之间需要凝合成的群体必须在个人和个人、群体和群体之间建立起价值观念上的认同。以德服人就是用仁爱之心来处理自己与别人的关系。心中有我，也有别人；在人际关系中推己及人，老吾老以及人之老，幼吾幼以及人之幼。在共同的生活里边，建立起一种互相尊重、互相容忍、互相有利的合作关系，实现共同的发展，达到幸福生活的目标。所以可以说所谓"德"，就是心中有人，己所不欲，勿施于人。以德凝聚成的群体是牢固的，所以说"以德服人者王"。相反是霸道，就是用强力来压迫别人或别的群体服从自己。用力来维持的社会关系是不能持久的。所以我们的古训主张王道而反对霸道，这是历史的经验总结。上面关于20世纪西方强权国家推行的殖民主义就是典型的以力服人的霸道。当前殖民主义名义上是消灭了，但其余毒霸权主义还在流行，霸权主义就是以力服人之道。

东方文明的一个基点就是崇尚以德服人，反对以力服人，强调包容性，使不同群体能和平共处，在和平共处中不断扩大合作面，小的矛盾不影响大的合作，在合作中实现大家的共同理想。我想，这是人类即将进入21世纪的时候，东方文明的这种经验教训可以为世界形成新的和平秩序提供的一条值得思考的启示。

6年前在日本东京参加若干朋友为庆祝我80岁生日而举行的座谈上，我在答词中关于人类发展的过程，依据上述的东方精神，说了四句话，"各美其美，美人之美，美美与共，天下大同"。可以为上述反对霸权主义的主张作一点诠释。

人类社会的发展是一个历史过程。在这个过程里边的不同阶段上，都会出现和当时的生态秩序相适应的心态秩序。进入现代社会之前，世界上各个群体大多是处在封闭状态之中，自给自足，自我发展，互不关联，这就是"各美其美"的经济和社会基础。各个群体各自有各自的传统价值标准，而且都认为只有自己的标准是美的，排斥别人的价值标准。

随着人类社会的发展，不同群体相互间隔绝的状态渐渐地被打破了。群体间不断发生接触、交流乃至融合。自从进入现代社会，尤其是跨进20世纪以来，全世界各个地方的人群，越来越紧密地被交通、通讯等联系了起来，被捆成了一个休戚相关的整体。在这个阶段上，如果还只抱着"各美其美"的心态就不相适应了。整个世界格局要求人们不应再惟我独美，不应要求别人按自己的标准行事，不然就会引起群体间的矛盾和纠纷。当前我们就身逢这种处境。在这种处境下，必须从"各美其美"上升到"美人之美"，就是要容忍不同价值观点的并存，并做到别人觉得美的自己也觉得美。力求摆脱本位中心主义，不要求别人"从我之美"。至少要承认多元并存，求同存异，相互理解，日趋靠拢。这样才在心理上能接受不同群体的平等相待和平共处。"美人之美"是和多元社会相适应的心态。

有了"美人之美"为基础，我们还应当更进一步，通过加强群体之间的接触、交流和融合，在实践中筛选出一系列能为各群体自愿接受的共同价值标准，实现"美美与共"。就是说已经被捆在一体中的人们能有一套大家共认的价值标准，人人心甘情愿地按这些标准主动地行事。这样的社会也就是我们中国前人遗留给我们的理想，即所谓"天下大同"的美好世界。

在跨入21世纪的前夕，我相信当前的世界已进入应当力求实行"美人之美"的阶段了。经过几百年来科学技术的发展，当前的人类确已具有绰绰有余的能力为全人类提供丰衣足食的物质条件。现在所缺的就是和这物质条件相适应的精神条件，包括普遍接受的道义感，共同遵守的价值标准，平等相待、和平共处的协作态度，就是我在上面所说的"美人之美"的心态基础。

在这种心态上建立起来的世界就不会容许霸权主义的横行，大小各种群体才能建立起和平互利的经济和政治关系。在经济上不设置障碍，而是真心平等互利，不采取单方面的短期利益的保护主义，坚持开放和竞争。在政治上，不以力服人，强迫别人接受不平等条约，不干涉别的主权国家的内政，用平等协商来处理国与国、地区与地区之间的矛盾，用对话代替对抗。

上述这种和平互利的经济和政治关系正是当前大多数人们跨越20世纪这个时刻心里渴望的世界格局。这是实现可行的群众要求，而且也正是人类进入我们祖祖辈辈所瞩望的"天下大同"，即人类共同的美好世界，必然要经过的一个阶段。

我是充分肯定历史是向着天下大同的目标不断前进的。首先要感激西方文明在过去大约三个世纪里凭借科技的发达，打下了今后前进的物质条件，现在正是我们要进一步考虑怎样利用这巨大的物质力量来为全世界人类实现丰衣足食、安居乐业的大同世界。我相信20世纪的缺点正在于它没有建立起一个人们可以和平共处的社会秩序，而对人与人道德秩序的重视正是东方文明历史的特点。我相信加强东西文明的互补，加强价值观点的共识一定能解决20世纪遗留下的南北反差问题。人类一定要在新的21世纪里，至少要在今后新的1000年中，能够促使我们中国人祖祖辈辈所追求的大同天下的实现。

1996年2月7日

对“美好社会”的思考

　　非常感谢这次英迪拉·甘地国际学术讨论会为我提供今天这个机会，能在素来尊敬的学者座前陈述我对“美好社会”的一些思考，并听取各位的赐教。

　　在 20 世纪行将结束，21 世纪即将来临的时刻，提出“重释美好社会”的课题，让赋有不同文化背景的学者交流见解，是一件对今后人类发展具有重要意义的事情。我对能参加这次讨论感到十分荣幸。

　　我是来自中国的人类学者。由于我的学科训练，我不善于从哲学或伦理学的立场来探讨今后人类应当对“美好社会”做出怎样的理解。我只能从人类历史发展的事实出发，对具有不同文化的人和集团所持有的“美好社会”的意念，就其产生、变化和引起的社会效果，并对今后在全球社会形成过程中这种意念会怎样发生变化试作初步思考。

　　事实上，自从人类形成群体以来，“美好社会”总是群体生活不可缺少的意念。它是表现为诸如神话、传说、宗教、祖训、哲学和学说等多种多样形式的价值信念。总之，它是人类社会意识中必备的要素。它不仅体现了组成群体的各个人生活上追求的人生导向，而且也是群体用社会力量来维护的人和人相处的规范。它是个人的主观意识和群体社会律令内外结合的统一体。

　　“美好社会”的内涵是各群体从不同客观条件下取得生存和发展的长期经验中提炼出来，在世世代代实践中逐步形成，因之它属于历史的范畴。所以，不同的群体对“美好社会”可以有不同的内涵，各自肯定群体共同认可和相互督促的理想。“各是其是，各美其美”。它是群体的社会行为准则的基础，是各群体社会生活所赖以维持的价值体系。具有“美好社会”的意念是人类社会的共相，而所认定的"美好社会"的内涵则是各群体不同历史条件所形成的个性。

在群体能够在自给自足的封闭状态下生存和发展时，各个不相关联的群体尽可以各是其是，各美其美，各不相干。但是，在人类总体的发展过程中，这种群体相互隔绝的状态已一去不复返了。群体间的接触、交流以至融合已是历史的必然。因此在群体中不仅人和人之间有彼此相处的问题，而且群体和群体之间也有彼此相处的问题。价值观点的共同认可使人和人结合成群体成为可能，而群体之间价值观点的认同使群体相互和协共处进而合作融合，却是个更为复杂和曲折的过程。价值观念不同的群体之间相互往来中，协作是经常的，而且是历史的系统的，人类只有不断扩大其分工合作的范围才能进步。但是矛盾甚至冲突也是不免的。当任何一方触及到对方的生活以至生存的利益而发生冲突时，双方都会利用其价值信念对内作为团结群体的凝聚力量，对外作为指责对方的信念为异端以形成同仇敌忾的对抗力。因而，意识形态上的相异被卷入了群体冲突的场合。这类冲突甚至可以发展到兵戎相见。历史上群体之间以意识形态中价值观念的歧异为借口而发生的战争世不绝书，至今未止。当前世界依然面临这种危险。

在这里简单地回顾一下人类的近代史也许是有帮助的。500 年前，西班牙人哥伦布发现了一个过去没有欧洲人到过的"新大陆"。这个发现不仅是欧洲人新的地理知识，而实际上是欧洲甚至世界进入了一个新的历史时期的标志。以欧洲的文艺复兴、宗教革命带来的现代科技和经济的发展，把整个地球上的各个大陆都紧密地联系了起来；原来分布在五大洲广大地域的无数人类群体却从此不再能相互隔绝，各自为生了。但是它们在这 500 年里，并没有找到一个和平共处的秩序，使他们能同心协力来为人类形成一个共同认可的美好社会。相反，从海上掠夺，武装侵略，强占资源开始，进而建立殖民统治和划分势力范围，形成了以强制弱，争霸天下，战争不绝的形势，这都是过去 500 年里的历史上的事实。在这段历史里，人类科技的发展固然一方面加强了人利用自然资源的能力，同时，却也出现了人类可以自我毁灭的武器。以上这短短几句话里所描述的局势，此时此刻正引起了广大人士包括在座同人的困扰和忧虑。

我个人在 20 世纪里生活了有 80 多年，从出生不久即发生的第一次世界大战起到现在，可以说一直生活在大大小小的战争的阴影下。两次世界大战给人带来了严重的灾难，我们这样年纪的人都记忆犹新。这使我感觉到，全球性的世界大战可能就是这个 20 世纪在整个人类历史里的独特标志。在它之前，群体间的战争是常有的，但没有过包括整个世界那样大的范围。在这个世纪行将结束的时候，我相信世界上没有人会还不明白，如果 20 世纪的这个经历继续进入 21 世纪，再来一次世界规模的战争，已有的人类文明，甚至整个人类，将告结束。但是怎样使人类在 21 世纪里走上一条能和平生存下去的新路呢？我认为这就是这次为纪念甘地夫人而举行"重释美好社会"讨论会共同关心的主题。

我总是认为各群体间价值观念和意识形态上存在一些差别不应成为群体冲突和战争的根据。如果用比较方法去具体分析人类各群体所向往的美好社会，基本上总是离不开安全和繁荣这两项基本愿望。这两项基本愿望只有通过群体和平协作来实现，没有引起你死我活相对抗的理由。因此我总是倾向于认为历史上群体间所有意识形态之争，不论是宗教战争、民族冲突以至结束不久的"冷战"，实质上都是群体间物质利益的争夺，意识形态的水火不相容原是物质利益争夺的借口和掩饰。

我也承认意识形态的歧异之可以被利用来作为其他实质的矛盾的借口和掩饰而上升为对抗，也有人类常有的心态作为基础。那就是各个"各美其美"的群体在相互接触中，发生了"唯我独美"的本位中心主义，或称自我优越感，排斥和自己不同的价值标准。中国古书上就记下了早期人类本位中心的信条，即"非我族类，其心必异"，那就是说凡是和自己不属于同一群体的人不可能会有一条心的。本位中心主义必然会发展到强制别人美我之美，那就使价值标准的差别形成了群体之间的对抗性矛盾。我们古代的孔子从根本上反对这种本位中心主义，提出了"有教无类"，"己所不欲，勿施于人"，意思是在可以接受教化上，人是不分类别的，凡是自己不愿接受的事，不要强加于人。人的价值观念可以通过教育取得一致，但是不能强加于人。

在这里可以回想起结束还不久的"冷战"时代。过去一般总是把这个时代看成是意识形态对抗的时代。事过境迁，现在是否可以说有识之士已开始明白，冷战的实质还是两霸对势力范围的争夺。不久前没有通过公开的战争，一时西风压倒东风，在旦夕之间结束了冷战。如果冷战的实质是意识形态之争，意识形态决不是旦夕之间可以改变的，必须经过长期的群众自觉思想转变才能实现。

再看我们中国在解决香港顺利回归祖国的问题上提出"一国两制"的原则。这个原则的实质是从正面来说明以不同意识形态为基础的两种社会制度是可以在统一的政治体制下，一个主权国家之内，并行不悖，而且可以相互合作取长补短，促进共同繁荣的。那就是把意识形态和经济政治予以分别处理，求同而存异。

20 世纪最后的 10 多年中所发生的这些新事物值得我们深入地进行理解，其中是否可以得出一种看法，人类大小各种群体是可以各自保持其价值体系而和其他群体建立和平互利的经济和政治关系，只要大家不采取唯我独美的本位中心主义，而容忍不同价值信念的并存不悖。在群体间尚没有通过长期的交流达到自觉的融合之前，可以在求同存异的原则下取得和平共处并逐步发展为进入融合一致的大同世界准备条件。

作为人类学者，入门的第一课就是要设身处地地从各群体成员的立场去理解各群体人们的实际生活。我们要学会"美人之美"，像各群体自己的成员那样欣赏和领悟他们所爱好的价值体系。"美人之美"并不要求"从人之美"，而是容忍不同价值标准的并存不悖。但要求摆脱本位中心主义，而采取了多元并存的观点。应用到经济上，是不要阻障有利于双方的竞争，不采取只图单方面的短期利益的保护主义，而坚持相互开放和机会平等；应用到政治上，首先是不要干涉别的主权国家的内政，不以力服人，而以对话代替对抗，平等协商来处理国与国之间的矛盾。这是在人类的各群体还没有融合成一体，而政治和经济已经密切联系的现阶段，也可能就是即将来临的 21 世纪，我们可以力求做得到的现实态度。"各美其美"和"美人之美"并不矛盾，而是相成的。只要我们能更上一个认识的层次，大家在求同存异的原则上完全可以建立起亲密的共同合作相处。

这些作为群体之间共处的基本守则，是为一个完全繁荣的全球大社会的形成做出必要的准备，也是避免在这大社会形成之前，人类历史进程受到灾难性的挫折，而倒退回到不文明的状态，或甚至使人类让出其主持这个地球发展的地位。

作为一个人类学者，我也坚信人的信念、群体的社会意识形态是不断变化和发展的，我们永远是一个从不够美好追求更为美好的过程中，分散独立的人类群体经过了百万年的历史演化，到目前已可以遥望到一个囊括全人类的协作发展的全球性大社会。这个全球性大社会我们中国古人就称为大同世界的共同道德秩序，怎样实现和什么时候实现，在目前还活着的人也许尚难以做出答案。但是又只有在当前人类的努力追求和不懈探索中，这个最后的"美好社会"才会出现在这个地球上。

以上我冒昧地如实表达了我个人的一些看法，请多予指正。

1993 年 7 月 14 日

创建一个和而不同的全球社会

我很高兴能在有生之年，来参加这个会议，原因是我和国际人类学与民族学联合会很早就有关系。过去因为各种原因没有能出席会议，很高兴这次会议能到我们中国来召开，也就给我这个老人一个很好的机会，能够亲自参加了。在这里，我祝贺这个会议能够开得很成功。

我是20世纪早年出生的人，现在已经年过九十，我大部分的人生历程是在20世纪度过的，我很高兴，有幸能够坚持到上个世纪的终结，看到新世纪的降临。

回想起来，我是在1933年从燕京大学毕业后，接受我的老师吴文藻先生的建议，进入清华跟从史禄国（S. M. Shirokogoroff）教授学习人类学的。当时吴文藻先生就认为，要做中国本土的社会文化研究，必须得有人类学的基础，要用人类学的方法来研究中国社会并改造中国的社会学。他提出，要创立一条社会学中国化的道路。在清华大学研究院，我很有幸地得到了史禄国教授的培养。他是俄罗斯上一代传统学术训练出来的世界级的人类学家，以研究通古斯民族闻名于世。史禄国教授继承了欧洲人类学的悠久传统，他的研究范围非常广，包括体质、语言、考古以及当代各民族文化的比较研究。他给我的培养和训练没有按计划完成。我只是在他的亲自指导下，学完了人类学的第一个阶段，即体质人类学的基础知识（他给我规定了三个学习阶段：第一阶段学习体质人类学，第二阶段学习语言学，第三阶段学习社会人类学）。当然，这期间除了体质人类学之外，我还学到了他严谨的科学治学态度，以及对各民族在社会结构上各具特点、自成系统的认识方法。后来我才意识到，从史禄国那里学到的着重人的生物基础和社会结构的整体论和系统论，原来就是马林诺斯基功能论的组成部分。从清华学习人类学出来后，我在大瑶山和江村做过田野调查，然后就转到了伦敦经济政治学院，师从马林诺斯基和雷蒙德·弗思学习社会人类学。这段历史我相信在座的各位人类学家都比较清楚。如果从跟史禄国正式学习人类学算起，我和人类学打交道已经有将近70年的历史了。在这70年里，我贯彻了吴文藻先生的主张，把人类学的学习和研究包括在社会学的范围之内，把社会学和人类学密切地联系和结合起来，我的学术道路一直贯穿着这个原则。当然，由于种种原因，我的学术研究曾经有过间断。但总的来说，我一直没有离开这条学术道路。这条道路就是用人类学的基本概念和基本理论来研究当代中国社会的变化，这是我始终如一的学术追求。同时，我总认为人们的思想必然受到当时社会文化的影响，所以我这一生的思想也必然反映了这一时代特点，打上了时代的烙印。这也是我们常说的个人的经历总离不开世界的变化。

我出生在中国东南沿海地区一个小城镇，一个有着浓郁传统的知识分子家庭。我最初受到的教育和我的家庭有着很大的关系。我的父亲是旧社会的一名秀才，科举制度被废除后，他被选派到日本学习教育专业。回国后，他是中国第一批主张摆脱旧教育制度，创立新教育制度的知识分子之一，这个新制度就是从日本借鉴的，西方传来的教育模式，当时称做"新学"。我是从我母亲最早开办的幼儿园里出来的，当时叫做"蒙养院"，它是中国最早具有现代教育意义的幼儿教育的模式，这是我一生的出发点。从这里开始，我按照当时的教育制度从小学、中学到大学一直到同西方接触，到了英国，于1938年在伦敦大学获得博士学位告一段落，这是我一生中受教育的时期。接下来是中国的动乱时期，也就是抗战和国内战争时期，这是我一生中的第二个时期。当时，日本人打到我的家乡，我只能到大后方昆明来从事教书生涯，这个阶段一直到1949年中华人民共和国成立，中国革命成功才结束。此外，我真正的第二次学术生命是从1980年开始的，到现在正好20年。这20年我的收获比较大一些，也可以说是成熟时期。从现在开始我进入了这段时期的后期了。

我这一生经历了20世纪中国社会发生深刻变化的各个时期，可以概括为两个大变化和三个阶段。我把它称做"三级两跳"。第一个变化是中国从一个传统性质的乡土社会开始变成为一个引进西方机器生产的工业化时期。一般人所说的现代化就是指这个时期。这是我一生中最重要的一个时期，也是我从事学术工作最主要的时期，即中国的现代化过程。在这一时期我的工作是了解中国如何进入工业革命。从这一时期开始一直到现在也可以说一直到快接近我一生的最后时期，在离开这世界之前我有幸碰到了又一个时代的新变化，即信息时代的出现。这是第二个变化，即中国从工业化或现代化走向信息化的时期。就我个人而言，具体地说，我是生在传统的经济社会里，一直是生活在走向现代化的过程中。当引进机器的工业化道路还没有完全完成时，却又进入了一个新的阶段即信息时代，以电子作为媒介来沟通信息的世界的开始。这是全世界都在开始的一大变化，现在我们还看不清楚这些变化的进程。由于技术、信息等变化太快，中国也碰到了一些问题，第一跳有的地方还没有完成，还在进行中，现在又在开始第二跳了。中国社会的这种深刻变化，我很高兴我在这一生里都碰到了，但因为变化之大我要做的认识这世界的事业也不一定能做好。因为时间变化得很快，我的力量也有限，我只能开个头，让后来的人接下去做。这是我的一个背景。要理解我作为学者的一生，不能离开这个三级两跳。

我所有的学术研究，都是和中国社会变化的大背景联系在一起的。从1935 年开始，我因受吴文藻和史禄国两位老师的影响，开始了实地调查的研究方法。我最初研究的是作为中国少数民族的瑶族。从这时起我就已经把社会学和人类学结合起来了。在过去的学术界，往往把少数民族的研究看做为人类学的专利，少数民族研究在中国后来发展成民族学的一部分。当然这种学术分类与名称曾引起了各种讨论。对我来说，从人类学开始的用实地研究方法来研究我们中国的社会与文化，是一条非常重要的学术道路。从这一点来说自我从瑶山调查开始一直到现在进入对大都市社区建设与发展的研究，都是一贯的。今天讲这一点，是想说明我一生的学术生涯和这次会议的主题"都市民族文化：维护与相互影响"相联系也相符合。因为我是从中国少数民族实际生活研究起到上海和北京等大城市进行社区研究，这个过程本身说明了这个变化。这个实际的客观的变化同一个社会的发展的趋势是紧密地联系在一起的。

中国社会的第一跳是以我们中国各地不同民族的农村生活为基础的。我是生长在江苏一个以农业为基础的小城镇里。它最早的历史可以追溯到 7000 年前的良渚文化，这个文化开始有了农业和家庭手工业。在考古学上我们可以很清楚地看到这个时期村落的生活。这就是我们第一跳的基础，也是我们乡土社会基本的性质。那个时候从全国讲，文化形式上也有很大的不同，已经是一个多元文化的基础。多元文化逐步交流融合，成为多元一体。这里也就开始了我研究的第一个阶段，我写的《花篮瑶的社会组织》这本书可以作为代表。从中看出它和以我们家乡为代表的汉族社会文化的区别，以及它是如何受到汉族的影响的情形。

我第二阶段的研究，是从中国 7000 年前的良渚文化到近代以来开始快进入工业化时期的一个中国农村的变化，可以我的《江村经济》为代表。代表一个传统的文化基础、社会组织，面临着一个全新的科学技术和机器生产的早期的冲击，这也是我对《江村经济》的定位。这是我们现代化开始的原初的形态，是第一步。接下去代表这个时期我的重要著作是《云南三村》。这里反映了内地农村不同于沿海农村的特点。这便是我们的现代化最早的过程，从地域上讲是由东向西、从沿海到内地的。我的《江村经济》讲的是沿海地区的农村，开始了工业化。而《云南三村》却描绘了比较原始形态的乡土社会。1938 年底，我从伦敦回国，当时，日本人打到我的家乡，我们只能到大后方昆明来从事我的教书生涯。我在离昆明 100 多公里的地方，进行了与江村所处条件不同的农村类型——禄村的调查。禄村受现代工商业影响较小，没有手工业，几乎完全靠土地维持生计。通过对禄村的调查，我看到了与江村不同的土地制度。这是我第一个时期第二阶段的工作，这阶段到 1949 年才结束。

1949 年之后，我就开始参加民族工作。这也是我进入新中国后第一期的工作。新中国的建立引起了中国社会结构的重大变化，其中最大的变化之一就是民族关系和民族政策的变化。为了实现民族平等，在政治体制上我们成立了一个有各族代表共同参加的最高权力机关，即人民代表大会。但是在开国初期，我们还不清楚中国究竟有多少民族，它们叫什么名称、各有多少人口。为了摸清有关各民族的基本情况，建立不久的中央人民政府于 1950 年到 1952 年间，派出了若干个"中央访问团"，分别到各大行政区去遍访各地的少数民族，摸清他们的民族名称、语言、历史以及社会文化上的特点。由于我学过人类学，所以政府派我参加西南和中南两个访问团。我代表中央人民政府访问了这些地区的少数民族。我花了足足两年时间在贵州、广西分布在各处的少数民族村寨中进行实地访问考察，在和众多的少数民族的直接接触中，我深深地体会到民族是一个客观而普遍存在的"人们共同体"，是代代相传、具有亲切认同感的群体。

在对少数民族的状况了解的基础上，我直接参与了新中国民族政策的制定与实施。这一段从学术上讲是我第一期学术工作的延伸，是《江村经济》和《云南三村》的延伸。我具体的研究对象也从汉族为主的农村转移到少数民族地区——一个更复杂更多样化的领域。这便是从1950年到1957年我主要从事的少数民族的调查研究工作。

1957年之后，由于众所知道的政治上的原因，我的学术工作停止了。一直停止了23年。70年代末80年代初，我才恢复工作。从那时起到现在，是我的第二次学术生命。这段时期是中国社会变化最大的时期。恢复研究后，我做的工作之一，就是总结了我几十年来的民族工作，1988年在香港中文大学的特纳（Tanner）演讲中，发表了《中华民族的多元一体格局》。我从中华民族整体出发来研究民族的形成和发展的历史及其规律，提出了"多元一体"这一重要概念。我在这篇讲演中指出："中华民族"这个词是指在中国疆域里具有民族认同的11亿人民，"它所包括的50多个民族单位是多元，中华民族是一体，它们虽则都称'民族'，但层次不同"。中华民族的主流是许许多多分散独立的民族单位，经过接触、混杂、联接和融合，同时也有分裂和消亡，形成一个你来我去，我来你去，我中有你，你中有我，而又各具个性的多元统一体。

事实上多元一体理论并非单纯是关于中华民族形成和发展的理论，也是我对中国社会研究的一个总结。56个民族及其所属的集团是社会构成的基本单位，因而从另一个方面勾画出多元社会的结合和国家整合的关系，是多元和一体的关系。

在现代社会，人类学越来越关注人类社会和人类生活所遇到的或所面临的最现实的问题。因此，人类学的功能不仅在于"回顾与展望"或者"解释"，还在于"参与和创新"。记得1981年我在英国接受赫胥黎奖时的演讲中，就曾经强调"人类学必须为群众利益服务"。这种"学以致用"的思想一直贯穿在我的学术研究中。我认为知识分子的本钱就是有知识，有了知识就要用出来，知识是由社会造出来的，不是由自己想出来的。从社会中得到的知识应当回报于社会，帮助社会进步，这就是"学以致用"。"学以致用"本身就是中国的传统，意思就是说，得之社会要回报于社会。我是跟着中国这一传统进行我的工作的，这也是我的志向。这志向并不是我自己想出来的，而是跟着中国的传统学来的。但是我是通过吸收新的知识来把传统精神贯彻出来，我希望这样做，做得如何我自己不敢说。正是抱着这一理想，我的学术研究，从一而终地和全体人民的生活紧密地联系在一起。综合起来说，在中国范围内用人类学的实地调查方法可以解决过去没有解决的很多问题，包括农村发展、中国社会经济发展这些大的问题。70 年代末 80 年代初我复出后，一直到现在，围绕着这一目标，我已经做了 20 多年，我还要继续做下去。这一段工作我主要的研究体现在《行行重行行》一书中。因为受身体条件的限制，我已经不可能在具体的地方长期进行观察和访问，只能主要依靠各地群众和干部提供的情况和委托陪同我去考察的助手分别下乡或下厂去进一步了解情况，以及通过在当地进行的各种访问和座谈来取得一些感性知识。所以，我也只能根据别人的第二手材料，来介绍我曾经直接访问、看到的地方的情况，当然这不是严格的人类学田野调查工作了。在这里，我的特点是结合第二手材料和访问的材料进行类型式的比较研究，即 typology（类型学）的方法。对于同一时期的不同类型的研究，可以看到一个社会的动态，特别是在现代化和城市化过程中如何改变的。在这一阶段中，我主要提出乡镇企业和小城镇发展两个主题。可以说在 50 年代以前我的类型比较研究主要局限在农村。虽然在 40 年代末，我已经注意到了农村的调查不能只限于农村本身，也应考察经常与农村社区发生关系和制约作用的城镇。不过由于内战的爆发和之后的社会学学科的被取消，我对于城镇的调查和研究，一直到 80 年代才开始。我提出"小城镇，大问题"等题目，目的就是在于解决农民的出路问题。而小城镇的发展和乡镇工业紧密地联系在了一起。我从 30 年代起就指出了农村社会的发展在于农村工业化，即依托于本土社会文化优势的"草根工业"，让农民先富起来。而这个大的变化是在 80 年代以后才发生的。乡镇企业的出现和发展，使农民得到了很多非农就业的机会，使得农民的生活发生了质的变化。记得在 1983 年开始的小城镇研究中，我就提出了"类型、层次、兴衰、分布、发展"的 10 字提纲，成为研究小城镇的出发点。在此基础上，1984 年提出了经济模式的概念。在我看来，所谓经济模式就是"在一定地区，一定历史条件下，具有特色的经济发展的路子"，进而引导出不同经济模式的比较研究，如苏南模式、温州模式、珠江模式等。这些模式本身和这一地区的社会文化基础有着一定的关系。我认为，任何经济制度都是特定文化中的一部分，都有它天地人的具体条件，都有它的组织结构和理论思想。具体条件成熟时发展成一定的制度，也必然会从它所在文化里产生与它相配合的伦理思想来做支柱。有的国外同行，如日本的社会学家鹤见和子教授认为，我的这些研究是"内发型发展论"的原型。

现在这些不同的模式也在变化之中。"苏南模式"是从人民公社中发生出来的，由社队工业变成乡镇企业的。这是第一个变化。第二个就是温州模式，是小商品大市场的模式，即把乡镇工业结合到市场经济里面，这是第二个大变化，也可以说是过渡阶段。现在为第三个阶段，是发展时期，即珠江模式，吸引外资利用外资提高科技含量来发展经济。这三个模式是互相连接起来的，有一个内在发展过程，现在苏南模式也正在改变，向着珠江模式发展了。

在这一时期，我以"下活全国一盘棋"为出发点，在注重沿海地区研究的同时，从 80 年代中期开始，更大程度地关注内地和边区的发展，特别是边区少数民族共同繁荣的问题。我曾经提出一些多民族的经济协作区的计划，有的已经在实施之中。如黄河中上游西北多民族地区、西南六江流域民族地区、南岭民族走廊地区、武陵山区山居民族地区、内蒙古农牧结合区等。在对这些区域进行综合性研究的基础上，我试图将民族研究与民族地区现代化的实际相结合。在边区民族经济的发展中，应该强调因地制宜，注意民族特点。如果总结我的研究，可以说从 80 年代中期开始，我的研究工作重点从沿海转到边区又到内地。从东南移到西北，从农村小城镇转到民族地区。作为一个多民族的国家，我们应该强调西部和东部的差距包含着民族的差距。西部的发展战略要考虑民族因素，而民族特点是一个民族从历史过程中形成的，适应其具体的物质和社会条件的特点。中国社会的民族特征，从历史上开始就在不同民族的交错地带，建立了经济和文化的联系。久而久之，形成具有地区特色的文化区域。人们在这个区域中，你来我往，互惠互利，形成一个多元文化共生的格局。我所提出的经济协作的发展路子，就是以历史文化区域为出发点的。

从实际讲，我的理论和方法还没有脱离最早期的人类学的理论的训练，我只是把这些理论和方法应用到正在变化中的中国社会和文化的研究中。去年我90岁时，把我以前写的文章，收集起来，出版了我的文集——《费孝通文集》（14卷）。这既是我个人经历的记录，也反映了时代在我身上发生的变化。

从今天这个会的主题来讲，并没有离开我的研究范围。因为我的目的是了解中国，中国就包含多民族的多元一体的中华文化，这一点不去多讲了，大家有兴趣可以看我已经写出来的东西。在提出这个看法之后，各方面都有反应。作为过程来看，多元一体是一个历史过程。这个过程也同时表示各民族的现代化、工业化和城市化。

我们讲都市人类学，就是要强调中国多元文化的主体在工业化和城市化道路上发生的变化。对于都市人类学的研究，我觉得可以从两方面来看，一方面是中国各民族现代化的过程，就是如何工业化、城市化。从生产本身讲，是如何从农业和手工业的基础发展到机器化，在这一阶段，第三跳还没有跳，这就是要研究的问题，这个问题的基本方向和基本理论是符合大多数民族的发展过程的，也包括占人口大多数的汉族。比如我研究的领域、地区也放大了一些，各民族从不同的起点出发，如何共同发展到现代社会的过程，在这方面内容更丰富了。第二我要想说的是，中国城市的特点不是单一民族的城市，是多民族构成的城市。这就存在一个问题，即不同文化的人在同一个城市中，如何和平共处在一个政治经济组织里面，一体化（多元一体）是如何完成的。这不仅是一个历史的概念，也是一个当今的概念。

这里面又包括了两个大问题：发展的问题和和平共处问题。

一是发展问题，现在我们叫西部大开发。西部地区少数民族成分多，大部分少数民族人口集中在西部地区，西部的现代化过程必然包括少数民族的现代化过程。中国作为一个统一的多民族国家，在都市研究中赋予了民族文化多样的内涵。在都市化过程中，如都市开发如何依托少数民族的文化传统，以及少数民族移民都市后的文化适应等，都是民族地区现代化过程中的新问题和新现象。所以，我们都市人类学应该包括这一部分，这是我的理解。不能像过去的人类学那样，满足于描述静态的本土性的原初的文化，必须要看到它的变化。

文化的变迁应该成为以后人类学研究的主题。这又让我回想起我的老师马林诺斯基。1998 年，在北京大学百年校庆所举行的"21 世纪：文化自觉与跨文化对话"的国际学术系列讲座上，我曾经提交一篇《读马老师遗著〈文化动态论〉书后》的论文。在这篇论文中我谈了我阅读完马老师这部晚年著作的体会。最初，人类学的研究是以封闭的简单社会作为研究对象的学科，其比较也是在简单社会之间进行的，这也是马老师那个时代的中心研究工作。同时，他也是这一学科科学的民族志方法的奠基人，在早期，他也主张人类学应在封闭的社区中进行调查和研究，进而来揭示社区的文化功能。30 年代末期，马老师基本写完了他描述和分析西太平洋岛土著人的那几本巨著。之后在走访非洲东部和南部的殖民地时，他看到的正是一个在发生文化巨变的大陆，他也看到了当地文化与外来的殖民地文化互动的生动情景。他认为研究人类社会文化的学科必须跟上形势的发展，他把文化的动态研究看做"现代人类学的新的任务"。马老师的《文化动态论》是在 30 年代末 40 年代初写的，1945 年，在他逝世后三年由耶鲁大学出版社出版。这本书出版到现在已快 60 年了。他在去世前，所提出的问题，就是 dynamics of culture change，这一文化动态论适应于世界各民族的变化，他预先看到了，给我们指出了一个方向。我们这一代的人类学家以及我们下一代的人类学家，如何能接上他所开创的事业，这是我们当代人类学的一个主题。

二是和平共处问题，就是多民族在城市中共同的政治经济组织的框架之内能和平共处，继续发展。如果不能和平共处，就会出现很多问题，甚至出现纷争。实际上这个问题已经发生过了。过去占主要地位的西方文明即欧美文明没有解决好的问题，在这几年逐步凸显出来了。事实上也发生了很多的地方性的战争。最突出的是科索沃战争，这一类战争还在不断地发生。从人类学角度来看，第二次世界大战后，社会的巨变、科技、交通的发展，已使人类不能像简单社会那样处于相互隔绝的境界之中，人类的空间距离也日渐缩小。然而就在人类文化寻求取得共识的同时，大量的核武器、人口爆炸、粮食短缺、资源匮乏、民族纷争、地区冲突等一系列问题威胁着人类的生存。特别是冷战结束后，原有的但一直隐蔽起来的来自民族、宗教等文化的冲突愈演愈烈。自1988 年以来，全世界爆发的武装冲突，除伊拉克入侵科威特的战争，都是由内部民族问题而引起的。有的研究者曾作过统计，从 1949 年到 90 年代初，因民族冲突而造成的伤亡大约为 169 万，数倍于在国家间战争中死亡的人数。诸如苏联解体后，一些民族的主权与独立问题，非洲的索马里和苏丹、亚洲的缅甸和斯里兰卡、南斯拉夫的克罗地亚、塞尔维亚、波黑及科索沃问题等。从这个意义上说，人类社会正面临着一场社会的危机、文明的危机。这类全球性问题所隐含着的潜在危机，引起了人们的警觉。不同学科的学者正在寻找形成种种危机的根源，期盼发现解决问题的办法。而作为科学的人类学也正在以传统的研究领域和技术为基础，扩展自身的研究视野，试图探索出解决现代社会诸问题的方法，并从比较社会与文化的视角来解决人类赖以生存和发展的问题，引导人们适应现在和未来变化的轨迹。

这个问题，看来原来已有的西方的学术思想里还不能解决。而中国的传统经验以及当代的民族政策，都符合和平共处的逻辑。事实上我们的方向已经有了，而且已经向前走了一步了。我们的民族政策已经走过了 50 年。对于这些问题也希望引起我们国际的人类学家的关心，共同研究这其中的理论上的发展等。

21 世纪的脚步声已依稀听到，人类正在匆匆构筑 21 世纪的共同理念。不同的国家、民族、宗教、文化的人们，如何才能和平相处，共创人类的未来，这是摆在我们面前的课题。

刻在孔庙大成殿前的"中和位育"几个字代表了儒家文化的精髓，成为中国人的基本价值取向。这种"中和"的观念在文化上表现为文化宽容和文化共享。记得 11 年前，在日本东京为我召开的 80 岁生日的欢叙会上，我在展望人类学的前景时，提出人类学要为文化的"各美其美、美人之美、美美与共、天下大同"做出贡献。这就意味着人类学应当探讨文化的自我认识、相互理解、相互宽容和世界多元文化之间的共生理念以及达到"天下大同"的途径。事实上，如果我们再往回看呢，这是在中国的传统的经验里面所一直强调的"和而不同"思想的反映。

对于中国人来说，追求"天人合一"是一种理想的境界，而在"天人"之间的社会规范就是"和"。这一"和"的观念成为中国社会内部结构各种社会关系的基本出发点。在与异民族相处时，把这种"和"的理念置于具体的民族关系之中，出现了"和而不同"的理念。这一点与西方的民族观念很不相同。这是历史发展的过程不同即历史的经验不一样。所以中国历史上所讲的"和而不同",也是我的多元一体理论的另外一种说法。承认不同,但是要"和",这是世界多元文化必走的一条道路,否则就要出现纷争。只强调"同"而不能"和",那只能是毁灭。"和而不同"就是人类共同生存的基本条件。

我们现在生活的世界都已被纳入到全球化的世界体系中。但发端于西方世界的全球化浪潮,在非西方世界接受西方的文化的同时,也应当通过自身的文化个性来予以回应。过去很多观点认为,随着全球化特别是少数民族移居都市后,在民族文化和文化认同上会逐渐丧失个性,事实却非如此。事实上,全球化与地方社会之间有一互相对应的逻辑关系。说到这里,我想起了我近年来在很多场合提到的"文化自觉"的问题。"文化自觉"是当今时代的要求,它指的是生活在一定文化中的人对其文化有"自知之明",并且对其发展历程和未来有充分的认识。从某种意义上可以讲,文化自觉就是在全球范围内提倡"和而不同"的文化观的具体表现。

在人类即将进入 21 世纪的今天,我们聚集在一个有着悠久文明,有着占世界人口将近 1/4 的多民族文化和平共处的中国,来讨论"都市民族文化:维护与相互影响"这一会议的主题,确实有着深远的历史意义。我相信中国思想中的这种"和而不同"的理念,也一定会赋予这一会议主题以新的内涵。

2000 年 7 月 28 日

文化论中人与自然关系的再认识

今天我是特地来庆祝南京大学创立 100 周年纪念的。我出生在江苏省吴江市，江苏是我的祖籍，也是传统的所谓故乡。南京大学是我故乡的最高学府，我现在已经 92 岁了，在这垂暮之年还能亲自来参加这次盛会，我觉得十分荣幸。

100 年前创立这个高等学府，在历史上是一件值得重视的事，因为这正好标志着中国教育制度改革在这地区的初步成功，为中国的现代化起了破冰作用。这是十分重要而值得纪念的。我说的这次中国教育制度改革是指科举制度的废止和学校这个新制度的获得建立。我就是这个新学校制度下培养出来的人。我记得很清楚，我的父母为这场改革所做的努力，我父亲就是在家乡参与了这场改革。他是最后一科的秀才，由于科举制度的废除，他接受了地方政府的资助留学日本，回国后在本乡开办了个县级中学。我母亲是本乡幼儿园的创办人，当时称蒙养院。这些在当时都被称为"洋学堂"，是新生事物。这是我上一代的功绩，他们为中国的现代化打下了基础。

我受到的教育就是从当时的新制度里开始的，我经常向人自骄地称自己是完整地从新制度里培养出来的人。这个新的学校制度是针对旧的科举制度下的私塾制度而兴起的，而且基本上一直传到现在，富有它的生命力。我在新制度下所受的教育是从西方国家经过日本传入的，它使我这一代人从童年起就能接受学校教育，参加同代人的集体生活，这和私塾是不同的，而且受的教育在方法和内容上都有别于传统的私塾教育。我们不再被强迫背书，而且不再用旧的经典著作如《论语》、《孟子》等作为启蒙的必修教本。我记得在初小时第一本国文教科书是由商务印书馆发行的，第一课是"人、手、足、刀、尺"。现在活着的人中用这个课本开始学习语文的大概已为数不多了，但这件历史上的小事却影响了我国文化的发展进程。今天利用在南京大学百周年纪念的机会，我提到这件小事是值得深思的。

一

中国的文化需要改革和发展是人类发展规律所决定的，而且在 100 年前已酝酿了相当长的时期，从清代的戊戌政变起始，维新的运动已经在中国历史上冒了头。维新运动是由当时一些知识分子想以日本为榜样，引进西方文化，起初还是"犹抱琵琶半遮面"地提出"中学为体、西学为用"，向西方文化开门引进。但这扇门一开，西方文化就势如破竹地冲破了东方文化所设置的重重阻碍，到了民国初年发生的"五四"运动，就有人明目张胆地提出"全盘西化"的主张了。中国文化经过几千年闭关自守，到这时再也守不住了。接受西方文化的浪潮，拜德、赛两先生为师，是"五四"以后中国文化变动在历史上的主要方向，也是不容我们否定的历史事实。当前提出的"现代化"基本上是这个历史潮流的继续。即便是使中国人民能摆脱国际上二等成员地位的人民革命运动，也还是以西方文化中倡立的政治思想马克思主义所领导的。向西方文化学习，取得了历史上的辉煌的成就。

当然在向西方文化学习的大势下，也时时出现折衷派和反对派，折衷派是对西方文明要求有选择地引进，反对派则认为西方文明已走到了尽头，今后应是东方文明领先。"今日河西，明日河东"的轮转循环，一正一反原是思想舞台上的常规，但时至今日在世界一体化的潮流中，我们的确要认真考虑一下我们东方文化的前途了。

对我自己来说，从 20 世纪 30 年代投身到学术领域里，进入社会人类学这门学科，文化的动向本来应当是研究的一个主题，具体地说，不能不关心自己传统文化的前途。但这个问题却是个深奥难测的谜团，以我个人受到的教育而言，具有着重引进西方文化的家学传统，已如上述。30 年代开始我就立志追随老师吴文藻先生，以引进人类学方法来创建中国的社会学为职志，详言之，即用西方学术中功能学派人类学的实地调查方法来建立符合中国发展需要的社会学，这个目标显然是从西方的近代人类学里学来的，它的方法论是实证主义的，实证主义实际上是西方文化的特点在学术上的表现。科学理论必须是以看得见、摸得着的客观存在的事物为基础的。

这个学派的特点反映了西方文化中对生物性个人的重视，所谓文化的概念，说到底是"人为，为人"四个字。"人为"是说文化是人所创制的，即所谓人文世界，它是为人服务的设施。这确是反映了当前我们生活在其中的世界。我们衣食住行的整个生活体系，都依靠人力改造过的自然世界而得来的人文世界。这一点事实是大家能明白和切身体会得到的。我们现代的生活，甚至和自然世界接触的人体感觉器官都经人为的媒介改造过的。肉眼上要罩上眼镜，进一步还要用望远镜和显微镜一类的器械，单凭肉眼已经不易与自然界亲密地全面接触了，听觉上也是如此，我们依靠助听器、电话等设备来听取我们所接触到的和辨别到的远距离传来的声波。这种生活的现实，使我们习惯于把自然看成是我们生活的资源。一方面是生活越来越复杂和广阔，一方面我们把自然作为为我们所利用的客体，于是把文化看成了"为人"而设置了，"征服自然"也就被视为人生奋斗的目标。这样我们便把个人和自然对立起来了，"物尽其用"是西方文化的关键词。

我们的生活日益现代化，这种基本上物我对立的意识也越来越浓。在这种倾向下，我们的人文世界被理解为人改造自然世界的成就，这样不但把人文世界和自然世界对立起来，而且把生物的人也和自然界对立起来了。这里的"人"又被现代西方文化解释为"个人"，因之迄今为止个人主义还是西方文化的铁打基石。西方文化里的个人主义加上人通过自己创出的文化，取得日益进步的现代生活内容，于是在西方的文化里不仅把人和自然对立了起来，也把文化和自然对立了起来。这也许是西方文化当前发展的一个很显著的特点。西方的学术领域里也明显地表明了这个特点。首先是以认识自然为职志的学术领域里被自然科学占据了主要地位，把研究同样应当属于自然界的社会和文化的社会科学和人文学科都压缩在次要的地位。

二

总而言之，在西方文化里存在着一种偏向，就是把人和自然对立了起来。强调文化是人为和为人的性质，人成了主体，自然成了这主体支配的客体，夸大了人的作用，以至有一种倾向把文化看成是人利用自然来达到自身目的的成就。这种文化价值观把征服自然、人定胜天视做人的奋斗目标。把推进文化发展的动力放在对人生活的功利上，文化是人用来达到人生活目的的器具，器具是为人所用的，它的存在决定于是否是有利于人的，这是现代西方的文化价值观念。

当然在西方现代思想中占重要地位的达尔文进化论肯定人类是自然世界的一部分，是从较低级的动物的基础上发展出来的一种动物。但这种基本科学知识却被人与人之间的利己主义所压制了，在进化论中强调了物竞天择的一方面，也就强调了文化是利用自然的手段。由此而出现的功利主义更把人和自然对立了起来，征服自然和利用自然成了科学的目的。因此对自然的物质方面的研究几乎掩盖了西方的科学领地。甚至后起的对人的研究也着重于体质方面，研究人的心理的科学也着重在研究人体中神经系统的活动，即所谓行为科学。可见西方科学发展史上深深地受到其文化价值观的制约。

我最近为了补课，重又复习了上世纪初期的西方社会学的历史。我从派克老师早年的著作中，体会到他对当时欧美社会学忽视人们的精神部分深为忧虑。科学原本应当以客观存在的自然世界为研究对象，但是在经验主义的影响下，只承认看得到、听得到的现象为研究范围，而人的生活中却有很重要的内心活动是别人看不到、听不到的。因而社会学被困住以致不容易建立"科学的社会学"。

我这样说，是指西方科学界整体而言的，其中也有许多对此不满意的学者，而且我所师从的几位老师都是属于这一类。比如我在清华大学所师从的史禄国教授，他苦心孤志地研究人类精神方面的文化。他在西方传统词汇里找不到适当的名词来表达他的意思，结果提出了一个一般人不易理解的 Psycho-mental 这个新名词，并且用此作为他最后的巨著的书名，即 *Psycho-mental Com-*

plex of Tungus。我从他创造这个新名词，可以猜测出在他这一代人中，人的研究工作一般还是不愿意把精神实质的文化作为科学研究的对象。再说一段我个人的经历，史禄国老师在我踏进人类学这门学科时，为我预定了三个学习阶段：第一是学体质人类学，第二是学语言学，第三才是学当时所通行的文化人类学。我当时并没有从他为我规定的学习顺序中，体会到这三步正是指出了对人的研究的三个层次；从人的生物基础出发，进一步研究人和人相互传递共识以获得共同活动的语言。用我现在的体会来说，正相当于派克老师所说的科学的社会学；然后进入到现有世界上多种文化的比较研究。以上所说的是我老来的私人体会，我把这个体会放在这里来讲，是要说忽视精神方面的文化是一个至今还没有完全改变的对文化认识上的失误。这个失误正暴露了西方文化中人和自然相对立的基本思想的文化背景。这是"天人对立"世界观的基础。

在这里还应当指出，上面所说"天人对立"的世界观中的"人"还应当加以说明，这里的"人"实在是指西方文化中所强调的利己主义中的"己"，这个"己"不等于生物人，更不等于社会人，是一个一切为它服务的"个人"。在我的理解中，这个"己"正是西方文化的核心概念。要看清楚东西方文化的区别，也许理解这个核心是很重要的，东方的传统文化里"己"是应当"克"的，即应当压抑的对象，克己才能复礼，复礼是取得进入社会、成为一个社会人的必要条件。扬己和克己也许正是东西方文化差别的一个关键。

三

我在前文提到，我过去常用"人为，为人"四个字来说明文化的本质是不够全面和确切的。因之对这四个字中的"人"还应当多说几句。我一直接受西方现代文化中所认定的，人是从较低级动物演化来的观点，我的一位老师潘光旦先生已经把达尔文的名著《人的由来》翻译成了中文，我接受这书中所做出的科学结论。但是要补充说明的是，这个高等动物不但从原始生物的基础上，经过很长的时间才在演化的历程中获得了其他生物类别所没有的特质。这些特质固然也是从较低级的生物中逐渐演化得来的，但凭着这些特质的继续发展演化，取得了其他物种达不到的能力。其中之一就是由于人的神经系统的发展，除了能够接受外界的刺激，以获得意识上的印象之外，还能通过印象的继续保留而成为记忆，而且还能把前后获得的印象串联成认识外界事物的概念。不仅如此，还发展成为有一定内容即意义的音像符号（symbols），于是产生了语言和文字，凭着这些有一定意义内涵的语言，即这些具有社会共识的符号，由一个人传达给另一个人。人与人之间的心灵因之得以相通。这是这一个个人和其他人取得结合的关键，并导致他们可以发生分工和合作，完成共同的目的，达到共同的理想。这就是派克老师所指的社会实体形成的过程。我们可以用生物人和社会人等名词来区别由生物进化完成的生物人和由生物人的集合成群体而成为的社会人。一丝不挂的独自为生的生物人，在这个世界上是不存在的。而西方文化中把它偏偏作为功利主义中的"己"，突出来和自然相对立。这个虚拟的"己"，是事实上无法独立生存的生物人。

生物人和其他动物一样，它的生命实际上有一定的限期，即所谓有生必有死，生和死两端之间是他的生命期。由于生物人聚群而居，在群体中凭其共识，他们相互利用和模仿别人的生活手段以维持他们的生命。这时他们已从生物人变成了社会人。只有作为一个社会人，生物人的生命才得以绵延直至其死亡。每个生物人都在生命中逐步变成社会人而继续生活下去。我们一般说人的生命是指生物人而言的，一般所说的人的生活是指社会人而言的。生活维持生命的继续，从生到死是一个生物的必经的过程，但是生活却是从生物机体遗传下来的机能，通过向别人学习而得到的生活方式。一个人从哺乳到死亡的一切行动，都是从同一群体的别人那里学习得来的。所学会的那一套生活方式和所利用的器具都是在他学习之前就已经固定和存在的。这一切是由同群人所提供的。这一切统统包括在我所说的人文世界之内，它们是具体的文化内容。当一个生物人离开母体后，就开始在社会中依靠这前人创造的人文世界获得生活，也可说一离开母体即开始从生物人逐渐变成了社会人。现存的人文世界是人从生物人变成社会人的场合。这个人文世界应当说是和人之初并存的，而且是社会人共同的集体创作，社会人一点一滴地在生活中积累经验，而从互相学习中成为群体公有的生活依靠、公共的资产。人文世界拆开来看，每一个创新的成分都是社会任凭其个人天生的资质在与自然打交道中日积月累而形成的；这些创新的成分一旦为群体所接受，人文世界的内涵就不再属于任何个体了，这是我们应当注意的文化社会性。文化是人为的，但这里只指文化原件的初创阶段，它是依靠被群体中的人们所共同接受才能在群体中维持下去。一群社会人相互学习利用那些人文世界的设施，包括物质的和精神的，或说包括它的硬件和软件进行生活。因而群体中个别生物人的死亡并不跟着一定发生文化零部件的存亡，生物人逃不掉生死大关，但属于社会人的生活用具和行为方式，即文化的零部件却可以不跟着个别生物人的生死而存亡。文化的社会性利用社会继替的差序格局即生物人生命的参差不齐，使它可以超脱生物生死的定律，而有自己存亡兴废的历史规律。这是人文世界即文化的历史性。

请允许我不免有点重复地再对文化的社会性和历史性说几句。这里必须强调社会人靠群体而存在，群体是由生物人聚集而形成的，生物人聚成了群体，构成了社会，才产生社会人，从个别来看，生物人的生死也是社会人的生死，没有生物人，社会人也就没有了载体，但是从群体来看，生物人的生死是前后差序不齐的，这就是我在《生育制度》一书中所指出的社会继替的差序格局。这使得生物人所创造的文化（文化之内包括群体的社会组织和制度），都可以持续往下代传递，除非整个群体同时死亡，文化在群体中是可以持续传下去的。还应当说文化包括它物化的器材和设备，可以不因人亡而毁灭。过一段时间，即使群体已灭亡了，如果有些遗留下来的物化的文化还有被再认识的机会，它还是可以复活的。所以文化的自身里有它超越时间的历史性，文化生命可以离开作为它的载体的人（包括生物人和社会人）而持续和复兴。这是文化的历史特性。因此我们有"考古学"这门学科。

四

强调重新认识文化的社会性和历史性，可以帮助我们调整文化的价值观。我在上文中讲到了我认为西方文化里，从大多数民众来说，存在着严重的以利己个人主义为中心的文化价值观。这种文化价值观从已往的历史来看，200多年来曾为西方文化取得世界文化的领先地位的事业立过功。但是到了目前，我担心它已走上了转折点，就是由于形成了人和自然对立的基本观点，已经引起了自然的反抗，明显的事实是，当前人们已感到的环境受到的污染确实给人们的生活带来困难。大处和远处且不提，即以最近在我国北方出现恼人的沙尘暴，确是我活到 90 多岁后才切身经历到的最恶劣的天气。这可说只是自然在对我们征服自然的狂妄企图的一桩很小的反抗的例子。在自然界的反抗面前，人类已经有所觉悟而做出了保护环境的绿色革命。但是可悲的是，最近提出的关于世界性的保护环境的公约没有能得到国际上的一致支持。

"9·11"事件发生后全世界人们都惊觉了，在我看来这是对西方文化的又一个严重警告。我在电视机前看完这场惨剧的经过后，心里想，西方国家特别是受难国一定会追寻事件发生的根源，进行深刻的反思，问一问这是不是西方文化发生了问题。当然，这是我个人的一种私自的反应。但是我的私愿落空了。事件发生后事态的发展使我很失望，我对一般的"以牙还牙"报仇心理是可以理解的，这是人类甚至动物的原始性的心理反应。但是接着却把事件当做刑事案件来对待，缉拿凶手成了主要对策。凶手找不到就泄愤于被指为嫌疑对象的所在国，进行了不对等的战争，并利用现代科学所创造的武器，对嫌疑犯所在的国家进行狂炸滥轰。以反对恐怖主义的正义名义进行的这场战争，造成了大批无辜人民的死亡和遭殃。在我看来这是以恐怖手段反对恐怖主义的一个很明白的例子，是不是应了我们中国力戒"以暴易暴"的古训？这是我这个信息不灵通的老人的私见，但也许联系上我在前面所讲的西方文化的"天人对立"的价值观来看这段历史，就可以感觉到西方文化的价值观里轻视了文化的精神领域，不以科学态度去处理文化关系，这是值得深刻反省的。

我想接下去继续在对文化的思考上说几句关于东西方文化不同之处的问题。我着重说了西方文化的价值观中人和自然的关系，因为这正是东西方文化区别的要害处。我认为，西方文化在自然科学中强调，人利用自然而产生了技术并促进其发展，在这一点上是有别于传统的东方文化的。同时也正反衬出东方文化着重"天人合一"的传统，这里的"天"应作为自然解。我在这次讲话一开头就说明我是个从小在洋学堂里培养出来的知识分子，所以缺少了一段中国传统的经典教育。我没有进过私塾，没有坐过冷板凳，对中国传统文化缺乏基本的训练，但是在业余时间受到了上一代学者关于国学研究的影响，而且在上学时已听到过"天人合一"的说法，但当时并没触及我的思想深处。直到最近这几年，90 岁以后，才补阅我故乡邻县无锡出生的钱穆（宾四）先生的著作。他是个热衷于"天人合一"论的历史学者，据说在他弃世之前不久曾对夫人说，他对"天人合一"有了新的体会，而且颇有恍然大悟之感，但所悟的内容却没有机会写成文字留给我们这些后代。正是记起了这件事，使我注意到文化价值观方面东西方文化的差别。当前西方文化中突出的功利追求和着重自然科学的发展的根源，也许就是这"天人对立"的宇宙观。我在这里不由得又想起钱穆先生所强调的，从"天""人"关系的认识上去思考东西方文化的差异，这一思考也使我有一点豁然贯通的感觉。中华文化的传统里一直推重《易经》这部经典著作，而《易经》主要就是讲阴阳相合而成统一的太极，太极就是我们近世所说的宇宙。二合为一是个基本公式，"天人合一"就是这个宇宙观的一种说法。中华文化总的来说是反对分立而主张统一的，大一统的概念就是这"天人合一"的一种表述，我们一向反对"天人对立"，反对无止境地用功利主义态度片面地改造自然来适应人的需要，而主张人尽可能地适应自然。这种基本的处世的态度正是我的老师潘光旦先生提出的"中和位育"的观点，"中和位育"就是"中庸之道"，对立面的统一、靠拢，便使一分为二成为二合为一，以达到一而二、二而一的阴阳合而成太极的古训。

我们中华文化的传统在出发点上和西方文化是有分歧的，目前在经济上进入全球化的时候，出现了文化的多元化，这时大家关心的是多元文化不要互相冲撞而同归于尽，这应当是"9·11"事件给我们的警告。多元文化的接触和交流是不可避免的历史过程，怎样取得人类持续发展的机会，必须尽力接受"9·11"事件和"阿富汗战争"所提出的警告，避免同归于尽的前途。我在这个局面中想到了东西方文化的处境，敲敲警钟以保卫世界和平，祝愿我们当前还存在着差别的多元文化，能在各自的发展中走向和平共处的世界，并愿在祝贺我故乡的高等学府成立百周年纪念的时刻作出这个呼吁。同时也想表明我坚信我们东方文化能在这个矛盾中做出化凶为吉的大事，做出对历史的贡献。

2002 年 5 月 5 日于北京

"美美与共" 和人类文明

一、文明的话题

探讨全球化和不同文明之间的关系，不是一个新的话题，也不是一个新的现象。今天我们经常说的"全球化"，其渊源可以追溯到 19 世纪西方（主要是英国）主导的世界各地不同文化之间的广泛接触和交往。对于这种广义的全球化趋势的关注与研究，也是从 19 世纪开始的，比如卡尔·马克思就关注过资本主义全球扩张和原始积累的过程。关于这方面问题的探索，一直是社会学、人类学、民族学等诸多社会科学研究的重要领域。

这种对于全球化、文明、文化的研究，不仅仅是一种纯知识性的探索，它已经成了解决人们面临的严峻问题的一门科学。当今世界上不同的国家、民族、宗教之间的各种交融和冲突屡见不鲜，全球化造成的矛盾和问题，对我们构成了多种多样的挑战，对此，国际学术界和思想界做出了种种反应。我本人近年来对"天人对立论"、"文明冲突论"等思潮的评论，就是对目前世界上发生的一些问题所发表的意见。

当今世界上，还没有一种思想或意识形态能够明确地、圆满地、有说服力地回答我们所面临的关于不同文明之间该如何相处的问题。不管是社会经济高度"发达国家"，还是大多数"发展中国家"，在这个问题上，都同样受到严峻的挑战。这不是哪个单一的国家、民族或文明遇到的问题，而是一个全人类都要共同解决的问题。全球化的特点之一，就是各种"问题"的全球化。

二、时代的呼唤

近二三百年来，西方思想在世界学术界起着主导作用，但是在面对全球问题的时候，西方的一些基本思路，显现出很大的局限性，在解决某些问题的同时，又引发出一些新的矛盾。比如，近百年来，随着西方强势文化的扩张，"自我中心主义"在一些人的头脑里大大地膨胀起来，"西方至上主义"、"殖民主义"、"极端国家民族主义"和"种族主义"等思潮，成了上世纪两次世界大战的催化剂，也是造成很多国际性问题的重要原因。时至今日，世界上极端主义和以暴制暴所造成的种种事端，依然摆脱不掉"以我为中心"的影子。

因此，我觉得要更好地理解今天世界上出现的问题，寻求解决全球化与不同文明之间的关系，就必须超越现有的一些思路，在一个更高的层次上重新构建自身文明和他人的文明的认识，只有当不同族群、民族、国家以及各种不同文明，达到了某些新的共识，世界才可能出现一个相对安定祥和的局面，这是全球化进程中不可回避的一个挑战。

要认真深入地对这些问题进行研究，就必然会碰到诸如文化、文明、人性、族群性等基本概念，会涉及认识论和方法论这样更高层次的问题。比如在探讨文化交流时，常常会牵扯到对文化的基本定义；对各种文明的基础和特质进行研究时，也要谈到关于"人"、"人性"这些更基本的问题。事实上，很多人文学科的研究，比如人类学者对文化、传统的理解；社会学对于社会群体结构的理论；民族学对族群性的解释等，都可为我们提供很好的思路，对我们有很大的启发。

我提及这方面的话题，并不是说我已经有了某种结论，而是希望我们在探讨、研究问题时，要把眼光放开、放远一些；思路变得灵活、广泛一些，不要总局限在一些常识性的、常规性的和褊狭的框框里。在探索关系人类文明这样一个宏大的、长远的课题时，我们的思想要有与之相适应的、博大的包容性和历史的纵深感；要充分利用全人类的智慧，发挥多学科、跨学科的优势来进行研究。

人类每逢重大历史转折时期，就会出现各种各样的所谓"圣贤"，其实，这些"圣贤"就是那个时代所需要的，具有博大、深邃、广阔的新思路和新人文理念的代表人物。我曾经把当今的世界局势比作一个新的战国时代，这个时代又在呼唤具有孔子那样思想境界的人物。我确实已经"听"到了这种时代的呼唤。当然，今天的"圣贤"，不大可能是由某一种文明或某一个人物来担当，他应该，而且必然是各种文明交流融合的结晶，是全体人类"合力"的体现。

近年来，在讨论全球化这个话题的时候，我多次提到"和而不同"的概念。这个概念不是我发明的，它是中国传统文化中的一个重要核心。这种"和而不同"的状态，是一种非常高的境界，它是人们的理想。但是要让地球上的各种文明，各个民族、族群的亿万民众，都能认同和贯彻这个理想，决不是一件轻而易举的事。为此，我们还有很长的路要走，还要付出沉重的代价。

我还提出了"文化自觉"。什么是文化自觉？简单地说，就是每个文明中的人对自己的文明进行反省，做到有"自知之明"。这样，人们就会更理智一些，从而摆脱各种无意义的冲动和盲目的举动。

后来，我又进一步提出"各美其美，美人之美，美美与共，天下大同"的设想。这几句话表达了我对未来的理想，同时也说出了要实现这一理想的手段。我认为，如果人们真的做到"美美与共"，也就是在欣赏本民族文明的同时，也能欣赏、尊重其他民族的文明，那么，地球上不同文化、不同民族、不同国家之间就达到了一种和谐，就会出现持久而稳定的"和而不同"。

三、经验性研究（empirical study）

研究文化和文明问题，可以有多种不同的视角和方法，不同的视角和方法之间可以互相支持和取长补短。作为一名从事实地调查研究的社会工作者，我想借此机会，谈一谈我在对全球化和文化、文明关系的研究中所采用的方法和体会。

我的学术生涯，大约是70年前从广西大瑶山开始的，那次人类学和民族学的田野调查的研究方法（用今天的话说，就是"理论和实际相结合"的方法），对我一生学术研究产生了决定性的影响，成了我后来学术研究的基本手段。

我提出这个问题，是想提醒大家关注和探讨全球化和文明的问题时，如何拓展我们的研究方法。今天，世界上发生了许多新的问题和现象，这些问题和现象，都是由不同文化相互接触、碰撞、融合而产生的，没有现成的答案可以解决。也就是说，用原有的思维逻辑，原有的研究方法来解决现在的问题已经不行了。要想找到解决问题的方法，就是要回到现实社会生活中去，扎扎实实地做实地调查。要超越旧的各种刻板的印象（stereotype）和判断，搞清楚各种文明中的人们的社会生活，并以此为基础（而不是以某种意识形态体系为基础）来构建人类跨文明的共同的理念。这种研究的难点，在于研究者必须摆脱各种成见，敞开胸怀，以开阔的视角，超越自己文化固有的思维模式，来深入观察和领悟其他族群的文化、文明。在跨文化的交流和沟通中，构建起新的更广博的知识体系。

为什么必须要到现实生活中去调查呢？因为人类社会是复杂的、多样性的；又是多变的、富于创造性的，它决不是只有单一文化背景和有限知识和经验的研究者能够想象和包容得了的。所以研究者必须深入你所要了解的"他人"的生活中去观察、研究。从某种意义上说，这种实地调查的方法，也反映出研究者的一种心态，就是你是不是真正要去理解、接受"他人"的文化、文明，这种心态正是今天不同文明之间交流的一个关键。深入到"异文化"中去做调查，努力了解"他人"的语言、传统，做到设身处地地用当地人的眼光来看待周围的事物……这本身就是对"异文化"的尊重和对"异文化"开放的心态。如果连这种最基本的平等态度都没有，还谈什么交流和沟通。

可以说，在我一生的学术生涯中，我一直试图坚持走实地调查这条道路。当我七十岁获得"第二次学术生命"时，虽然已经不可能像年轻时那样，长期地、深入地去观察某一个具体的社区或社会现象，但是，我仍然每年要安排三分之一以上的时间到各地做实地考察，这种实地考察使我受益匪浅。

四、心态和价值观

从学术史上说，这种实地考察的实证主义，是我在英国留学时的导师马林诺斯基在上个世纪初提出的。1914～1918年间，马老师通过在西太平洋Tro-briand岛上参与和观察当地土人的生活，从而总结出一套行之有效的研究方法，构建了人类学功能学派的理论基础。他的这一贡献与其说是学术上的，不如说是人文价值上的，因为长期以来，西方学术界流行的是以西方为中心的社会进化论思潮，把殖民地上的人民看成是和白人性质上不同的、"未开化"的"野蛮人"。马老师却号召人类学者到那些一直被认为是非我族类、不够为"人"的原始社会里去参与、观察和体验那里人的生活。马老师使这些"化外之民"恢复了做人的地位和尊严。

在马老师强调和提倡田野工作之前，即使像佛雷泽这样的人类学大师在搞研究工作时，也主要是依靠查阅各种游记、笔记、文献资料。这种大量利用间接观察、间接记录、多手转达的方法，很容易因为观察者视角不一致、信息不连续和不完整，使研究者做出错误的解释和结论。实地调查能够促使研究者深入到"社会生活"中去"参与观察"，使"人类学走出书斋"，取得超越前人的成绩。

要进行跨文化的观察体验，还必须具有一种跨越文化偏见的心态。由某一种文化教化出来的人，因为对"他文化"不习惯，出现这样那样的误解、曲解，对"他文化"产生偏见（prejudice），应该说是一种正常现象。但是，作为一个研究者，则必须具备更高的见识、更强的领悟力，能够抛弃这种偏见。我特别提到一个"悟"字，这个字在跨文化的研究中显得特别重要，它不仅要求研究者全身心地投入到被研究者的生活当中，乃至他们的思想当中，能设身处地地像他们一样思考；同时，又要求研究者能冷静地、超然地去观察周围发生的一切。在一种"进得去，出得来"的心态下，去真正体验我们要了解的"跨文化"的感受。我认为，在讨论全球化和不同文明之间的关系时，具体的研究方法等技术因素，并不是最重要的，最要紧的还是研究者的心态。

其实，我们平时常说的"凡事不要光想着自己，要想到人家"这句话，就很通俗地说出了在跨文化研究时所要持有的心态。这句话是中国人一个传统的、十分重要的为人处世的原则，类似的"原则"在老百姓中流传的还有很多。我想这些"原则"应该是我们中华民族在形成多元一体格局的历史进程中，融汇百川，不同文明兼收并蓄而积累下来的宝贵经验，这些经验或许能够对我们社会研究工作者提供有益的帮助。

　　培养这种良好的跨文化交流的心态，是提高每个社会工作者人文修养的一门必修课，应该把这方面素质的提高，作为对社会学专业学生的基本要求。如果再扩大一些，我们能在一般民众中也推行这方面的宣传教育，其结果，必然能够增进不同文明中普通成员之间良好的沟通、交流和理解。如果这种沟通、交流和理解能够有广泛的群众基础，那么，今天世界上诸多民族和文明之间的矛盾、偏见、冲突以及冤冤相报、以暴制暴等就有了化解和消除的希望。

五、交融中的文明

　　近几百年来，西方文化一直处于强势地位，造成了其社会中某些势力的自我膨胀，产生了殖民主义、种族主义、极端民族主义、文化沙文主义、单线进化论等形形色色的自我中心主义的思潮。但与此同时，在西方学术界，也出现了像马林诺斯基这样的，对西方文化中自我中心主义思潮进行反思和反制的学术流派。这种反思，可以说就是"文化自觉"的一个表现。然而直到今天，西方社会中的各种势力和学术界各派别之间，仍然存在着巨大的分歧和激烈的较量。从另一方面看，非西方的各种文明，在经历了几百年来的殖民主义、世界大战、冷战、民族解放运动等磨炼后，其社会成员的思想和心理都起了十分复杂的变化，产生了多种多样的社会思潮，其中不乏与"西方至上主义"相对立甚至相对抗的思潮。这个状况，被一些人称作是"文明的冲突"，这种冲突已经影响到了今天的世界局势。目前所谓的"恐怖主义"和"反恐斗争"，就是这种"冲突"的表现之一。

　　几百年来，主导世界的西方文化大量地传播到其他文明中，随着时间的推移，世界已经越来越紧密地联系在一起，这种传播也变得越来越快了。然而，文化交流是双向的，在西方文化快速传播的同时，西方社会也大量地汲取了其他文明的文化，而且这种文化上的交融，每时每刻都在发生着。这些被吸收的"异文化"，经过"消化"、"改造"之后，成了各自文明中新的、属于自己的内容，并从宗教、政治和意识形态等方面反映出来。可以说，今天世界上不同文明之间已经是"你中有我，我中有你"。今日之世界文明，已非昔日历史文献、经典书籍中所描绘的那种"纯粹"的传统文明了。因此，我们必须改变过去概念化的、抽象的、刻板的思维方式，以一种动态的、综合的、多层面的眼光，来看待当今世界上不同文化和文明之间的关系。

六、中华文明的启迪

作为非西方文明主要代表之一的中国，长期以来遭受殖民主义、帝国主义的欺压，为了民族生存，中国人民前仆后继、英勇斗争，终于捍卫了自己的主权和独立。长期的遭受屈辱，不断地奋起抗争，如今昂首屹立在世界上的经历，对中华民族面对全球化时的心态，必然会产生巨大的影响，尤其是当中国的综合实力和国际地位不断提高的时候，我们更应该加强"文化自觉"的反思，使我们能够清醒地认识到自己的状况，摆正在世界上的位置。

"文化自觉"的含义应该包括对自身文明和他人文明的反思，对自身的反思往往有助于理解不同文明之间的关系。因为世界上不论哪种文明，无不由多个族群的不同文化融会而成。尽管我们在这些族群的远古神话里，可以看到他们不约而同地在强调自己文化的"纯正性"，但是严肃的学术研究表明，各种文明几乎无一例外是以"多元一体"这样一个基本形态构建而成的。上个世纪80年代末，我总结了多年来研究的心得，提出了"中华民族多元一体格局"的观点，试图阐明中华民族这个由56个民族组成的实体形成的过程。

在我们探讨全球化和不同文明之间的关系的时候，中华民族的"多元一体格局"给了我们一些启示。我们知道，古代中国人的眼里，"中国"就是"天下"，也就是被看作是一个"世界"。所以中国人常说的"分久必合，合久必分"，并不是现代西方人所指的一个"民族国家"的"统一"或"分裂"（比如南北朝鲜、东西德国），而是一种"世界"的分崩离析和重归"大一统"。纵观中国几千年的历史，分分合合，纷争不断，但是从"多元"走向"一体"的大趋势是整个历史发展的主线，而且即使是在"统一"的时期，统治者在政治制度、宗教信仰、经济形态等方面，仍然允许在某些地区、某一阶层、某种行业中保持它的特殊性。古代中国这种分散的多中心的局面，究竟是因为怎样的内在机制、怎样的文化基础和思想基础才得以存在？这样"和而不同"的局面有什么优势和劣势？在中国传统文化中，哪些要素在这里边起了什么作用？古代的中国人究竟是怀有怎样的一种人文价值和心态，才能包容四海之内如此众多的族群和观念迥异的不同文化，建立起一个"多元一体格局"的中国！这些都是值得我们深刻思考和努力研究的问题。

中华民族在漫长的"分分合合"的历程中，终于由许许多多分散孤立存在的族群，形成了一个"你来我去、我来你去，我中有你、你中有我，而又各具个性的多元一体"。所以，在中华文明中我们可以处处体会到那种多样和统一的辩证关系。比如早在公元前，号称"诸子百家"的战国时期，出了那么多思想家，创立了那么多学说，后来为什么会"独尊儒术"，能够"统一"？儒家学说中又有什么东西使它成为一种联结各个不同族群、不同地域文化的纽带，从而维系和发展了中华民族的多元一体格局？还有，许许多多的族群在融入以"汉人"为主体的大家庭时，是以一个怎样的机制，使原本属于某一族群的文化，发展成由大家"共享"的文化？我们都知道，不同的宗教信仰之间怎样"友好共处"，是一个比较复杂、棘手的问题，但是在中国历史上也有成功解决的范例。比如古代犹太人在中国的经历，就是一个例子。人们通常认为犹太民族是一个宗教观念非常强烈的群体，但是在中国这样一个相对宽松的传统文化的氛围里，在中国的犹太人，逐步融合到中国的社会中，没有发生像在西方社会，犹太人由于受到压制而不断强化民族宗教意识，甚至发生冲突的现象。还有在辽、金、元、清的时候，统治者在不同民族、不同族群的地区，实行不同的行政制度，因地制宜，顺应当地民众的传统文化、信仰和习俗来进行统治。但是，这种"顺应"又都统一在更高一层的"国"的框架之内。

这些例子，说明中华文明的结构和机制，在漫长的岁月中，经过一代代先人在实践中不断地探索、积累、完善，已经形成了一套相当成熟的协调模式。这些事实充分体现了古人高度的政治智慧和中华民族深厚的文化底蕴。时至今日，在我们的生活实践中实施的"民族区域自治"、"一国两制"等政治制度，无不缘于厚重的中华传统文化。

中华文明有着悠久的历史和深厚的内涵，也有与"异文化"交流的丰富经验。我相信，在今后中国越来越广泛、深入地融入世界的过程中，一定能为重构全球化和不同文明之间的关系做出应有的贡献。

七、跨文化研究的人文属性

人们常常把世界上不同文明之间如何相处的问题，看成是国与国、民族与民族之间政治、军事、综合国力等方面的比较，像是在做一种"力学"关系的分析。这样的分析不能说没有道理，但是不全面，因为文明、文化都是关于"人"的事情，所以要搞清楚还得从"人"入手。

文明、文化都是抽象的概念，它们之间的关系，不同于一般社会群体、社会组织这样的实体之间的关系。但是人们常常有一种倾向，遇到文明、文化之间的问题的时候，会不自觉地把它当作社会实体之间的问题来处理。要知道，文明和文化是具有浓厚情感、心理、习俗、信仰等非理性的特征，它们之间的关系也不是靠着简单的逻辑论证、辩论、讲道理就能解决的。我们大约都有过在处理涉及感情、心理、习俗等问题时，讲不清道理的经历。所以，在处理跨文明关系、跨文化交流这样更复杂、更微妙的人文活动时，就要求我们运用一套特殊的方法和原则，最大限度地注意到"人文关怀"和"主体感受"。这是一项涉及历史、文化、传统、习俗、文学、艺术等诸多领域的，以"人"为中心的系统工程。

在对跨文化的研究中，理解"人"，理解人的生物性、文化性、社会性；人的思想、意识、知识、体验以及个人和群体之间微妙、复杂的辩证关系等都是至关重要的。因为，人的上述特性通过交流、传播和传承，可以成为群体共有的精神和心理财富，并在这一群体里"保存"下来，达到"不朽"，成为"文化"的一部分。同样的道理，不同文明、不同文化的人们之间，也存在着这种交流、传播和传承。

从总体上说，人类文明的多样性，是各个文明得以"不朽"的最可靠的保证。一种文明、文化，只有融入更为丰富、更为多样的世界文明中，才能保证自己的生存。人们常说，"只有民族的，才是世界的"，这是不错的；反过来说，只有世界的，才是民族的，才能使这个民族的文化长盛不衰，也很有道理。所以，文化上的唯我独尊、固步自封，对其他文明视而不见，都不是文明的生存之道。只有交流、理解、共享、融合才是世界文明共存共荣的根本出路。不论是"强势文明"还是"弱势文明"这是唯一的出路。

探讨文明和文化问题，不可避免地要涉及价值观和信仰，而这些又极容易转变成感情和心理因素，然而在科学研究中，一旦掺杂了这些因素，就会产生巨大的阻力，这是我们从事族群、民族、宗教研究的社会科学工作者都遇到过的问题，因此，必须构建一种超越常规的理念。我们不提倡用某一种文明的意识形态、价值观念来解决不同文明之间的问题，因为用一种文明的"标准"去评判另一种文明，不管这种做法"对不对"，实际上会让人感觉到这样做"好不好"。由于不同文明之间人们的认知体系有差别，所以不同文明的人，对同一个问题的看法，常常会变得不是"是"与"非"，而成了"好"与"坏"了。我觉得，不管出于什么动机，强迫别人接受一种本来不属于他们的价值观，这种做法本身就含有欺压和侮辱人的性质。

不同文明之间的交往，"内容"常常会退居到次要的地位，而"形式"会上升为主要的东西。我说的"形式"，不是科学主义说的那种可以忽略的、外在的、表面化的形式，而是人类学中所指的"仪式"、"象征"，也即是"意义"。它在一种文明、一种文化里起着很重要的作用，甚至是生死攸关的作用。不同文明之间的矛盾，是不能简单地按照经济或功利的原则来解释的。中国古代有"不食周粟"、"苏武牧羊"的故事，这些故事说明，文明、文化的交往决不是简单的商品交易；一个族群、一种文化，不是物质利益就能收买，也不是强力所能压服的。

当前世界上某些人，常常有意无意地把不同文明、文化之间的关系，直接与国家或民族利益挂钩，这是一种加大，甚至是激化不同文明之间误解和矛盾的做法。这些人在大谈"国家利益"的时候，手里不断挥舞着文明、文化的大旗，把赤裸裸的为"一国谋利益"的做法，装扮成捍卫"某某文明"的"义举"；把具体的国家利益之争，混淆成不同文明之间的争斗。当然，从广义上讲，文化价值也包含在"利益"之中，但它们并不是简单地连接在一起的，这种随意的联系，是不成熟、不理智、不准确、不负责任的表现。犹如我们不能把美国的国家利益，等同于基督教文明的利益；也不能把中国的国家利益，说成是儒家文明的利益。

我们认为，国家利益可以"一事一议"，好像谈生意那样，通过理性的协商来解决。如果把这种事情上升到文明、文化的层次里，就会变成充满感情和心理因素的、非理性的问题。

一个国家不能自命为某一种文明的代表或化身，说成是某文明的卫士；各种政治集团也不该盗用文明、文化的名义，制造民粹运动来为自己的政治利益服务。这种夹杂着经济和政治目的的"国家利益"，会大大歪曲不同文明之间关系的本质，造成恶劣的后果。

八、美美与共

从历史和现实中可以看到，要想处理好不同文明之间的关系，首要的条件应该是各自能够保持一种平和、谦逊的心态，就是中国古人所谓的"君子之风"。

前几年，我提出了"各美其美、美人之美、美美与共、天下大同"的设想，这是我的心愿。要想实现这几句话，还要走很长的路，甚至要付出沉重的代价。比如要做到"各美其美、美人之美"，也就是各种文明教化的人，不仅欣赏本民族的文化，还要发自内心地欣赏异民族的文化；做到不以本民族文化的标准，去评判异民族文化的"优劣"，断定什么是"糟粕"，什么是"精华"。

要达到这样的境界并不容易，比如当今世界上许多发展中国家，历史上大多遭受过西方殖民主义的欺凌，这些国家的民众，由于受一种被扭曲的心理的影响，容易产生两种截然相反的倾向：一种是妄自菲薄，盲目崇拜西方；一种是闭关排外，甚至极端仇视西方。目前，这种仇视西方的状况似乎已经酝酿成一股社会潮流。从另一方面说，作为强势文明的发达国家，容易妄自尊大，热衷于搞"传教"，一股脑地推销自己的"文明"，其实这样做会蒙住自己的耳目，成了不了解世界大势的井底之蛙。中国的历史上，也出现过"盲目崇拜"和"闭关排外"的现象。希望今天的中国学术界，能够彻底抛弃妄自菲薄、盲目崇拜西方或者妄自尊大、闭关排外的心理。

中华文明经历了几千年，积聚了无数先人的聪明智慧和宝贵经验，我想我们今天尤其需要下大力气学习、研究和总结。当面对今天这种"信息爆炸"、形形色色"异文化"纷至沓来的时代，我们需要认真思考怎么办？全盘接受、盲目排斥都不是好的办法，我们应该用一种理智的、稳健的，不是轻率的、情绪化的心态来"欣赏"它。要知道，不论哪种文明，都不是完美无缺的，都有精华和糟粕，所以对涌进来的异文化我们既要"理解"，又要有所"选择"。这就是我说的"各美其美、美人之美、美美与共"。

中国历史上有过这样的例子。唐朝的时候，国家昌盛、经济发达、文化繁荣，引起了邻国日本的关注，派人来学习，与唐朝建立了友好关系。他们把唐朝好的东西带回去，丰富了自己的文化。这段历史表明，当时的日本人是很有"鉴赏力"的，善于"美人之美"，因此获得了很多文化资源，达到了"双赢"的结果。

当今地球上的人类，应该比古代人具有更广阔的胸怀、更远大的目光，对于不同文化有更高的鉴赏力，拥有一个与不同文明和睦相处的良好心态。在这方面，我们的先辈留下了许多包含了深刻哲理的宝贵经验。比如孔子说："己所不欲，勿施于人"，强调的是人们"不应该做什么"，而不是要求人们"应该做什么"；又如"修己而不责人"、"退一步海阔天空"等格言，都包含了克己、忍耐、收敛的意思。这些都是中华民族多元一体格局在形成的漫长岁月中，逐渐发展起来的中国人特有的一套哲学思想。

为了人类能够生活在一个"和而不同"的世界上，从现在起就必须提倡在审美的、人文的层次上，在人们的社会活动中树立起一个"美美与共"的文化心态，这是人们思想观念上的一场深刻的大变革，它可能与当前世界上很多人习惯的思维模式和行为方式相抵触。在这场变革中，一定会因为不理解而引起一些人的非议甚至抵制，特别是当触动到某些集团的利益的时候，可能还会受到猛烈的攻击。但是，当我们看到人类前进的步伐已经迈上了全球化、信息化的道路；已经到了一个必须尽快解决全球化和人类不同文明如何相得益彰、共同繁荣的紧要关头，这些抵制和攻击又算得了什么。

九、博采众家之长

当我们探讨和研究不同文明如何相处的时候，必须充分了解和借鉴世界上各种文明，做到博采众长、开阔胸怀、拓宽思路、启迪灵感。中国的社会科学工作者在探讨、研究中华文明的时候，也要认真地理解和研究世界上其他文明的文化，要"美人之美"。

近年来，"欧盟"的统一进程引起了人们的关注。欧洲的社会经济发展，一直在世界上扮演着"领跑者"角色，所以欧盟的统一，可以看作是在全球化背景和现代社会条件下，欧洲不同文明、不同文化的国家，在试图重新协调它们之间的关系，探索如何共处的一个实例。当然，欧洲的"统一"并不就是未来"全球化"的模式，全球化并不是世界"统一"。地球上如此众多信仰不同、风俗各异的民族和国家，情况远比欧洲复杂得多，而且世界各地普遍存在着的严峻的经济、政治和军事等诸多问题，决不是一个"模式"就能解决的。这个尝试和实践之所以引起我们的注意，是因为它能为世界上不同文明之间的交往，提供很多值得学习、借鉴的经验。

从人类学社会学的角度看，世界上所有的文明都蕴含着人类的智慧，每一种文明都值得我们关注、研究，从中汲取营养。比如像印度这样一个历史悠久，民族、宗教关系极其复杂的国家，在他们的传统文化中就包含着极其丰富的处理多民族、多宗教、多文化并存的经验；同样，历史上曾经出现过的强大的国家和各种强势文明，诸如奥斯曼帝国、俄罗斯帝国、奥匈帝国，阿拉伯文明、南美文明、非洲文明等，这些庞大的多民族的社会实体，无不在解决不同文化之间的交流、沟通和融合方面，为后人积累了丰富的经验和教训。

作为人类学社会学工作者，我们应该以严肃、认真的态度，不带任何偏见地深入研究本民族的历史文化，同时也应该下功夫研究其他国家、民族的历史文化，以扩展我们的视野，增强我们的想象力和创新能力，为当今世界经济迅速"全球化"的同时，建设一个"和而不同"的美好社会贡献力量。

2004 年 8 月